くにペディア

199の国と地域 経済・文化が

すぐわか

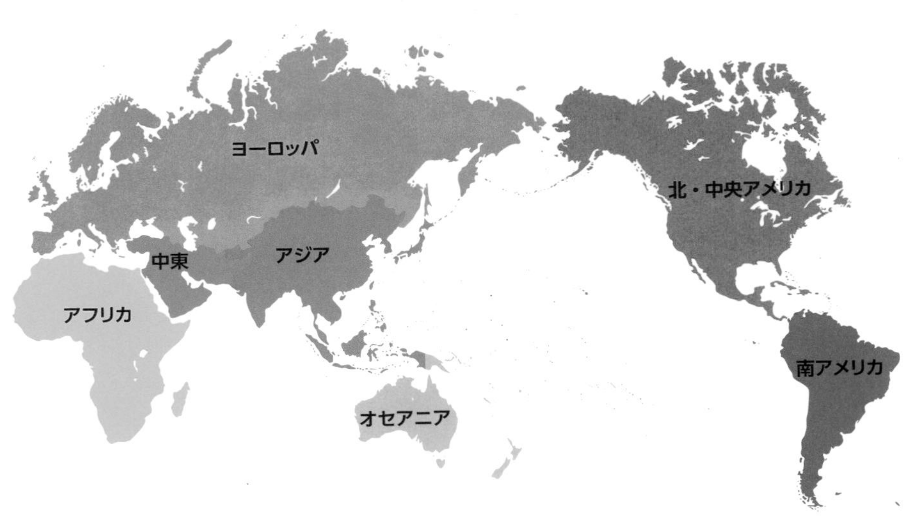

箭内克寿

みらい

はじめに

世界について、あなたはどれくらい知っていますか？　世界にはどれくらいの数の国があるのでしょうか？　その国の産業や文化、特徴、歴史について言うことはできますか。

私たちが住んでいる日本は、江戸時代以来、海外との交流が始まり、現在その様相は活況を呈しています。2018 年には訪日外国人旅行者数は 3,000 万人を突破。外国人労働者数も 2019 年、約 166 万人と過去最高記録を更新しています。同じ日本という国に住んでいながらも、上司や同僚、お客様が外国人となるなど、国内でもグローバル化は進んでいます。

そんななか残念ながら 2020 年 4 月現在、延期が決まってしまった東京オリンピック・パラリンピック 2020。ですが、来年、開催されるとなると、例年よりさらに多くの国からたくさんの外国人が日本にやって来ることでしょう。

このように地球に住む私たちは、国内にいながらも、より海外の情勢や文化、歴史などを知る必要に迫られています。これらを全く知らずにいることで、思わぬ恥をかいてしまったり、いらぬトラブルを招いてしまったりする可能性があるからです。

多くの人々が、簡単に、世界のことを手軽に知ることができる。何も世界中のことを博士のように知り尽くす必要はありません。その国の知識や歴史、文化などを少し知っているだけで、海外からの来訪者には喜ばれます。そこから円滑なコミュニケーションが生まれ、新たな絆が生まれるかもしれません。

本書では、誰でも短時間にその国のことを知ることができるよう、短文やデータ、イラストを用いて各国のことを表現。国の規模に関わらず、平等に 1 ページずつ。さまざまな国について知ることができます。

また、単に国についての情報を得られるだけでなく、海外の国々が日本とどのような点で異なるのか、データを用いて一目でわかるよう 15 のコラムを用意しました。

本書を通じて、世界の国々に興味を持つきっかけをつかんでいただければと思います。

我が国日本は、豊富な資源を持つわけでもなく、広大な土地があるわけでもないにも関わらず、世界 3 位の経済大国にのし上がってきました。しかし、その地位も新興国の台頭や少子高齢化現象などにより脅かされつつあります。

このようななか、日本という国をより発展させるにはどうすればいいのか。子孫たちに素晴らしい未来を授けるには何が必要なのか……。

本書を通じて考え、ぜひ日本の将来を切り拓く行動のきっかけになっていただければと思います。

箭内 克寿

本書の見方

【国別紹介ページ】

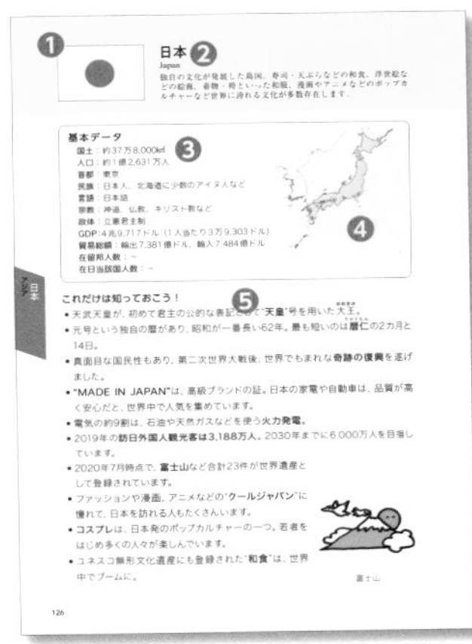

日本
Japan
独自の文化が発展した島国。寿司・天ぷらなどの和食、浮世絵などの絵画、着物・袴といった和服、漫画やアニメなどのポップカルチャーなど世界に誇れる文化が多数存在します。

基本データ
国土：約37万8,000㎢
人口：約1億2,631万人
首都：東京
民族：日本人、北海道に少数のアイヌ人など
言語：日本語
宗教：神道、仏教、キリスト教など
政体：立憲君主制
GDP:4兆9,717ドル（1人当たり3万9,303ドル）
貿易総額：輸出7,381億ドル、輸入7,484億ドル
在留邦人数：－
在日当該国人数：－

これだけは知っておこう！
- 天武天皇が、初めて君主の公的な表記として"**天皇**"号を用いた大王。
- 元号という独自の暦があり、昭和が一番長い62年。最も短いのは**暦仁**の2カ月と14日。
- 真面目な国民性もあり、第二次世界大戦後、世界でもまれな**奇跡の復興**を遂げました。
- "MADE IN JAPAN"は、高級ブランドの証。日本の家電や自動車は、品質が高く安心だと、世界中で人気を集めています。
- 電気の約9割は、石油や天然ガスなどを使う**火力発電**。
- 2019年の**訪日外国人観光客は3,188万人**。2030年までに6,000万人を目指しています。
- 2020年7月時点で、**富士山**など合計23件が世界遺産として登録されています。
- ファッションや漫画、アニメなどの"**クールジャパン**"に憧れて、日本を訪れる人もたくさんいます。
- **コスプレ**は、日本発のポップカルチャーの一つ。若者をはじめ多くの人々が楽しんでいます。
- ユネスコ無形文化遺産にも登録された"**和食**"は、世界中でブームに。

富士山

126

❶ 国旗を掲載しています。
❷ 国名を日本語と英語で表記しています。
❸ 国土、人口、首都など基本的なデータを記載しています。
❹ 国土を色で塗り、示しています。
❺ 最低限知っておきたい歴史や経済、政治的な出来事、文化などを紹介しています。

【コラムページ】

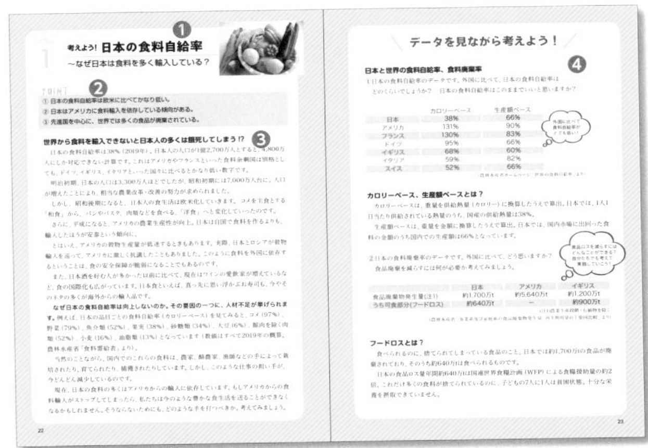

考えよう！ **日本の食料自給率**
～なぜ日本は食料を多く輸入している？

POINT
① 日本の食料自給率は欧米に比べてかなり低い。
② 日本はアメリカに食料輸入を依存している傾向がある。
③ 先進国を中心に、世界では多くの食品が廃棄されている。

世界から食料を輸入できないと日本人の多くは餓死してしまう!?

日本の食料自給率は38%（2019年）。日本人の人口が1億2,700万人とすると、4,800万人にしか対応できない計算です。これはアメリカやフランスといった食料余剰国は別格としても、ドイツ、イギリス、イタリアといった国々に比べるとかなり低い数字です。

明治初期、日本の人口は3,300万人ほどでしたが、昭和初期には7,000万人台に。人口が増えたことにより、相当な農業改革・改善の努力が求められました。

しかし、昭和後期になると、日本人の食生活は欧米化していきます。コメを主食とする「和食」から、パンやパスタ、肉類などを食べる、「洋食」へと変化していったのです。

さらに、平成になると、アメリカの農業生産性が向上。日本は自国で食料を作るよりも、輸入したほうが安泰という傾向に。

とはいえ、アメリカの穀物生産量が低迷するときもあります。実際、日本とロシアが穀物輸入を巡って、アメリカに激しく抗議したこともありました。このように食料を外国に依存するということは、食の安全保障が脆弱になることでもあるのです。

また、日本酒を好む人が多かった以前に比べて、現在はワインの愛飲家が増えているなど、食の国際化も広がっています。日本食といえば、真っ先に思い浮かぶお寿司も、今やそのネタの多くが海外からの輸入品です。

なぜ日本の食料自給率は向上しないのか。その要因の一つに、人材不足が挙げられます。例えば、日本の品目ごとの食料自給率（カロリーベース）を見てみると、コメ（97%）、野菜（79%）、魚介類（52%）、果実（38%）、砂糖類（34%）、大豆（6%）、豚肉を除く肉類（52%）、小麦（16%）、油脂類（13%）となっています（数値はすべて2019年の概算。農林水産省「食料需給表」より）。

当然のことながら、国内でのこれらの食料は、農家、酪農家、漁師などの手によって栽培されたり、育てられたり、捕獲されたりしています。しかし、このような仕事の担い手が、今どんどん減少しているのです。

現在、日本の食料の多くはアメリカからの輸入に依存しています。もしアメリカからの食料輸入がストップしてしまったら、私たちは今のような豊かな食生活を送ることができなくなるかもしれません。そうならないためにも、どのような手を打つべきか。考えてみましょう。

22

データを見ながら考えよう！

日本と世界の食料自給率、食料廃棄率

1 日本の食料自給率のデータです。外国に比べて、日本の食料自給率はどのくらいでしょうか？　日本の食料自給率はこのままでいいと思いますか？

	カロリーベース	生産額ベース
日本	38%	66%
アメリカ	131%	90%
フランス	130%	83%
ドイツ	95%	66%
イギリス	68%	60%
イタリア	59%	82%
スイス	52%	66%

カロリーベース、生産額ベースとは？

カロリーベースは、重量を供給熱量（カロリー）に換算したうえで算出。日本では、1人1日当たり供給されている熱量のうち、国産の供給熱量は38%。

生産額ベースは、重量を金額に換算したうえで算出。日本では、国内市場に出回った食料の金額のうち国内での生産額は66%となっています。

2 日本の食料廃棄率のデータです。外国に比べて、どう思いますか？
食品廃棄を減らすには何が必要か考えてみましょう。

	日本	アメリカ	イギリス
食品廃棄物発生量(注1)	約1,700万t	約5,640万t	約1,200万t
うち可食部分(フードロス)	約640万t	－	約900万t

フードロスとは？

食べられるのに、捨てられてしまっている食品のこと。日本では約1,700万tの食品が廃棄されており、そのうち約640万tは食べられるものです。

日本の食品ロス量年間約640万tは国連世界食糧計画（WFP）による食糧援助量の約2倍。これだけ多くの食料が捨てられているのに、子どもの7人に1人は貧困状態。十分な栄養を摂取できていません。

23

❶ コラムのテーマは食料や人口、環境など、世界が抱えるさまざまな社会問題。「世界の中での日本」という視点から論じています。
❷ ポイントは3点。コラムの全文を読まなくても要点をつかむことができます。
❸ コラムの本文では、データに基づいて、日本や世界の状況がどのようになっているのかを解説しています。
❹ データを見ながら、日本や世界の現状について考えていきます。各データの下には、関連する事柄について解説しています。
※ 本書に掲載されているデータ（日付など明記されていないもの以外）は、2020年8月現在のものになります。

目次

■ 国名やデータに関するおことわり ■

- 本文には正式名称を明記していますが、目次と索引は「共和国」「民主共和国」など国家体制を示す名詞は略しています。

- 本書に記載されているデータなどの情報は、特別なことわり書きがない限り、2020年8月時点の情報に基づいています。

北・中央アメリカ

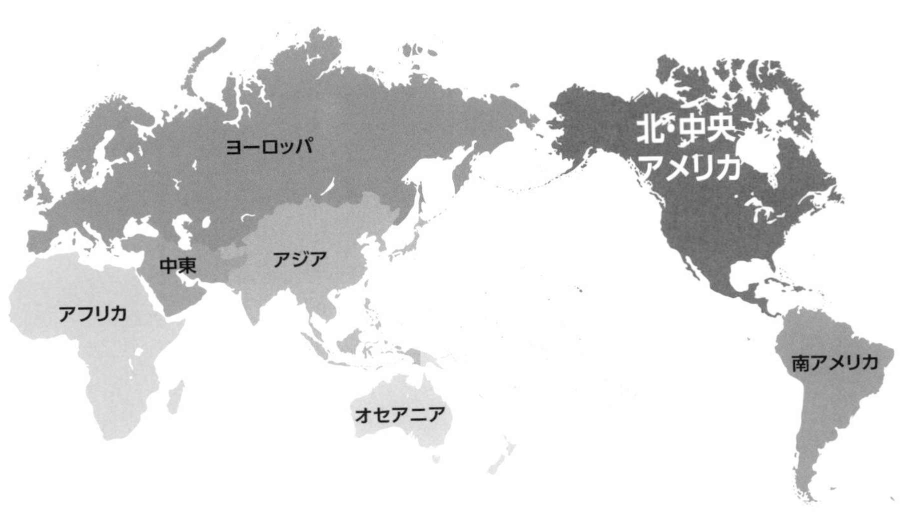

North·Central America

アメリカ合衆国

United States of America

1492年、コロンブスがアメリカ大陸を発見。以来、スペイン、フランス、イギリスなどの植民地になったものの、独立後は急速に発展。今なお、大国として世界をリードしています。

基本データ

国土：約962万8,000㎢
人口：約3億2,775万人
首都：ワシントンD.C.
民族：白人（約70%）、黒人、アジア系などさまざま
言語：主に英語
宗教：主にキリスト教
政体：連邦共和制
GDP：19兆3,906億ドル（1人当たり5万9,531ドル）
貿易総額：輸出1兆5,507億ドル、輸入2兆3,619億ドル
在留邦人数：42万6,206人
在日当該国人数：5万6,834人

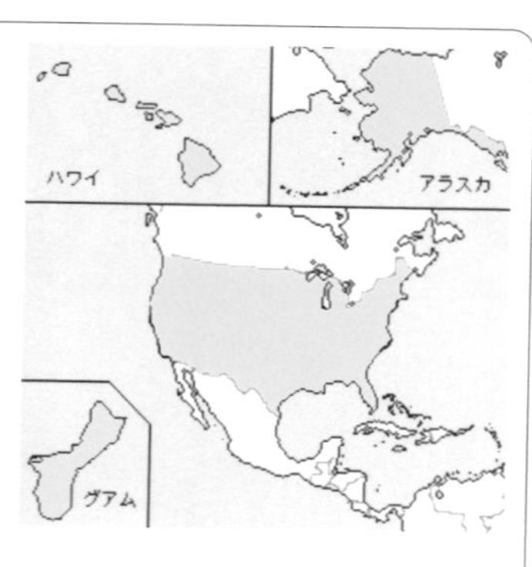

これだけは知っておこう！

- 1775年に**アメリカ独立戦争**が始まり、翌年に独立を宣言（戦争は1783年に終結）。
- 1861年、奴隷制と自由貿易を支持する南部と、保護貿易を求める北部の間で**南北戦争**が勃発。リンカーンが奴隷解放宣言をし、北部が勝利するまで、戦争は4年間続きました。
- 1863年、リンカーン大統領は"**人民の人民による人民のための政治**"というフレーズで有名なゲティスバーグ演説を行います。
- 奴隷解放宣言以降も**黒人差別**は続き、今なお暗い影を落としています。
- 南北戦争後、工業化が進んでいた北部はますます発展。鉄鋼王カーネギー、発明王のエジソン、電話機を開発したベルなどがこの時代に誕生し、**世界一の工業国**へとのし上がっていきました。
- 第一次、第二次世界大戦では、共に戦勝国となり、移民を受け入れ、ますます**経済を発展**させていきます。
- 2017年、トランプ大統領就任以降、保護主義の傾向へ。**自由貿易の精神を否定**し、国際社会は新たな局面を迎えています。
- 世界遺産に**自由の女神像**などがあります。同国の独立100周年を記念してフランスから寄贈されました。

自由の女神像

アンティグア・バーブーダ

Antigua and Barbuda

カリブ海に浮かぶ、アンティグア島・バーブーダ島・レドンダ島の３島で構成されています。バード親子が長年にわたり首相だったものの、2004 年に政権が刷新されました。

基本データ

国土：約440㎢
人口：約9万6,000人
首都：セントジョンズ
民族：アフリカ系（約87%）、混血など
言語：英語（公用語）、ほかクレオール語
宗教：キリスト教
政体：立憲君主制
GDP：16億ドル（1人当たり1万8,109ドル）
貿易総額：輸出8,700万ドル、輸入5億100万ドル
在留邦人数：5人
在日当該国人数：9人

これだけは知っておこう！

- 1493年、コロンブスがアンティグア島を発見。スペイン、フランスの植民地を経て、1667年、**イギリスの植民地**になります。
- 17世紀以降、イギリス人が本格的な植民を開始。黒人奴隷を輸入し、**タバコ**や**サトウキビ**のプランテーションを運営し、繁栄しました。
- 1860年、**アンティグア島とバーブーダ島が統合**されます。
- 1958年、イギリス領西インド諸島連邦に加盟。1967年、イギリスの自治領となり、1981年に独立を果たします。
- 1956年以来、1971年からの5年間を除き、**バード家**が率いるアンティグア労働党（ALP）が政権を維持。2004年の総選挙で敗北するまで、長期にわたり親子で党首の座についていました。
- 周囲を高い断崖に囲まれた小さな火山島である**レドンダ島**は、ヤギとネズミに自然を食べ尽くされ、“死にゆく島”として認識されていました（現在はヤギとネズミを駆除して、自然環境を改善中）。
- **オバマ山**はオバマ大統領が誕生した日に改名されました。
- 世界遺産の**アンティグアの海軍造船所と関連考古遺跡群**は現存する最古の造船所と言われています。

海軍造船所

エルサルバドル共和国

Republic of El Salvador

ギャングによる暴力などが治安の悪化を招き、隣国のホンジュラス同様、世界でも危険な国と認識されています。政情不安などから、アメリカへと移住を試みる国民が後を絶ちません。

基本データ

国土：約2万1,000㎢
人口：約664万人
首都：サンサルバドル
民族：主にスペイン系白人と先住民の混血
言語：スペイン語（公用語）
宗教：キリスト教（カトリック）
政体：立憲共和制
GDP：260億ドル（1人当たり3,922ドル）
貿易総額：輸出57億ドル、輸入105億ドル
在留邦人数：176人
在日当該国人数：119人

これだけは知っておこう！

- パナマ、ベリーズを含む中米7カ国の中で、唯一**大西洋に面していない国**。
- 国名はスペイン語で**"救世主"**を意味しています。
- **スペイン人**が1525年、征服。グアテマラ総督領に編入されます。
- 1821年、スペインからの独立を宣言。1823年にグアテマラなどと共に**中央アメリカ諸州連合**を結成。1841年に分離独立を果たします。
- 1969年、**サッカーの試合**がきっかけで、ホンジュラスとの間に戦争が始まりました。
- 1979～92年まで内戦が勃発。右派政府に対して急進的左派政党の連合体である**ファラブンド・マルティ民族解放戦線（FMLN）**が攻撃を仕掛けましたが、和平協定を締結。FMLNはその後、合法政党となり、2009年に政権を獲得しました。
- 成長産業がないこともあり、GDPの約2割は**海外からの送金**に頼っています。
- **マラ・サルバトルチャ**は元々、ロサンゼルスにいたエルサルバドル移民の若者たちが築いたギャンググループ。現在、全米規模で組織を拡大させています。
- アメリカへの移民が多く、2018年から始まった**移民キャラバン**にも多くの国民が参加しています。
- 世界遺産に"中米のポンペイ"とも呼ばれている、火山灰に埋もれたマヤの都市国家、**ホヤ・デ・セレンの考古遺跡**があります。

ホヤ・デ・セレン

カナダ

Canada

菜種油のキャノーラやメープルシロップで有名な国。ヨーロッパやアジアなど世界中から移民が集まる多民族国家で、2019年には今後3年間で100万人超を受け入れることを発表しました。

基本データ

国土：約998万5,000㎢
人口：約3,789万人
首都：オタワ
民族：イギリス系、フランス系など
言語：英語、フランス語（共に公用語）
宗教：国民の3分の2以上がキリスト教徒
政体：立憲君主制
GDP：1兆7,133億ドル(1人当たり4万6,290ドル)
貿易総額：輸出4,505億ドル、輸入4,705億ドル
在留邦人数：7万3,571人
在日当該国人数：1万751人

これだけは知っておこう！

- 元々は先住民族の**イヌイット**や**ファーストネーションズ**などが住んでいました。
- 1497年にイギリス、1534年にはフランスが領有権を主張。両国による**植民地支配**が始まります。
- 1763年、英仏の抗争の結果、**イギリスが同国のフランス領も植民地支配**することになりました。
- 1867年、イギリス領北アメリカ法により**カナダ連邦**を結成。一部を除いて自治権を与えられます。
- 1931年の**ウェストミンスター憲章**により、実質的に独立。1982年のカナダ憲法により、完全なる独立を果たします。
- 1971年、世界で初めて“**多文化主義政策**”を導入。国内には200を超える民族がおり、さらに毎年20万人以上の移民を受け入れつつも、全ての人が平等に社会参画できることを目指しています。
- 同国のプリンス・エドワード島はモンゴメリーの**『赤毛のアン』**の舞台。
- アメリカとの国境にある**ナイアガラの滝**は同国側から見たほうが長く、迫力があります。
- 世界遺産に**レッド・ベイのバスク人捕鯨基地**や**州立恐竜公園（ダイナソール州立公園）**などがあります。

赤毛のアン

キューバ共和国

Republic of Cuba

キューバ革命下、カストロのもと社会主義国家へ。2015年にアメリカと国交を回復以来、クラシックカーやレトロな街並みなどが話題になり、外国人観光客が急増しました。

基本データ

国土：約10万9,000㎢
人口：約1,148万人
首都：ハバナ
民族：欧州系（約25%）、混血（約50%）など
言語：スペイン語（公用語）
宗教：キリスト教
政体：共和制（社会主義）
GDP：968億ドル（1人当たり8,433ドル）
貿易総額：輸出28億ドル、輸入100億ドル
在留邦人数：90人
在日当該国人数：250人

これだけは知っておこう！

- 1492年、**コロンブス**が発見。1511年にスペインに征服され、約400年後の1899年、ついにアメリカの軍事占領のもと、スペインから解放されます。
- 1902年に独立を果たしたものの、事実上、**アメリカの支配下に置かれ**、現在にまで続く確執の発端となりました。
- 独立後の混乱の中、**カストロ**が1959年親米政権を倒し、社会主義の革命政権を樹立。革命軍には英雄として人気の**チェ・ゲバラ**も参加しました。
- 多くの国民がカストロを支持する一方、富裕層は**社会主義体制**を批判。アメリカも反発し、同国に対して厳しい**経済制裁**を行いました。
- 1962年、アメリカの偵察機がソ連が同国でミサイル基地を建設しているのを発見。ケネディ大統領は、海上封鎖を宣言。最終的には両国の首脳会談により、ソ連が同国から武器やミサイルを撤去し、危機は回避されました。この13日の間に起こった、一連の事件は“**キューバ危機**”と呼ばれています。
- 2015年、オバマ大統領によりアメリカは同国と**国交を回復**。経済制裁も一部解除されました。
- “**カリブ海の真珠**”と称されるほど美しい自然が魅力。
- 世界遺産に**ハバナ旧市街とその要塞群**などがあります。

チェ・ゲバラ

グアテマラ共和国

Republic of Guatemala

“常春の国” と呼ばれるほど温暖な気候の中、バナナやコーヒーなど様々な農作物が育っています。鬱蒼と茂る密林の中にはマヤ文明の古代遺跡が数多く残っています。

基本データ

国土：約10万8,000㎢
人口：約1,725万人
首都：グアテマラシティー
民族：先住民、欧州系など
言語：スペイン語（公用語）
宗教：主にキリスト教
政体：立憲共和制
GDP：784億ドル（1人当たり4,534ドル）
貿易総額：輸出109億ドル、輸入197億ドル
在留邦人数：383人
在日当該国人数：214人

これだけは知っておこう！

- 国民の多くは**インディオ**と呼ばれるマヤ系先住民と**ラディーノ**（欧州系と先住民の混血）・欧州系で構成されています。
- 紀元前からマヤ系先住民が定住しており、建築、彫刻、数学、天文学を中心に高度な**マヤ文明**を築き上げました。
- 1523年、スペイン人のペドロ・デ・アルバラードがこの地域を征服。約300年にわたって**スペイン**の支配下に入ります。
- 1823年、中央アメリカ諸州連合を結成するも、1839年に解体。1838年、**グアテマラ共和国**が成立します。
- かつて“バナナ共和国”と呼ばれていたほど、**バナナ**が名産。
- アメリカの**ユナイテッド・フルーツ社**（現在のチキータ・ブランド）は、19世紀後半同国の国土の大半を獲得。バナナやパイナップルなど果物の取引をコントロールしていました。
- コーヒーベルトに位置しており、**コーヒー**を多く生産。
- アメリカやメキシコ、カナダ、ベリーズなど近隣諸国に出稼ぎや移住するグアテマラ人も多く、特に**アメリカ**には約200万人以上が移住しています。
- 世界遺産に**ティカル国立公園**などがあります。映画『スター・ウォーズ』のロケ地としても有名です。

ティカル国立公園

グレナダ

Grenada

ナツメグ、メース、シナモン、ショウガなどのスパイスの産地として有名。中でもナツメグが特産品で、国旗にもナツメグの実が描かれています。

基本データ

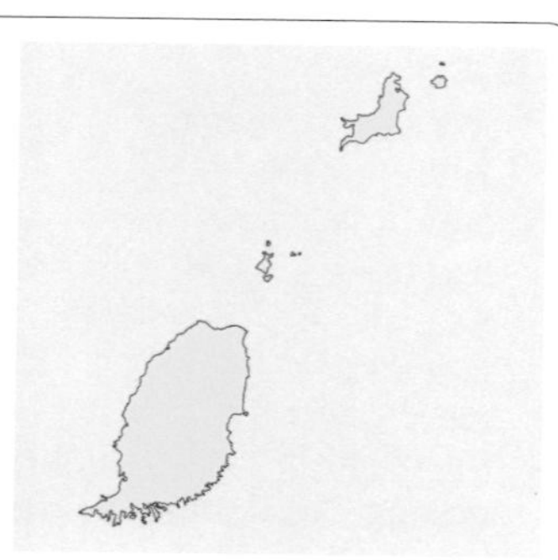

- 国土：約340㎢
- 人口：約11万1,000人
- 首都：セントジョージズ
- 民族：アフリカ系、混血など
- 言語：公用語は英語、ほかクレオール語
- 宗教：キリスト教
- 政体：立憲君主制
- GDP：12億ドル（1人当たり1万1,381ドル）
- 貿易総額：輸出3,200万ドル、輸入4億ドル
- 在留邦人数：0人
- 在日当該国人数：4人

これだけは知っておこう！

- 1498年にコロンブスが発見。1609年、イギリス人が植民地化を試みるも、先住民の**カリブ人**に撃退されます。
- 1762年までフランス領だったものの、その後**イギリス領**に（一時期除く）。ヨーロッパの支配下、アフリカ人労働者によるサトウキビのプランテーション栽培が行われていました。
- 1967年、イギリスの自治領に。1974年にイギリス連邦の一員として**独立を果たします。**
- 1979年、社会主義であるビショップ政権が誕生。ここから同国が社会主義化していくことを懸念したアメリカとカリブ海諸国の軍が、1983年に**グレナダに侵攻**。左翼政権を倒し、親米政権を樹立させました。
- 翌年開催された**ロサンゼルスオリンピック**には、グレナダ侵攻を理由に多くの社会主義国がボイコットしました。
- グレナダ侵攻以降、軍は解体され、現在は**グレナダ警察軍**が国内の治安維持にあたっています。
- 2008年以降、世界的な経済不況により経済が低迷したものの、建設業と**カリブ海クルージング**による観光業などで、今後は緩やかな成長が見込まれています。

ナツメグ

コスタリカ共和国

Republic of Costa Rica

自然環境や生態系に恵まれており、わずかな国土の中に地球上の全動植物の約5%が生息しています。エコツーリズム（自然環境を保全しながらの観光振興）先進国としても有名です。

基本データ

国土：約5万1,000㎢
人口：約499万人
首都：サンホセ
民族：ヨーロッパ系及び先住民との混血が多数
言語：スペイン語（公用語）
宗教：国教はキリスト教（カトリック）
政体：共和制
GDP：601億ドル（1人当たり1万2,026ドル）
貿易総額：輸出110億ドル、輸入165億ドル
在留邦人数：386人
在日当該国人数：189人

これだけは知っておこう！

- 国名はスペイン語で“**富める海岸**”を意味しています。
- **国土の4分の1が国立公園や自然保護区**という自然大国。
- 16世紀、**スペイン**が征服。植民地として、支配下に置かれます。
- 1823年、グアテマラなどと共に中央アメリカ諸州連合を結成するも、**1848年分離独立**します。
- **中南米では最も安定している民主主義国**。識字率96%と教育水準も高く、福祉制度も比較的整っていたり、常備軍を保持していなかったりするのが特徴です。
- 第二次世界大戦後から“中米の優等生”と呼ばれ、コーヒーやバナナの輸出のもと経済が発展。現在では**工業振興**にも力を入れています。
- 1990年代以降、**麻薬**が横行し、治安の悪化を招いています。
- モンテベルデは、2,500種類もの植物や400種類の鳥などが生息する**熱帯雲霧林**という独特のジャングル。
- アリバダと呼ばれる**ウミガメの一斉産卵**を見られます。
- **ココ島**は小説『宝島』や映画『ジュラシック・パーク』のモデルになったとも言われています。
- 世界遺産に**ディキスの石球のある先コロンブス期首長制集落群**などがあります。

ディキスの石球

ジャマイカ

Jamaica

約300年にわたり、イギリスが支配。イギリス領時代は奴隷労働によりサトウキビ栽培を中心としたプランテーションが発展しました。現在は、観光産業を中心に経済成長しています。

基本データ

国土：約1万km²
人口：約294万8,000人
首都：キングストン
民族：アフリカ系（約92%）、混血（約6%）など
言語：公用語は英語、ほかクレオール語
宗教：キリスト教
政体：立憲君主制
GDP：157億ドル（1人当たり5,460ドル）
貿易総額：輸出17億ドル、輸入61億ドル
在留邦人数：229人
在日当該国人数：914人

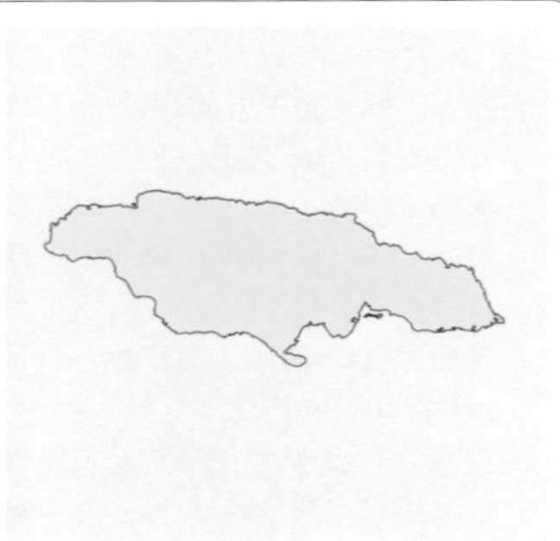

これだけは知っておこう！

- コロンブスが1494年に同国を発見。1509年、スペインが征服。16世紀前半には、西アフリカから多くの**黒人奴隷が輸送**されました。
- 17世紀、イギリスの植民地に。イギリスの支配下、過酷な労働から逃げ出した奴隷（**マルーン**）が後を絶ちませんでした。
- マルーンは奴隷解放を目指したゲリラ戦を展開。イギリスは軍を率いてマルーンの掃討作戦を行うものの失敗。その後も、**奴隷反乱運動は頻発**し、83年も続きました。
- 1807年、奴隷貿易が終了。1838年、奴隷制度も廃止となります。そして、1962年、ついに**イギリス**からの独立を果たします。
- ブルーマウンテン山脈の一部で栽培されている"**ブルーマウンテン**"は日本で人気のコーヒー豆。生産量の95%が日本向け。
- 男子100、200mの世界記録保持者で、オリンピック2冠3連覇を達成した陸上競技選手**ウサイン・ボルト**の出身国。
- ユネスコ無形文化遺産でもある**レゲエミュージック**発祥の地。
- 世界遺産に**ブルー・アンド・ジョン・クロウ・マウンテンズ**があります。

ブルー・マウンテン、レゲエ

セントクリストファー・ネービス

Saint Christopher and Nevis

セントクリストファー島とネービス島、2つの島で構成されています。西インド諸島最大の要塞跡が、"ブリムストーン・ヒル要塞国立公園"として世界遺産に登録されています。

基本データ

国土：約260㎢
人口：約5万2,000人
首都：バセテール
民族：アフリカ系（約93%）など
言語：公用語は英語
宗教：キリスト教
政体：立憲君主制
GDP：10億ドル（1人当たり1万8,245ドル）
貿易総額：輸出5,300万ドル、輸入3億ドル
在留邦人数：1人
在日当該国人数：12人

これだけは知っておこう！

- 1493年にコロンブスが発見。セントクリストファー島の名前は、発見者である**クリストファー・コロンブス**から命名されました（クリストファーの略称が"キッツ"であるため、"セント・キッツ島"と呼ばれることも）。
- 1623年、イギリス人が**セントクリストファー島**に到着し植民地にするも、1624年にはフランス人が入植してきます。
- 1628年、イギリス人が**ネービス島**へ入植。1664年以降、イギリスとフランスの間で島の争奪戦が始まります。
- セントクリストファー島、ネービス島、共に1783年に**イギリスの植民地に。**
- 先住民は死滅。**奴隷**としてアフリカから多くの黒人が連れて来られました。
- 植民地時代、イギリスはサトウキビのプランテーション栽培を開始。一時は、**砂糖産業**で栄えたものの、20世紀末以降は衰退。2005年には生産そのものが中止となりました。
- 1983年にイギリスからの**独立**を果たします。
- ネービス島では、**分離独立**の動きも。1998年、分離独立を問う住民投票が行われたものの、3分の2に届かず分離独立は果たせませんでした。
- 世界遺産に**ブリムストーン・ヒル要塞国立公園**があります。

ブリムストーン·ヒル

セントビンセント及びグレナディーン諸島

Saint Vincent and the Grenadines

1988年、日本の資金援助により同国唯一の魚市場・ニューキングスタウン魚市場が建設されました。地元民はこの場所を親しみを込めて"リトル・トーキョー"と呼んでいます。

基本データ

国土：約390㎢
人口：約11万人
首都：キングスタウン
民族：アフリカ系、混血など
言語：公用語は英語、ほかクレオール語
宗教：キリスト教
政体：立憲君主制
GDP：8億ドル（1人当たり7,353ドル）
貿易総額：輸出5,000万ドル、輸入3億ドル
在留邦人数：3人
在日当該国人数：7人

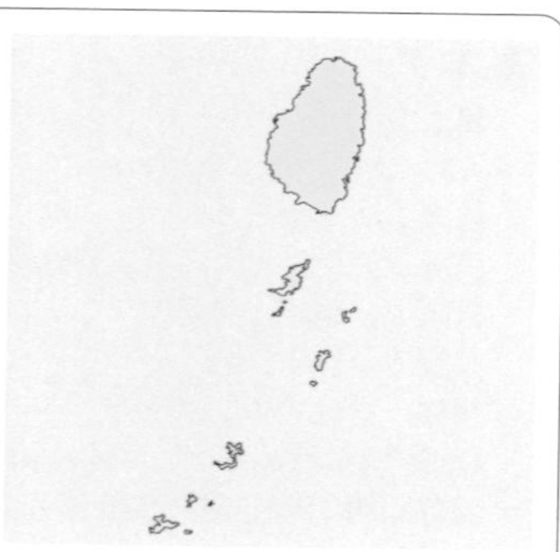

これだけは知っておこう！

- 国名は**聖ビンセントの日**（1月22日）にコロンブスがセントビンセント島を発見したことから。またグレナディーン諸島はスペインのグラナダからつけられました。
- 1498年にコロンブスが発見。1763年にイギリスが占領したものの、1779年フランスが占領。1783年、再度**イギリスが植民地化**しました。
- 19世紀の奴隷制廃止後も、**ポルトガル人**や**インド人など**の労働力を導入し、サトウキビのプランテーション栽培を継続。
- 1958年**イギリス領西インド諸島連邦**に加盟（1962年まで）。1969年、イギリスの自治領に。1979年、イギリス連邦の一国として独立を果たします。
- 北部の**スーフリエール山**は過去に5回ほど激しく噴火し、そのたびに島内に大きな影響を与えています。
- グレナディーン諸島では国際捕鯨委員会の承認の下、**捕鯨**が行われています（先住民生存捕鯨）。
- 主要産業は観光業とバナナがメインの農業。アジ、カツオ、マグロなど**漁業**も盛んです。
- ニューキングスタウン魚市場では、セントビンセント島の水産物の**約90%**が水揚げされています。

スーフリエール山

セントルシア

Saint Lucia

世界遺産に登録された、ピトン管理地域をはじめ豊かな自然や動植物を楽しめます。初心者からベテラン向けまでいろいろ用意されているハイキングコースが人気です。

基本データ

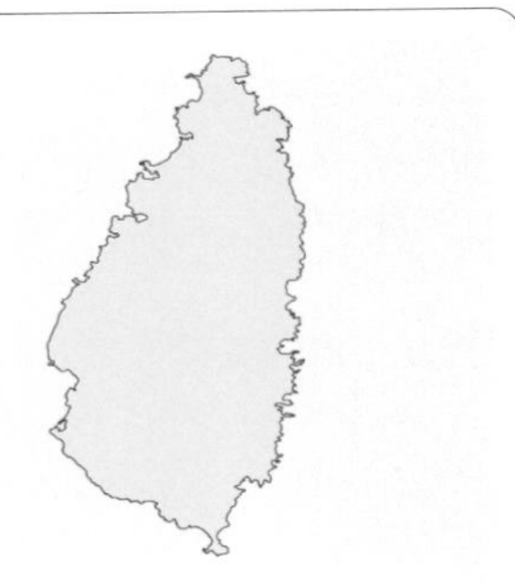

国土：約620㎢
人口：約18万1,000人
首都：カストリーズ
民族：アフリカ系（約85%）など
言語：公用語は英語、ほかクレオール語
宗教：キリスト教
政体：立憲君主制
GDP：19億ドル（1人当たり1万1,075ドル）
貿易総額：輸出9,600万ドル、輸入6億ドル
在留邦人数：21人
在日当該国人数：6人

これだけは知っておこう！

- 17世紀にフランス人が入植。その後、イギリスとフランスの間で14回にわたって領有権が変わり、最終的に1814年、**イギリス領**となりました。
- 1967年、イギリスの自治領となり、1979年**イギリス連邦**の一員として独立。
- 住民の大半は、植民地時代、奴隷だった**アフリカ系黒人**の子孫。
- 主要産業は農業と観光業。特に**バナナ**栽培が盛んです。
- **ハリケーンや地震、津波**などの自然災害が頻発。1980年には“アレン”、2010年には“トーマス”といった大型ハリケーンが同国を襲いました。
- 国名はコロンブスが、1502年にこの島を発見した日が、**聖ルチア**の祝日だったという伝承から。聖ルチアは、ナポリ民謡「サンタ・ルチア」で歌われているキリスト教の聖人。
- イギリスのカカオブランド“**ホテルショコラ**”は同国にて、1745年から続くカカオ農園を所有。ホテルとレストランには世界中のセレブリティが訪れています。
- 世界遺産に“双子の山”とも呼ばれているピトン山で有名な、**ピトン管理地域**があります。陸には稀少な動植物が、海にはクジラやタイマイなどさまざまな生物が生息しています。
- **ピトン山**は、とても目立つため、昔からカリブ海を航行する船乗りたちの目印となっていました。

ピトン山

コラム 1

考えよう! 日本の食料自給率
～なぜ日本は食料を多く輸入している？

POINT

① 日本の食料自給率は欧米に比べてかなり低い。
② 日本はアメリカに食料輸入を依存している傾向がある。
③ 先進国を中心に、世界では多くの食品が廃棄されている。

世界から食料を輸入できないと日本人の多くは餓死してしまう!?

日本の食料自給率は38％（2019年）。日本人の人口が1億2,700万人とすると、4,800万人にしか対応できない計算です。これはアメリカやフランスといった食料余剰国は別格としても、ドイツ、イギリス、イタリアといった国々に比べるとかなり低い数字です。

明治初期、日本の人口は3,300万人ほどでしたが、昭和初期には7,000万人台に。人口が増えたことにより、相当な農業改革・改善の努力が求められました。

しかし、昭和後期になると、日本人の食生活は欧米化していきます。コメを主食とする「和食」から、パンやパスタ、肉類などを食べる、「洋食」へと変化していったのです。

さらに、平成になると、アメリカの農業生産性が向上。日本は自国で食料を作るよりも、輸入したほうが安泰という傾向に。

とはいえ、アメリカの穀物生産量が低迷するときもあります。実際、日本とロシアが穀物輸入を巡って、アメリカに激しく抗議したこともありました。このように食料を外国に依存するということは、食の安全保障が脆弱になることでもあるのです。

また、日本酒を好む人が多かった以前に比べて、現在はワインの愛飲家が増えているなど、食の国際化も広がっています。日本食といえば、真っ先に思い浮かぶお寿司も、今やそのネタの多くが海外からの輸入品です。

なぜ日本の食料自給率は向上しないのか。その要因の一つに、人材不足が挙げられます。例えば、日本の品目ごとの食料自給率（カロリーベース）を見てみると、コメ（97％）、野菜（79％）、魚介類（52％）、果実（38％）、砂糖類（34％）、大豆（6％）、鯨肉を除く肉類（52％）、小麦（16％）、油脂類（13％）となっています（数値はすべて2019年の概算。農林水産省「食料需給表」より）。

当然のことながら、国内でのこれらの食料は、農家、酪農家、漁師などの手によって栽培されたり、育てられたり、捕獲されたりしています。しかし、このような仕事の担い手が、今どんどん減少しているのです。

現在、日本の食料の多くはアメリカからの輸入に依存しています。もしアメリカからの食料輸入がストップしてしまったら、私たちは今のような豊かな食生活を送ることができなくなるかもしれません。そうならないためにも、どのような手を打つべきか。考えてみましょう。

データを見ながら考えよう！

日本と世界の食料自給率、食料廃棄率

①日本の食料自給率のデータです。外国に比べて、日本の食料自給率はどのくらいでしょうか？　日本の食料自給率はこのままでいいと思いますか？

	カロリーベース	生産額ベース
日本	38%	66%
アメリカ	131%	90%
フランス	130%	83%
ドイツ	95%	66%
イギリス	68%	60%
イタリア	59%	82%
スイス	52%	66%

外国に比べて
食料自給率が
とても低い！

（農林水産省ホームページ「世界の食料自給率」より）

カロリーベース、生産額ベースとは？

カロリーベースは、重量を供給熱量（カロリー）に換算したうえで算出。日本では、1人1日当たり供給されている熱量のうち、国産の供給熱量は38%。

生産額ベースは、重量を金額に換算したうえで算出。日本では、国内市場に出回った食料の金額のうち国内での生産額は66%となっています。

②日本の食料廃棄率のデータです。外国に比べて、どう思いますか？
食品廃棄を減らすには何が必要か考えてみましょう。

食品ロスを減らすには
どんなことができる？
自分たちでも考えて、
実践していこう！

	日本	アメリカ	イギリス
食品廃棄物発生量(注1)	約1,700万t	約5,640万t	約1,200万t
うち可食部分(フードロス)	約640万t	―	約900万t

（注1）農業生産段階・有価物を除く

（農林水産省「事業系及び家庭系の食品廃棄物発生量、再生利用量の主要国比較」より）

フードロスとは？

食べられるのに、捨てられてしまっている食品のこと。日本では約1,700万tの食品が廃棄されており、そのうち約640万tは食べられるものです。

日本の食品ロス量年間約640万tは国連世界食糧計画（WFP）による食糧援助量の約2倍。これだけ多くの食料が捨てられているのに、子どもの7人に1人は貧困状態。十分な栄養を摂取できていません。

ドミニカ共和国

Dominican Republic

コロンブスが最初に到達したアメリカ州。また、サミー・ソーサやマニー・ラミレスなど、メジャーリーグ選手を多く輩出している、野球大国として知られています。

基本データ

国土：約4万8,000㎢
人口：約1,073万人
首都：サントドミンゴ
民族：混血（約73%）、白人、黒人
言語：スペイン語（公用語）
宗教：キリスト教（カトリック）
政体：立憲共和制
GDP：889億ドル（1人当たり8,282ドル）
貿易総額：輸出112億ドル、輸入202億ドル
在留邦人数：721人
在日当該国人数：610人

これだけは知っておこう！

- 1492年、コロンブスがイスパニョーラ島を発見。のちにスペインの植民地に。スペインは、**首都サントドミンゴをアメリカで最初の拠点とし**、中央アメリカや南アメリカを征服していきました。
- 1697年、フランスはスペインからイスパニョーラ島西部を割譲され、**1795年全島を譲渡されます。**
- 1804年、ハイチ帝国の一部としてフランスから独立。1844年、東部は**ドミニカ共和国**としてハイチからさらに独立します。
- 1965年、首都サントドミンゴにアメリカ海兵隊が侵攻。その後、**アメリカ**が政治の主導権を握ります。
- 1956〜59年、政府が募って**日本人が農業移住に**。コメ、野菜、コーヒー、胡椒、タバコ栽培などの農業技術の開発に努めました。
- カリブでドミニカ人かどうかを見分けるには、**メレンゲ**の音楽を聞かせればわかるといわれるほどのメレンゲ好き。
- **サンタ・マリア・ラ・メノール大聖堂**は新大陸初の大聖堂。コロンブスの遺骨が眠っています。
- 世界遺産に**サントドミンゴの植民都市**があります。

野球

ドミニカ国

Commonwealth of Dominica

先住民であるカリブ族が現在も住んでいる数少ない国の一つ。国土の約6割が熱帯原生林で、豊かな自然に囲まれており“カリブ海の植物園”と呼ばれています。

基本データ

国土：約750㎢
人口：約7万1,000人
首都：ロゾー
民族：アフリカ系（約87%）など
言語：公用語は英語、ほかフランス語系パトワ語
宗教：キリスト教
政体：立憲共和制
GDP：5億ドル（1人当たり7,541ドル）
貿易総額：輸出1,900万ドル、輸入2億ドル
在留邦人数：0人
在日当該国人数：19人

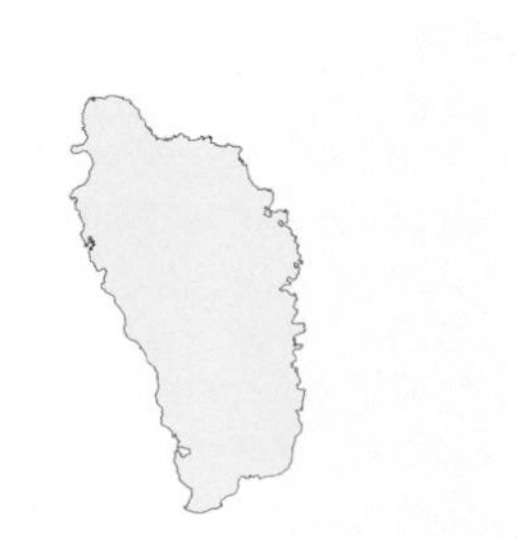

これだけは知っておこう！

- 1493年、**コロンブス**が発見。17世紀にはフランス人が入植。18世紀、領有権を巡ってイギリスと争いました。
- 1805年、イギリス領に。以後、アフリカから大量の黒人奴隷を連れてきて、**サトウキビのプランテーション**を拡大。一時は繁栄したものの、19世紀になり奴隷制度が廃止されると、プランテーション経済は衰退していきます。
- イギリス自治領から1978年に独立。現在、**イギリス連邦の加盟国**。
- 主要産業は**バナナ**、ヤムイモなどの農業や観光業。自然に恵まれていることもあり、エコツーリズムを推進しています。
- ハリケーンの通り道にあるため、よく被害を受けています。2017年のハリケーン“**マリア**”は同国に大きなダメージを与えました。
- 国旗の中央に描かれているのは国鳥の**オウム**（正式名称はミカドボウシインコ）。
- カリブ海では、**マッコウクジラ**の泳いでいる姿を見ることができます。
- **モルヌ・トロワ・ピトン国立公園**が世界遺産。世界最大のカブトムシであるヘラクレスオオツノカブトムシやハチドリなどさまざまな動植物を見ることができます。

ヘラクレスオオツノ
カブトムシ

トリニダード・トバゴ共和国

Republic of Trinidad and Tobago

世界三大カーニバルの一つであるトリニダード・カーニバルを開催。スチールパンやリンボーダンス発祥の地で、ラテンの明るい雰囲気が国内にあふれています。

基本データ

国土：約5,130㎢
人口：約139万人
首都：ポートオブスペイン
民族：インド系、アフリカ系、混血など
言語：公用語は英語、ほかクレオール語など
宗教：キリスト教、ヒンドゥー教など
政体：立憲共和制
GDP：225億ドル（1人当たり1万6,378ドル）
貿易総額：輸出70億ドル、輸入59億ドル
在留邦人数：75人
在日当該国人数：148人

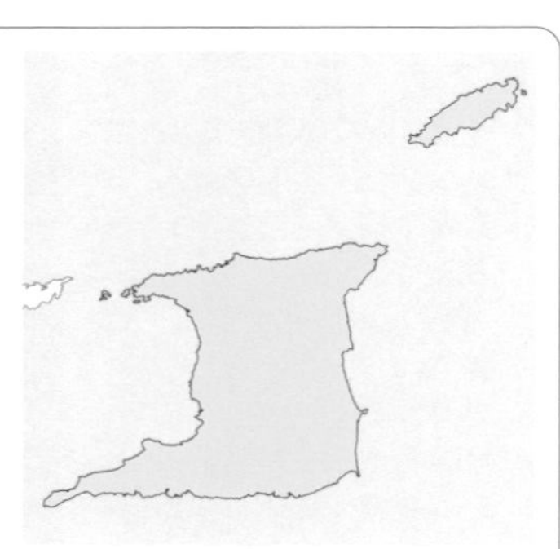

これだけは知っておこう！

- 小アンティル諸島の最南端に位置しており、**トリニダード島**と**トバゴ島**にて構成されています。
- **ベネズエラ**のオリノコ川の三角州の沖合に浮かぶ島国。
- トリニダード島は島内にある3つの山を見てスペイン語で“**トリニダッド丘陵**”を、トバゴ島は先住民の言葉で“**丘陵地**”を指しています。
- 1498年に、両島にコロンブスが到達。19世紀末に合併し、**イギリス**の植民地となりました。
- 1956年、イギリスの自治領となり、1962年に**独立**。
- 奴隷制度廃止後、アフリカ人の代わりに、**インド人**を労働力として導入。そのため、現在でもアフリカ系とインド系の住民が二分しており、それぞれの支持政党が対立しています。
- 経済は豊かな**石油**や**天然ガス**といった資源によって支えられています。
- 世界最大のカメである**オサガメ**の産卵地。
- **カリプソ**（トリニダード島のカーニバルの歌）や**リンボーダンス**発祥の地。
- **スチールパン**（ドラム缶をカットし、底を叩きすり鉢状にして、叩いて音を鳴らす楽器）もこの地で誕生しました。

スチールパン

ニカラグア共和国

Republic of Nicaragua

1979年のサンディニスタ革命などで革命政権が樹立されるも、独裁や政情不安が続き、政治・経済共になかなか安定しません。経済への打撃も深刻で、国民の流出が相次いでいます。

基本データ

国土：約13万㎢
人口：約647万人
首都：マナグア
民族：混血（約70%）、ヨーロッパ系、アフリカ系
言語：スペイン語（公用語）
宗教：キリスト教
政体：立憲共和制
GDP：131億ドル（1人当たり2,030ドル）
貿易総額：輸出50億ドル、輸入66億ドル
在留邦人数：88人
在日当該国人数：112人

これだけは知っておこう！

- 1838年、中央アメリカ諸州連合解体に伴い、**完全独立**を果たします。
- 1927年、アメリカの海兵隊が同国を占領。しかし革命家の**サンディーノ**はゲリラ戦を展開。1933年、海兵隊を完全撤退させます。
- 1936年、**アナスタシオ・ソモサ・ガルシア**が大統領に就任。以来、43年間、ソモサ一人による独裁政権が続きます。
- 1970年代末に民衆蜂起が発生し、1979年、ソモサ政権は転覆。**サンディニスタ民族解放戦線（FSLN）**主導による革命政権が樹立されました（サンディニスタ革命）。
- アメリカが**反政府組織“コントラ”**に軍事援助などをしたことに対して、同国は国際司法裁判所に提訴。1986年、アメリカの活動は違法であるという判決が下されました。
- 急速に左傾化した革命政権とコントラとの間で内戦が勃発。1990年、国民野党連合（UNO）の**チャモロ**候補が当選するまで10年間続きました。
- 2018年、10年以上独裁政治を続ける**オルテガ政権**に反対する学生らによるデモが勃発しました。
- **火山大国**としても知られており、2015年に世界遺産のモモトンボ火山が110年ぶりに噴火しました。

モモトンボ火山

ハイチ共和国

Republic of Haiti

植民地時代は世界最大の砂糖生産地として、本国フランスを支えていましたが、現在は西半球の最貧国に。独裁政権、経済制裁に加え、2010年のハイチ大地震が追い打ちをかけます。

基本データ

国土：約2万7,000㎢
人口：約1,112万人
首都：ポルトープランス
民族：アフリカ系（約95%）、その他（約5%）
言語：フランス語、クレオール語（共に公用語）
宗教：キリスト教、ブードゥー教など
政体：立憲共和制
GDP：88億ドル（1人当たり784ドル）
貿易総額：輸出9億ドル、輸入35億ドル
在留邦人数：32人
在日当該国人数：31人

これだけは知っておこう！

- **イスパニョーラ島の西側3分の1**と、ラ・トルチュ島などのいくつかの島から構成されています。東部はドミニカ共和国と隣接しています。
- 1697年、フランス領に。18世紀にはアフリカから大量の黒人奴隷を輸入し、サトウキビ、コーヒーなどを栽培・輸出。**フランス経済を大きく支えました。**
- 1791年、黒人奴隷がフランス人に対して蜂起（ハイチ革命）。1804年に、中南米の国で初めて植民地からの独立を宣言。**世界初の黒人共和国**となりました。
- 莫大な**賠償金**を支払うことでフランスは独立を承認。巨額の賠償金に同国は長い間苦しめられます。
- 1915〜34年、フランスの賠償金を肩代わりしてもらった**アメリカの軍事占領下に。**
- 現在は、**西半球の最貧国**として知られており、約6割の人たちが貧困ラインの1日1.90ドル（約206円）未満で生活しています。
- 世界ランク1位となったテニスの**大坂なおみ選手の父親**の出身地。
- 世界遺産に独立後にフランスの侵攻を防ぐために建てられた巨大要塞の**シタデル**などがあります。

シタデル

パナマ共和国

Republic of Panama

世界三大運河の一つである、パナマ運河があります。1914年に完成したパナマ運河は、アメリカが建設したものの、1999年同国に返還。現在はパナマ運河庁が管理・運営をしています。

基本データ

国土：約7万5,000㎢
人口：約418万人
首都：パナマシティ
民族：混血（約70%）、先住民（約7%）ほか
言語：スペイン語（公用語）
宗教：キリスト教（カトリック）
政体：立憲共和制
GDP：650億ドル（1人当たり1万5,643ドル）
貿易総額：輸出114億ドル、輸入230億ドル
在留邦人数：388人
在日当該国人数：54人

これだけは知っておこう！

- **北アメリカ大陸と南アメリカ大陸の境**に位置しています。
- 1501年、スペインの探検家**バスティーダ**がヨーロッパ人としてこの地を初めて発見。その後、**スペイン**の支配下に置かれるようになります。
- 1821年、大コロンビアの一州として**スペイン**より独立。1903年に**コロンビア**から分離独立を果たしました。
- フランスの外交官、レセップスはパナマ運河建設に着手しましたが、失敗。その後、**アメリカ**が建設。現在、世界の海運において大きな役割を果たしています。
- 2016年の**拡張工事**により、通過できる船の範囲が大幅に広がり、パナマックス船（パナマ運河を通航できる最も大きな船型）のすれ違いも可能に。
- GDPの7%近くが**パナマ運河の通航料**。
- 拡張前はLNG（液化天然ガス）船は通れませんでしたが、大型LNG船の通航が可能になり、日本への**LNG輸送**の幅も広がりました。
- **金融業**でも栄えており、近年は租税回避行為の関連文書である“パナマ文書”で注目を浴びました。
- 世界遺産に貴重な生態系が存在する**コイバ国立公園とその海洋特別保護地域**などがあります。

パナマ運河

バハマ国

Commonwealth of The Bahamas

カリブ海屈指の透明度と美しさを誇る海が自慢。5㎞にわたって続くピンク色のビーチはエリューセラ島の名物。ドルフィンスイムと呼ばれる、イルカと一緒に泳げるツアーも人気です。

基本データ

国土：約1万3,000㎢
人口：約38万9,000人
首都：ナッソー
民族：アフリカ系、欧州系白人、混血
言語：公用語は英語
宗教：キリスト教
政体：立憲君主制
GDP：126億ドル（1人当たり3万3,261ドル）
貿易総額：輸出6億ドル、輸入35億ドル
在留邦人数：21人
在日当該国人数：22人

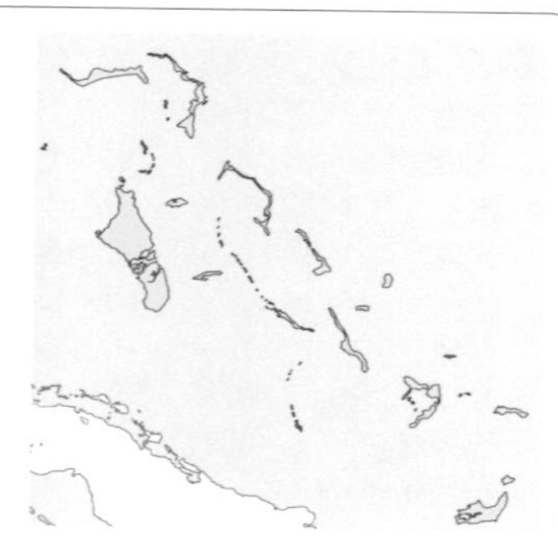

これだけは知っておこう！

- 領土の**約95％は無人島**。人が住んでいる島は30島ほどといわれています。
- 1492年、コロンブスはバハマ諸島のサンサルバドル島に到達。それまでは、**ルカヤン**と呼ばれる先住民が漁や採集をしながら生活していました（先住民はスペイン人による奴隷労働のため絶滅）。
- 1648年、イギリスがバハマ諸島内の無人島に植民を開始。1782年にスペイン領となるも、1783年、**ベルサイユ条約**により**イギリス領**になることが確定。
- 1964年、**イギリスの自治領に**。1973年、独立を果たします。
- アメリカで**禁酒法**が制定された時は、酒などの密輸の一大中心地となりました。
- 18世紀前半、海賊のメッカとして栄え、その当時を知れる“**パイレーツ・オブ・ナッソー**”と呼ばれる海賊博物館が存在します。
- “**永遠の6月**”と呼ばれるほど気候に恵まれており、アメリカ人を中心に人気を集めている世界有数のリゾート。
- タックス・ヘイブンとしても有名。2016年に国際調査報道ジャーナリスト連合によって公開された、同国で設立されたペーパーカンパニーに関する電子ファイル“**バハマ文書**”が大きな話題になりました。

サンゴ礁

バルバドス

Barbados

カリブ海の国々の中で最も裕福な国の一つ。島全体がサンゴ礁でできており、欧米ではリゾートとして人気。首都ブリッジタウンにはイギリス風の建物が数多く存在しています。

基本データ

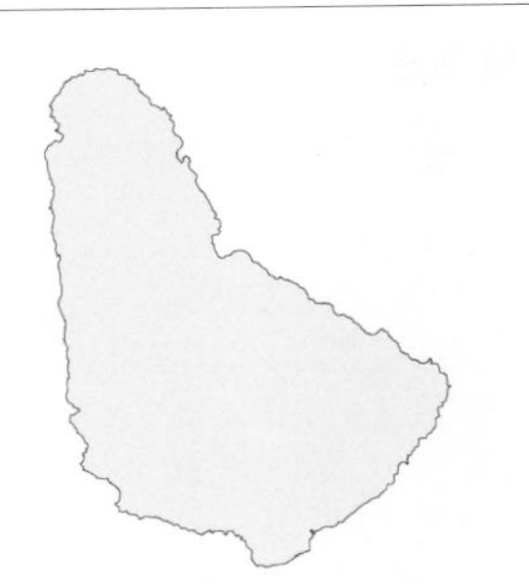

国土：約430㎢
人口：約28万6,000人
首都：ブリッジタウン
民族：アフリカ系、混血、白人系など
言語：公用語は英語
宗教：キリスト教
政体：立憲君主制
GDP：51億ドル（1人当たり1万7,758ドル）
貿易総額：輸出4億ドル、輸入15億ドル
在留邦人数：29人
在日当該国人数：38人

これだけは知っておこう！

- 17世紀前半より**イギリス**が植民地化。黒人を輸入して、サトウキビのプランテーション運営を開始しました。
- 植民地時代からのサトウキビ栽培と製糖、その副産物のラム酒や糖蜜の製造で栄えていたものの、近年は**砂糖**の需要が世界的に低迷。そのため、観光業に力を入れています。
- サーフィンやシュノーケリングなどマリンスポーツを楽しめるほか、運が良ければ**ウミガメ**と出合えることも。
- 世界的にも有名なラム酒ブランド、**マウント・ゲイ**の300年以上続く醸造所があります。
- 1937年の黒人暴動をきっかけに自治権が拡大。1961年、イギリスの自治領に。1966年、**独立を果たします。**
- イギリスから独立後も、良好な関係を維持しており、カリブ海の"**リトル・イングランド**"とも呼ばれるように。
- 世界的な女性シンガーソングライター、女優、モデルである**リアーナ**の出身国。
- 世界遺産にイギリス植民地時代に築かれた旧市街やチェンバレン橋などを含む、**ブリッジタウン歴史地区とギャリソン**があります。

チェンバレン橋

ベリーズ

Belize

メキシコの東側に位置し、美しい海は“カリブ海の宝石”と呼ばれています。国土は四国より少し大きいぐらいですが、世界で2番目の大きさを誇るサンゴ礁保護区を有しています。

基本データ

国土：約2万2,000㎢
人口：約38万3,000人
首都：ベルモパン
民族：先住民と白人の混血（約53%）など
言語：英語（公用語）、スペイン語など
宗教：キリスト教など
政体：立憲君主制
GDP：20億ドル（1人当たり4,925ドル）
貿易総額：輸出4億ドル、輸入9億ドル
在留邦人数：45人
在日当該国人数：9人

これだけは知っておこう！

- 18世紀にイギリスの支配下に。しかし19世紀に入ると、スペインから独立した**グアテマラ**が領有権を主張し始めます。
- 1862年、**イギリス領ホンジュラス**に。1973年に現在の国名であるベリーズに改称されます。
- 1981年、**イギリス連邦**の一員として独立を果たしました。
- 主要産業は**砂糖**、バナナ、マホガニー材など。かつてはロッグウッドやマホガニーなどの伐採で開けた林業立国でした。
- 平均気温は1年を通して20度以下にはならず、夏の最高気温も30度前後。**湿度は常に85%ほどあります。**
- カラコル遺跡など**マヤ文明**の遺跡が数多く残されています。
- 世界遺産に**ベリーズ珊瑚礁保護区**があります。なかでも直径313mという巨大な丸型のサンゴ礁“**ブルーホール**”目当てに、世界中からダイバーが訪れます。
- ブルーホール近辺は、**ウミガメ**や**マナティー**など珍しい海洋生物と出合えるダイビングスポットとしても有名。
- ロングキーという島の海岸には、絶滅危惧種である**タイマイ**や**アカウミガメ**が産卵に訪れます。

マナティー

ホンジュラス共和国

Republic of Honduras

殺人発生率の高さが世界トップクラス。そのため“世界で最も危険な国”と呼ばれることも。凶悪なギャングが街中にあふれ、多くの市民は国外への脱出を試み、アメリカを目指しています。

基本データ

国土：約11万2,000㎢
人口：約959万人
首都：テグシガルパ
民族：ヨーロッパ系・先住民混血が大半
言語：スペイン語（公用語）
宗教：キリスト教（伝統的にカトリック）
政体：立憲共和制
GDP：238億ドル（1人当たり2,523ドル）
貿易総額：輸出86億ドル、輸入122億ドル
在留邦人数：174人
在日当該国人数：183人

これだけは知っておこう！

- 1821年にスペインから独立。1823年に、グアテマラなどと共に中央アメリカ諸州連合を結成するも、**1838年に分離独立**しました。
- 20世紀、アメリカの農業資本が**バナナのプランテーション栽培**を行ったことから、初めて“バナナ共和国”と呼ばれるように。
- 近年はバナナから**コーヒー**に主要産業が変わってきています。
- 麻薬組織の抗争などにより治安が悪化。中南米の中でも**最悪の殺人発生率**です。
- 貧困や政情不安、暴力などがはびこっており、アメリカを目指す人たちが後を絶ちません。**移民キャラバン**は今や数千以上の規模にまで膨れ上がっています。
- アメリカは**不法移民の受け入れを阻止**。しかし多くの人たちは、国境の壁を乗り越えてまでもアメリカで生活することを望んでいます。
- 2019年、メキシコはアメリカを目指す移民数を減らすため、同国内で約2万人の**雇用創出**を支援する考えを表明しました。
- バイア諸島は、世界第2位の大きさを誇る珊瑚礁“**メソアメリカバリアリーフ**”に位置しており、絶好のダイビングスポット。
- 世界遺産に**コパンのマヤ遺跡**などがあります。

コパン遺跡

メキシコ合衆国

United Mexican States

陽気で明るいイメージがあるものの、長い間植民地支配や戦争が続きます。近年は、トランプ大統領による不法移民取り締まりのための国境沿いの壁建設や、麻薬問題などを抱えています。

基本データ

国土：約196万㎢
人口：約1億2,619万人
首都：メキシコシティ
民族：欧州系と先住民の混血、先住民など
言語：スペイン語（公用語）
宗教：カトリック（約90％）
政体：連邦共和国
GDP：1兆2,230億ドル（1人当たり9,807ドル）
貿易総額：輸出4,506億ドル、輸入4,643億ドル
在留邦人数：1万1,775人
在日当該国人数：2,696人

これだけは知っておこう！

- 15、16世紀、アステカ文明を築くも、1521年、スペイン人の**コルテス**が征服。以降、300年にわたってスペインの植民地となります。
- 1810年、独立運動が始まり、1821年に**独立を果たします。**
- 独立後、現在のテキサス州（当時の同国の領土）にデイビー・クロケット含むアメリカからの大量の入植者が押し寄せ、独立を画策。**アラモ砦**に立てこもり戦うも、テキサス軍はメキシコ軍に大敗を喫しました（その後も「アラモを忘れるな」はテキサス軍の合言葉に）。
- 1846年、テキサスの領域をめぐって**米墨戦争**が開始。アメリカが勝利し、同国はテキサス、カリフォルニア、アリゾナ、コロラド、ネバダなどを譲り渡します。
- 1910年、マデロに指導された自由主義者が民主化などを求めて蜂起（**メキシコ革命**）。1911年、ディアス独裁政権を倒すと、内戦を経て、1917年民主的民族的な新憲法が誕生しました。
- メキシコ革命の意義を壁画に描く“**壁画運動**”が1922年に始まりました。
- 11月2日は**死者の日**という祝日。亡くなった人の霊が帰ってくると考えられており、華やかなパレードやイベントが開催されます。
- 世界遺産に**古代都市テオティワカン**などがあります。

死者の日

コラム

2

考えよう! 日本のエネルギー・バランス

～化石燃料を輸入できなくなったら日本人は電気を使えない?

POINT

① 日本はエネルギーを作るための化石燃料を輸入に頼っている。
② エネルギーを作る過程で多くの熱量を失っており、効率的な生産が日本の課題である。
③ 地球温暖化対策のためにも、世界的に再生可能エネルギーへの移行が進んでいる。

世界で使われている化石燃料が、地球温暖化の主な要因

私たちが普段、何気なく使っている**電気を作るには電力が必要です。**天然ガスや石油、石炭、ウランなどを燃料として、水を沸騰させて高圧蒸気を作り出し、その力で大型のタービンを高速回転させることで電力は生み出されています。これらを行っているのが電力会社です。このように自然によって生み出された物質を使って作られたエネルギーを「一次エネルギー」といいます。

近年は、太陽光や風力、水力、地熱、バイオガスなどを使って生み出される「再生可能(リニューアブル)エネルギー」も注目を浴びています。これらは電力会社でなくても生産でき、なかでも太陽光を利用した太陽光発電は家庭でも容易に作ることができます。

天然ガスや石油、石炭は恐竜が生息していた大昔に、地中に埋没したプランクトンや植物が長年の間に地熱や地圧などの作用で炭化したもので、「化石燃料」とも呼ばれます。**化石燃料は日本には少なく、主にアラビアやアジア、オセアニアの国々などから輸入しています。**

石油や石炭はそれぞれその輸送に特化したタンカーなどの専用船を用いて、長い航海を経て日本の港にたどり着きます。アラビアからはホルムズ海峡を通過しインド洋を東進、マラッカ海峡を通って南シナ海を北上し日本に到着します。

しかし、せっかく遠路はるばる運ばれてきた化石燃料も、**電力にする過程の中で熱量の約4割は燃焼されてしまいます。**一次エネルギーを変換・加工して作られたガソリン、コークスなどの二次エネルギーにおいても、多くの熱量が大気中に消えてしまいます。ちなみに、最終エネルギーは企業(63%)、運輸(23%)、家庭(14%)にて消費されています。(経済産業省「2018年度エネルギー需給実績」より)。

生産過程の中でムダになってしまう熱量を減らすことは、化石燃料といった資源が乏しい日本にとっては大きな課題です。

また、**化石燃料はエネルギーの生成過程の中で二酸化炭素を大気中に排出します。**これは地球温暖化の要因といわれており、環境のためにも化石燃料に依存しないエネルギー生産が日本はじめ世界各国における重要な課題となっています。

データを見ながら考えよう！

日本と世界のエネルギー自給率、化石燃料依存度

①日本のエネルギー自給率のデータです。外国に比べて、日本のエネルギー自給率はどのくらいでしょうか？　日本のエネルギー自給率はこのままでいいと思いますか？

国	自給率	国	自給率
日本	9.6%	イギリス	68.2%
韓国	16.9%	ルクセンブルク	5.3%
スペイン	26.7%	ノルウェー	792.6%
ドイツ	36.9%	オーストラリア	306.0%
フランス	52.8%	アメリカ	92.6%

国によって
エネルギー
自給率の差が
大きい！

（経済産業省「主要国の一次エネルギー自給率比較(2017年)」より）

エネルギー自給率が高い国はどんな国？

エネルギー自給率が1位のノルウェーは原油や天然ガスなどが多く埋蔵されています。2位のオーストラリアも石炭や天然ガスが豊富です。このように資源に恵まれている国は、高いエネルギー自給率を誇っています。

逆に、日本のように石油や石炭などが少ない国は、多くの資源を輸入する必要が出てきます。

②日本の化石燃料依存度のデータです。外国に比べて、どう思いますか？　今後、日本の化石燃料依存度を下げるには何が必要でしょうか？

国	依存度
日本	84%
アメリカ	65%
フランス	9%
ドイツ	57%
イギリス	54%

日本の化石燃料依存度は
他の国に比べて高い！

（経済産業省「2016年の主要国電源構成」より）

なぜ日本の化石燃料依存度は高い？

化石燃料依存度とは、エネルギーのうち天然ガスや石油、石炭を使用している割合。化石燃料依存度が高いということは、それだけたくさんの二酸化炭素を排出していることにつながります。日本は東日本大震災以降、原子力発電所の稼働が停止しており、その不足分を火力発電で補っていることから、化石燃料依存度が2010年以前よりも高くなっています（2010年の化石燃料依存度は81.2%、経済産業省ホームページより）。

南アメリカ

South America

アルゼンチン共和国

Argentine Republic

2001年、対外債務支払いを停止し、デフォルトに（アルゼンチン危機）。金融・経済危機を何度も繰り返しており、現在も経済再建が大きな課題となっています。

基本データ

国土：約278万㎢
人口：約4,449万人
首都：ブエノスアイレス
民族：欧州系（約97%）、先住民系（約3%）
言語：スペイン語（公用語）
宗教：国民の8割近くがカトリック
政体：立憲共和制
GDP：5,184億ドル（1人当たり1万1,652ドル）
貿易総額：輸出618億ドル、輸入655億ドル
在留邦人数：1万1,561人
在日当該国人数：2,933人

これだけは知っておこう！

- 1810〜18年に行われたアルゼンチン独立戦争の間、1816年に**スペイン**からの独立を宣言。
- 20世紀初頭、**外国移民**や**資本の流入**が拡大。小麦、牛肉などの農牧産品の輸出により大きく経済が発展します。
- 経済発展の中、少数の富裕層が国家権力を握る**寡頭政治**が行われるように。
- 1946年に大統領に就任した**ペロン**は最低賃金を定め、有給休暇を制度化するなど労働者のための政策を推進。夫人のエバ（愛称エビータ）は慈善事業を先頭だって行い、"貧者のマドンナ"と称賛されるように。
- 2015年に大統領に就任したマクリはバラマキ政策と保護主義からの決別を表明。緊縮政策を打ち出すも有権者の支持を得られず、2019年、左派政権の**フェルナンデス**に敗北。
- ブエノスアイレスは、"**南米のパリ**"と呼ばれるほど美しい街並です。
- 大平原を意味する**パンパ**は、南米最大の農牧地帯。小麦やトウモロコシなどを栽培しやすく、牧草もよく成長するため、農牧業に適しています。
- 世界遺産に世界三大瀑布の一つである、イグアスの滝で有名な**イグアス国立公園**などがあります。

イグアスの滝

ウルグアイ東方共和国

Oriental Republic of Uruguay

安全性や教育・文化水準、生活水準などが高いことから“南米のスイス”とも呼ばれています。首都モンテビデオには、ヨーロッパの地方都市のような静けさが広がっています。

基本データ

国土：約17万6,000㎢
人口：約345万人
首都：モンテビデオ
民族：欧州系など
言語：スペイン語（公用語）
宗教：キリスト教（カトリック）など
政体：立憲共和制
GDP：609億ドル（1人当たり1万7,014ドル）
貿易総額：輸出74億ドル、輸入88億ドル
在留邦人数：356人
在日当該国人数：111人

これだけは知っておこう！

- ウルグアイ川の**東部**に位置しているため、ウルグアイ東方共和国。
- 1516年、スペイン人が到達。17世紀後半以降、**スペインとポルトガルの間**で領有権争いが起こったものの、1777年、スペインの植民地に（その後、ポルトガル、ブラジルの支配も受けます）。
- 1825年、独立を宣言。1903年、バジェ大統領が就任し、**民主主義政策**や**社会保障の整備**を推し進めていきます。
- 1973年、**軍部**が台頭し、議会が閉鎖。人権抑圧などの弾圧が行われるように。
- 1985年、サンギネッティ大統領が就任し、民政移管。以降は、南米において最も**民主主義が確立した国**の一つとなります。
- 国土の約8割が肥沃な平原であることから、**農業・牧畜**が主産業。
- ホセ・ムヒカ元大統領は、給料の大半を寄付して質素な生活をしていたことで“**世界一貧しい大統領**”と呼ばれ、話題に。
- 2019年、ウルグアイ産**牛肉**の日本への輸出が19年ぶりに解禁。さっぱりした赤身が特徴。
- 世界遺産に食肉加工工場として有名な**フライ・ベントスの産業と結びつく文化的景観**などがあります。

フライ・ベントス食肉加工

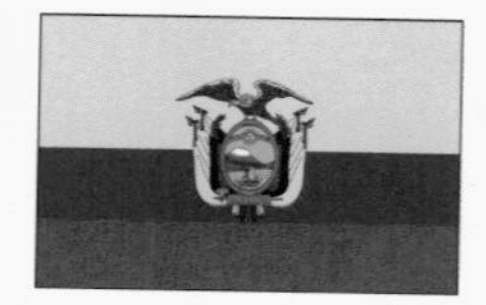

エクアドル共和国

Republic of Ecuador

1978年に登録された世界遺産第１号が２つ（キトの市街、ガラパゴス諸島）もあります。ガラパゴス諸島では特殊な環境下、他国では見られない珍しい動植物などに出合えます。

基本データ

国土：約25万6,000㎢
人口：約1,708万人
首都：キト
民族：欧州系・先住民混血（約72%）など
言語：スペイン語（公用語）
宗教：国民の大半はカトリック
政体：共和制
GDP：1,084億ドル（1人当たり6,249ドル）
貿易総額：輸出216億ドル、輸入221億ドル
在留邦人数：355人
在日当該国人数：230人

これだけは知っておこう！

- **インカ帝国**がこの地域を支配。その後、16世紀にはスペインに征服されます。
- シモン・ボリバルが解放闘争を主導。1822年**大コロンビア**として、スペインから独立。1830年に大コロンビアから分離独立をします。
- スペイン語でエクアドルは“**赤道**”を意味しており、赤道直下の街・キトには**赤道博物館**があります。
- バナナベルト地帯に位置しており、**バナナ**が名産。
- グアヤキルでは2013年末、**新婚旅行中の日本人夫婦が銃撃**され、死傷する事件が発生。
- 通貨は米ドルであるものの、紙幣のみ。コインは同国内でしか用いられない**エクアドルコイン**が流通しています（価値は米ドルコインと同じ）。
- 1835年、**ダーウィン**がガラパゴス諸島を訪れて研究を実施。進化論を思いついたといわれています。
- **チンボラソ火山**の頂は地球の中心から最も遠い場所。そのため、宇宙に近い山といわれています。
- 同国内のバロック建築の中でも最高峰との呼び声が高い**ラ・コンパニーア聖堂**の内部には約7tもの金箔が使用されており、黄金色に光り輝いています。

ガラパゴスゾウガメ

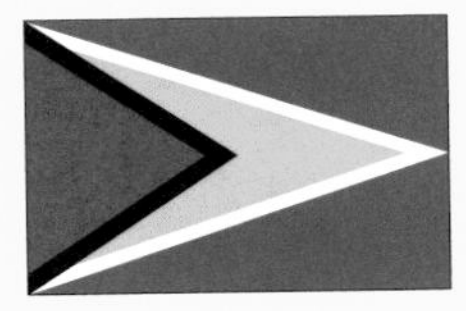

ガイアナ共和国

Republic of Guyana

イギリス統治時代、大勢のインド人がやって来たことから、現在も人口の約４割がインド系。イギリスとインドの文化が色濃く混ざり、独特の雰囲気を醸し出してます。

基本データ

国土：約21万5,000㎢
人口：約77万9,000人
首都：ジョージタウン
民族：東インド系、アフリカ系など
言語：英語（公用語）
宗教：キリスト教が半数
政体：立憲共和制
GDP：41億ドル（1人当たり5,252ドル）
貿易総額：輸出14億ドル、輸入16億ドル
在留邦人数：21人
在日当該国人数：15人

これだけは知っておこう！

- 1621年、**オランダ西インド会社**の設立と共に同社の支配下に入ります。
- 1814年、イギリス領に。そのため、南米唯一の**英語が公用語**の国となります（他国はスペイン語やポルトガル語）。
- 1834年、**奴隷制度**が廃止されると、インド人がやって来るように。1838～1917年の間に、約34万人のインド・パキスタン系移民が流入しました。
- 1966年、イギリス連邦の一員として**独立**。
- 1970年、**ガイアナ協同共和国**に改称し、共和制に移行（憲法上は“ガイアナ協同共和国”ですが、現在は“ガイアナ共和国”を正式名称として使用）。
- 国名は“**水の多い土地**”という意味であり、多くの川や滝があることで有名。
- 同国とベネズエラ、ブラジルの3カ国にまたがっている**ロライマ山**は、頂上がテーブル状の山々“テーブルマウンテン”として知られています。
- 国土の5分の3は原生林に覆われた**未開発**の熱帯高原。
- **カイエチュールの滝**は約226mと世界最大級の落差を誇っています。
- 薄く焼いた平べったいパンに魚や肉のカレーを挟んで食べる“**ロティ**”は、インドがルーツの国民食。

ロライマ山

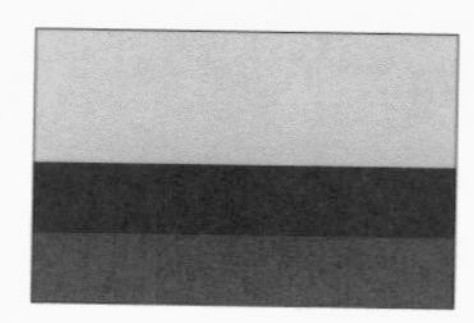

コロンビア共和国

Republic of Colombia

アラビカ種を中心としたコーヒーで有名。コーヒー産地の文化的景観が世界遺産登録されているほか、コーヒーのテーマパークでもある国立コーヒー公園も存在します。

基本データ

国土：約113万9,000㎢
人口：約4,965万人
首都：ボゴタ
民族：混血（約75%）、ヨーロッパ系など
言語：スペイン語（公用語）
宗教：国民の大半はカトリック
政体：立憲共和制
GDP：3,331億ドル（1人当たり6,508ドル）
貿易総額：輸出418億ドル、輸入512億ドル
在留邦人数：1,323人
在日当該国人数：2,428人

これだけは知っておこう！

- 1810年、スペインからの独立を宣言。1819年に、現在のコロンビア・ベネズエラ・エクアドル・パナマを含む**大コロンビア**が成立します。
- 1830年にベネズエラ・エクアドルが分離独立。1886年に**コロンビア共和国**に。1903年にはパナマも分離独立して現在の国土になりました。
- 1948年、ボゴタにて、自由党有力政治家ガイタンが暗殺され“**ボゴタソ**”と呼ばれる騒動が勃発。多くの人々が死亡し、“ラ・ビオレンシア”と呼ばれる内戦にまで発展しました（1958年終結）。
- 2016年、50年以上に及ぶ内戦の終結に尽力した**サントス**大統領はノーベル平和賞を受賞。
- 1993年に殺害された麻薬王、**パブロ・エスコバル**は同国最大の麻薬密売組織“メデジン・カルテル”を生み出しました。
- **切り花**を輸出しており、日本ではカーネーションなどの輸入が増えています。
- 南米にあると信じられた黄金郷“**エルドラド**”の伝説は、同国の先住民の首長が全身に金粉を塗って湖に入るという儀式から広まりました。
- 世界遺産に、**カルタヘナの港、要塞、歴史的建造物群**などがあります。

コーヒー農園

スリナム共和国

Republic of Suriname

面積、人口共に南米で最も少ない国ですが、国土の林野が占める面積の割合が約99%と世界第1位。豊かな自然が魅力で、新種の生物がどんどん見つかっています。

基本データ

国土：約16万3,000㎢
人口：約57万6,000人
首都：パラマリボ
民族：ヒンドゥー系、マルーン系など
言語：オランダ語（公用語）
宗教：キリスト教、ヒンドゥー教、イスラム教
政体：立憲共和制
GDP：37億ドル（1人当たり6,310ドル）
貿易総額：輸出21億ドル、輸入12億ドル
在留邦人数：11人
在日当該国人数：7人

これだけは知っておこう！

- 15世紀末に**スペイン人**が発見。17世紀以降、イギリスやオランダが占領し、黒人奴隷によるタバコ栽培が行われます（1650年、イギリスに支配されたものの、1667年にオランダの植民地に）。
- 1799年、イギリスが再度同国を支配するも、1815年、パリ条約で最終的に**オランダ領に。**
- 1954年、オランダ自治領となると、同国の住民も**オランダ国籍**が取得可能に。
- 独立前多くの人たちがオランダに移住したため、現在も**スリナム出身者**が多数オランダに在住しています。
- 1975年、現在の国名で独立。かつては**オランダ領ギアナ**と呼ばれていました。
- 2013年、同国の熱帯雨林で**チョコレート色のカエル**など新種と見られる60種類もの生物が見つかりました。
- 経済は鉱業に依存しており、**ボーキサイト、金、石油**などを輸出しています。
- 農業分野ではコメ、砂糖、バナナなどの農作物を輸出。また**エビ**などの漁業も盛んです。
- 世界遺産にジャガー、オオアルマジロ、オオカワウソなどが生息している**中部スリナム自然保護区**などがあります。

オオアルマジロ

チリ共和国

Republic of Chile

世界最大の銅産出量を誇るチリの銅採掘を支えたシーウェル鉱山都市は2006年世界遺産に。近年、日本ではチリ産ワインの輸入量が増えており、フランス産を上回っています。

基本データ

国土：約75万6,000㎢
人口：約1,873万人
首都：サンティアゴ
民族：スペイン系（約75%）など
言語：スペイン語（公用語）
宗教：国民の大半はカトリック（約88%）
政体：立憲共和制
GDP：2,803億ドル（1人当たり1万5,087ドル）
貿易総額：輸出755億ドル、輸入708億ドル
在留邦人数：1,655人
在日当該国人数：839人

これだけは知っておこう！

- 16世紀まで北中部はインカ帝国が支配。1540年、**スペイン人**征服者が到達。3世紀にわたって植民地として支配します。
- 1810年に自治政府を樹立し、1818年**独立宣言をしました**（1844年にスペインは承認）。
- 1970年、アジェンデが大統領に選出され、世界初の自由選挙による**社会主義政権**が成立。
- 1973年、クーデターによって**ピノチェット**による軍事政権が樹立。以降、独裁政治が行われ、新自由主義経済政策を推進します。
- 1990年、民政移管後は、**民主的選挙**によって政権交代が行われています。
- 巨大なモアイ像で有名な**イースター島**は同国の領土。
- 南北1,000km以上の広大な**アタカマ砂漠**近くにある塩湖には、フラミンゴが生息。
- 世界有数の**漁業国**。1980年代半ば以降、日米企業などが支援してきた**サケ・マス養殖**が商業化され、同国最大の輸出向け水産物に。
- 世界遺産に**ハンバーストーンとサンタ・ラウラの硝石工場群**などがあります。

イースター島モアイ像

パラグアイ共和国

Republic of Paraguay

20世紀初頭、日本人がラ・コルメナに移住を開始。トマトやキュウリ、ピーマンなど野菜栽培の技術を伝授しました。特に大豆は最大の輸出物となっており、経済を支えています。

基本データ

国土：約40万6,000㎢
人口：約696万人
首都：アスンシオン
民族：白人と先住民の混血（約95%）など
言語：スペイン語とグアラニー語（共に公用語）
宗教：国民の大半がカトリック
政体：立憲共和制
GDP：408億ドル（1人当たり5,934ドル）
貿易総額：輸出90億ドル、輸入124億ドル
在留邦人数：4,554人
在日当該国人数：2,090人

これだけは知っておこう！

- 1537年、**スペイン**の植民地に。1811年に南米初の正式な独立を果たします。
- 17世紀、スペインは先住民のグアラニー族をキリスト教化するため**イエズス会宣教師**を派遣。
- 1814〜40年まで鎖国路線を貫いていましたが、1844年に大統領に就任した**アントニオ・ロペス**は開放政策を実施します。
- 1864年、ブラジル、アルゼンチン、ウルグアイ連合軍を相手に、**三国同盟戦争**が勃発。同国は国土の4分の1と成人男性の約9割を失う結果に。
- 1932年、ボリビアと**チャコ戦争**が勃発。1935年、勝利しチャコ地方を獲得。
- 1954年以降、**ストロエスネル将軍**による軍事独裁政権が35年間続きます。
- 1989年、クーデター後、**ロドリゲス将軍**が政権を樹立。1992年、政治活動・言論の自由、労働者の団結権などを保証する新憲法が公布され、翌年には初めての民主的選挙が実施されました。
- 肉食で野菜をほとんど食べないため、"飲むサラダ"とも言われている**マテ茶**で栄養を補っています。
- 世界遺産に**ラ・サンティシマ・トリニダー・デ・パラナとヘスース・デ・タバランゲのイエズス会伝道所群**があります。

イエズス会伝道所

ブラジル連邦共和国

Federative Republic of Brazil

出場者2万人以上を誇る世界一熱狂的なリオのカーニバルで有名。また約150万人の日系人が居住しており、世界最大の日系人社会が形成されています。

基本データ

国土：約851万2,000㎢
人口：約2億947万人
首都：ブラジリア
民族：欧州系が多く、ほか混血、アフリカ系など
言語：ポルトガル語（公用語）
宗教：カトリック、プロテスタントなど
政体：連邦共和制
GDP：1兆8,470億ドル（1人当たり8,796ドル）
貿易総額：輸出2,398億ドル、輸入1,885億ドル
在留邦人数：5万1,307人
在日当該国人数：20万8,857人

これだけは知っておこう！

- 1500年、ポルトガル人の**カブラル**が発見。以後、ポルトガルの植民地に。
- 1807年、ナポレオン軍がポルトガルに侵攻。ポルトガル王室は同国に避難。その結果、ポルトガルの首都は1808年から14年間、**リオ・デ・ジャネイロ**に。
- 1822年、独立を宣言。初代皇帝にはポルトガル人のペドロ1世が即位。**ブラジル帝国**が成立します。
- 1889年、軍人、政治家である**コンスタン**指揮の下、共和制に移行。
- 1964年の**カステロ・ブランコ**軍事政権樹立以来、軍政が続きますが、1985年になってようやく民政移管が実現しました。
- 北部はギアナ高地など森林が広がり、**産業や人口は南部に集中**。
- 2019年、アマゾン地域では約7万6,000件もの**森林火災**が発生。
- 2015年、**イパネマビーチ**では、女性たちが水着のトップを付けないトップレスの権利を訴える抗議活動を実施。
- 2016年、**南米で初めてオリンピック**を開催。
- 独立100周年を記念して、1931年に高さ30mの**キリスト像**が建造されました。
- 世界遺産に**パンタナル自然保護地域**や**セラ・ダ・カピバラ国立公園**などがあります。

イパネマビーチ

ベネズエラ・ボリバル共和国

Bolivarian Republic of Venezuela

手つかずの大自然が残っており、"地球最後の秘境" と言われているギアナ高地や世界最大の落差を誇る滝、エンジェルフォールなど見どころがたくさんあります。

基本データ

国土：約91万2,000㎢
人口：約2,753万人
首都：カラカス
民族：混血が半数、ほか白人、黒人など
言語：スペイン語（公用語）
宗教：国民の大半はカトリック
政体：共和制
GDP：701億ドル（1人当たり2,548ドル）
貿易総額：輸出345億ドル、輸入128億ドル
在留邦人数：396人
在日当該国人数：425人

これだけは知っておこう！

- 19世紀初頭、シモン・ボリバルが中南米諸国の独立を指導。1819年、**大コロンビア**の独立を宣言しました。
- 1830年、広大な国土の中各地で対立が起き、大コロンビアは分裂・解体。同時に、**ベネズエラ共和国**として独立を果たします。
- 1910年以降、石油開発が進み、中南米諸国きっての**産油国**に。
- 1999年、大統領に就任した**チャベス**は、貧困層に対する教育・医療・住宅の無償化などの社会主義的なバラマキ政策を実施。しかし原油価格の低迷などにより、それらの理念を引き継いだマドゥーロ政権は失敗し、まれにみるハイパーインフレや高失業率などに悩まされています。
- 独裁色の強いマドゥーロ大統領に対して、2019年、野党指導者である**グアイド**は暫定大統領を名乗り始め、アメリカから強力な支援を受けています。
- **オリノコ川**の水量は世界で3番目に多く、この流域には膨大な量の超重質油が埋蔵されています（オリノコベルト）。
- ギアナ高地は"**地球最後の秘境**"と呼ばれ、周囲のテーブルマウンテンやジャングルのほとんどはまだ人類が足を踏み入れていないといわれています。
- 世界遺産に**カナイマ国立公園**などがあります。

エンジェルフォール

ペルー共和国

Republic of Peru

マチュピチュ遺跡などインカ帝国時代の文明が数多く残されています。またナスカの地上絵など謎が解明されていない神秘的な観光スポットも多く、人気が高いです。

基本データ

国土：約129万㎢
人口：約3,199万人
首都：リマ
民族：先住民と混血がそれぞれ4割ほど
言語：スペイン語（公用語）
宗教：国民の大半はカトリック
政体：立憲共和制
GDP：2,252億ドル（1人当たり7,002ドル）
貿易総額：輸出489億ドル、輸入418億ドル
在留邦人数：3,410人
在日当該国人数：4万8,362人

これだけは知っておこう！

- 13〜16世紀、この地域では**インカ帝国**が存在していました。
- 16世紀、大航海時代が訪れ、**スペイン人**による植民地化が開始。スペイン風の町並みや教会が築かれていきます。
- 18世紀、スペイン人支配に対して先住民による反乱が多数発生。1821年にスペインからの**独立**を果たします。
- 同国の漁民が、クリスマスの時期に出現する小規模な暖流を**エルニーニョ**と呼称。これがペルー沖で起こる海水温の上昇現象に使われるようになりました。
- 標高4,000m以上の高原で**リャマ**や**アルパカ**の牧畜が見られます。
- 10万人近くの日系人がおり、**アルベルト・フジモリ**元大統領などが有名です。
- **アンチョビ**（カタクチイワシ）が多く獲れ、ほとんどは魚粉に加工。一部は日本にも輸出されています。
- 「**コンドルは飛んでいく**」は同国の作曲家ダニエル・アロミア・ロブレスが作曲しました。
- アンデス文明の調査研究で有名な**天野芳太郎**の博物館がリマにあります。
- 世界遺産に**マチュピチュの歴史保護区**、**ナスカとパルパの地上絵**、**神聖都市カラル＝スーペ**などがあります。

アルパカ

ボリビア多民族国

Plurinational State of Bolivia

“奇跡の絶景”と呼ばれている広大な塩の大地、ウユニ塩湖はインスタグラムなどでも大人気！　富士山より高い場所にあるティティカカ湖など数多くの絶景が見られます。

基本データ

国土：約110万㎢
人口：約1,135万人
首都：ラパス（憲法上の首都はスクレ）
民族：先住民（約40%）、非先住民（約60%）
言語：スペイン語（公用語）
宗教：国民の大半はカトリック（95%以上）
政体：立憲共和制
GDP：407億ドル（1人当たり3,622ドル）
貿易総額：輸出90億ドル、輸入100億ドル
在留邦人数：2,991人
在日当該国人数：5,991人

これだけは知っておこう！

- **スペイン**のペルー植民地の一部だった同国は、1825年に独立。ペルーからも分離独立を果たします
- 1836年**ペルー・ボリビア連合**が成立したものの、1839年に解体。
- 1879〜84年、ペルーと組み**太平洋戦争**に臨むもチリに敗北。沿岸ルートを失いました。
- 国土の3分の1近くを**アンデス山脈**が占めており、ラパスをはじめ標高3,000〜4,000mに位置する都市も多数あります。
- 近隣諸国に比べて先住民の割合が多く、同国初の先住民出身の**モラレス大統領**は、貧富格差の是正、先住民の権利拡大を掲げ、国名も2009年にボリビア共和国からボリビア多民族国に変更しました。
- スペイン人により本格的に採掘された**ポトシ銀山**は、かつてたくさんの銀を産出しました。
- 鉱物資源に恵まれており、日本にも**亜鉛**、**スズ**、**鉛**（なまり）、**銀**などを輸出しています。
- **ウユニ塩湖**には世界最大規模のリチウムが眠っており、リチウム電池需要が高まるなか、同国の生産量は急増しています。
- 世界遺産に**ポトシ市街**や**古都スクレ**などがあります。

ウユニ塩湖

コラム 3

考えよう! 日本の人口問題

～80年後の日本の人口は現在の6割近くまで減少している!?

POINT

① 世界の人口は2100年に110億人で頭打ちになるといわれている。
② 2100年、日本の人口は7,500万人と現在の6割近くまで減る見込み。
③ 世界的には人口増加が続き、特にアフリカやアジアでは人口の激増が予想されている。

世界の人口は110億人以上は増えない!?

国連経済社会局人口部が発表した「世界人口推計2019年版」によると、**2100年には世界の人口は110億人となり、そのまま頭打ちになる可能性があると推計しています。** 2019年時点の世界の人口が77億人であることから、80年で4割以上増えることになります。全世界の出生率は1990年には女性1人当たり3.2人でしたが、2019年には2.5人にまで減少。2100年には1.9人にまで下がり、これ以上の増加はないと見ているようです。

人口増加には平均寿命も関係します。 世界の出生時平均寿命は1990年の64.2歳から2019年には72.6歳にまで延びました。2050年には77.1歳にまで延びる見込みです。

国連人口部は日本について、2100年には7,500万人にまで減ると予想。2019年時点で1億2,700万人であるため、現在の6割近くまで減少する見込みです。一方、内閣府の資料によると、現在の出生率のままでは、2100年には日本の総人口は5,000万人弱にまで減るという推計もあります。しかし、移民政策のありようなどによって、この推計は変化していくようです。

2010～20年にかけては、14の国と地域において移民が100万人以上純増しました。同時に、10カ国では同規模の移民流出が発生しています。日本でもここ10年間で移民の数は純増しており、死亡率と出生率の差によって生じる人口減少を部分的に補ってくれる結果となりました。

1987年7月11日に世界の人口が50億人を突破したことから、毎年7月11日は「世界人口デー」とされています。

1900年頃16億人だった世界の人口は、1987年には50億人を超え、2020年には77億人近くにまで増加しています。**120年間で5倍近く増えたのです。**

2020年現在、人口が1億人を突破している国は、中国、インド、アメリカ、インドネシア、ブラジル、パキスタン、ナイジェリア、バングラデシュ、ロシア、日本、メキシコ、フィリピン、エチオピア、エジプトの14カ国。今後2050年までに増える世界人口の半分以上はインド、ナイジェリア、パキスタン、コンゴ民主共和国、エチオピア、タンザニア、インドネシア、エジプト、アメリカの9カ国が占めるであろうと予測されています。

データを見ながら考えよう！

日本と世界の人口推移

①日本の人口推移のデータです。他国に比べて、どのような印象を受けましたか？
2100年の日本はどのような社会になっていると思いますか？

日本の人口が
半分近くまで
減ってしまうなんて、
驚きだ！

	2020年	2050年	2100年
日本	1億2,647万人	1億580万人	7,495万人
アメリカ	3億3,100万人	3億7,941万人	4億3,385万人
中国	14億3,932万人	14億240万人	10億6,499万人
フランス	6,527万人	6,758万人	6,549万人
ドイツ	8,378万人	8,010万人	7,474万人
インド	13億8,000万人	16億3,917万人	14億4,702万人

（国際連合「世界人口推計2019年版」より）

人口が増減するとどんな影響が出てくる？

日本は現在、少子高齢化社会で、子どもの数が少なく、将来の労働人口不足が懸念されています。そんな日本も終戦直後は、第一次ベビーブームにより出生率が4.5人以上、という高い数値を示していました。そして、たくさんの人たちが懸命に働いてくれたおかげで、高い経済成長率を誇ることができました。

人口が少なくなるということは、労働人口が減少するということ。将来的に日本では、1人の高齢者を2人以下の若者で支える必要が出てきます。

②世界の人口推移のデータです。日本の人口推移のデータとの違いを感じてみましょう。

	2020年	2050年	2100年	以降
世界	77億9,479万人	97億3,503万人	108億7,539万人	約110億人で頭打ち？
日本	1億2,647万人	1億580万人	7,495万人	3000年には2,000人にまで激減するかも？

（国立社会保障・人口問題研究所より）

（国際連合「世界人口推計2019年版」より）

世界の人口は
急増するのに、
日本の人口は減って
しまうんだね

なぜ人口が増える？ 減る？

人口は主に経済発展によって増える傾向があります。新たな産業が生まれることにより、仕事を求め、多くの人たちが集まります。

また先進国では人口が減る要因として、出生率の低下があります。日本もその一国で、原因の一つに女性の社会進出が挙げられています。女性が働くようになり、出産や育児のための時間が確保できなくなった。そのような声に応えるため、働き方改革や男性の育児参加を促すことで、出生率を上げようとする動きが出ています。

アフリカ

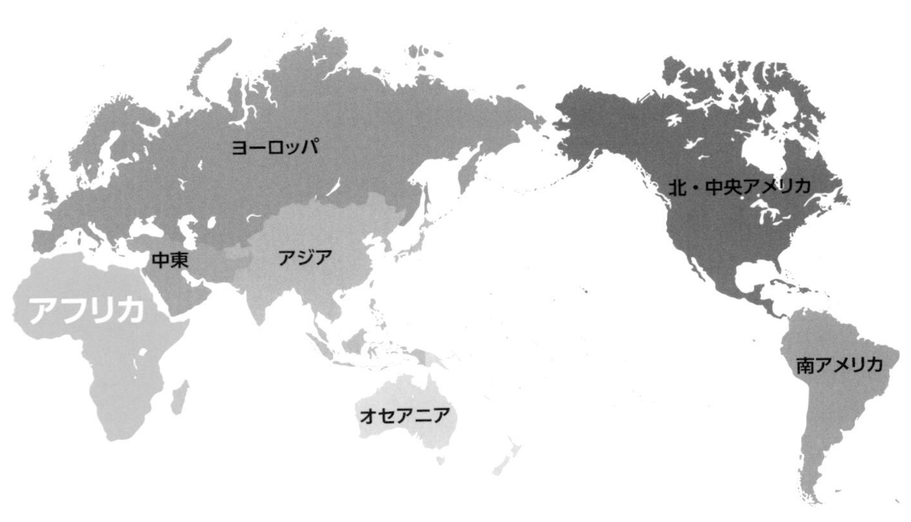

Africa

アルジェリア民主人民共和国

People's Democratic Republic of Algeria

1830年以来、132年間フランスが植民地として支配。独立時は激しい戦争が行われました。しかし現在も、国内に残留しているフランス人がおり、国内ではフランス語が通用します。

基本データ

国土：約238万㎢
人口：約4,220万人
首都：アルジェ
民族：アラブ人（約80%）、ベルベル人など
言語：アラビア語（公用語）、ほかフランス語
宗教：イスラム教（スンニー）
政体：共和制
GDP：1,883億ドル（1人当たり3,980ドル）
貿易総額：輸出412億ドル、輸入462億ドル
在留邦人数：138人
在日当該国人数：229人

これだけは知っておこう！

- アフリカの北部の**マグリブ**（日の沈む地）と呼ばれる地域のほぼ中央に位置しています。
- 7世紀と11世紀に**アラブ人**が侵入。11〜13世紀にはムラービト朝、ムワッヒド朝が成立。16〜19世紀にはオスマン帝国の支配下に入ります。
- 1830年以降、**フランス**の植民地。首都アルジェは"北アフリカのパリ"と称されるように。
- フランスの植民地時代、カスバ（イスラム街）の城壁の一部は壊されたものの、同国最大の**エルクビール・モスク**は健在。
- 第二次世界大戦後、独立運動が激化。1962年、フランスとの**アルジェリア戦争**が終結し、独立を果たします。
- 2013年、**アルジェリア人質殺害事件**が発生。プラント建設企業最大手・日揮の社員とその関係者10名などが犠牲になりました。
- 2019年、20年間政権を握った**ブーテフリカ**大統領が、大規模な抗議デモを受けて辞任を表明。
- 豊富な石油と天然ガスがあり、巨大**油田**が国の経済を支えています。
- 『異邦人』を執筆した**カミュ**は同国出身の作家。
- 世界遺産に**タッシリ・ナジェール**などがあります。

タッシリ・ナジェールの岩絵

アンゴラ共和国

Republic of Angola

27年という長期の内戦が続き、約360万人以上の死者、約400万人の避難民が発生。しかし地下資源が豊富で、農業や漁業も盛んなことから、現在は経済復興の道を歩んでいます。

基本データ

国土：約124万7,000㎢
人口：約3,080万人
首都：ルアンダ
民族：オヴィンブンドゥ人（約40%）など
言語：ポルトガル語（公用語）、ほか各部族語
宗教：在来宗教とキリスト教が約半数ずつ
政体：共和制
GDP：1,057億ドル（1人当たり3,620ドル）
貿易総額：輸出407億ドル、輸入158億ドル
在留邦人数：34人
在日当該国人数：35人

これだけは知っておこう！

- 16世紀半ば、**ポルトガル人**が入植を開始。19世紀には正式にポルトガルの植民地となります。
- 1950年代から**民族運動**が台頭。独立の機運が高まっていきます。
- 1961年、ポルトガルからの独立を目指して、**アンゴラ独立戦争**が勃発。1975年に独立を果たします。
- 独立以降も、アンゴラ解放人民運動（MPLA）政権と反政府勢力・アンゴラ全面独立民族同盟（UNITA）との間で内戦が継続。**2002年、27年かかって終結**しました。
- 1910年に探鉱と調査を開始し、1955年初めて原油を発見。以来、原油生産を開始。2008年にはサハラ砂漠以南ではナイジェリアと並ぶ**トップ産油国**に。
- 石油以外にも、**天然ガス、銅、リン酸塩、ダイヤモンド**など地下資源が豊富。
- 内戦中に多くの**地雷**が埋設。現在は日本も協力して地雷除去活動が行われています。
- ルアンダは海外居住者にとって**世界一物価の高い都市**。世界生計費調査によると、ジーンズ1着2万円、ハンバーガー1個2,000円など高額な商品が多くあります。
- 世界遺産に**旧コンゴ王国首都の残影ンバンザ＝コンゴ**があります。

残影ンバンザ＝コンゴ

ウガンダ共和国

Republic of Uganda

絶滅危惧種のマウンテンゴリラが生息しているブウィンディ原生国立公園などで野生生物を多く見られます。またアフリカ有数の農業国。コーヒーやタバコなどの特産品があります。

基本データ

国土：約24万1,000㎢
人口：約4,286万人
首都：カンパラ
民族：バガンダ人、ランゴ人、アチョリ人など
言語：英語、スワヒリ語、ルガンダ語
宗教：キリスト教、伝統宗教、イスラム教
政体：共和制
GDP：259億ドル（1人当たり702ドル）
貿易総額：輸出22億ドル、輸入55億ドル
在留邦人数：311人
在日当該国人数：609人

これだけは知っておこう！

- アフリカ最大の湖である**ビクトリア湖**の北岸に接しています。
- 1890年、イギリス東アフリカ会社がカンパラに進出。1894年、**イギリス**の保護領に。
- 1962年、イギリスから独立。独立後は保護領内の諸王国と連邦制をとっていましたが、1967年、**オボテ**が憲法を改正して、連邦制を廃止します。
- 1971年、アミンが軍事クーデターを起こし、以来“**人食い大統領**”と呼ばれるほどの独裁政治を行います。
- 内戦終結後の1986年、**ムセベニ**が大統領に。以来、国内の情勢も安定し、5期連続で大統領を務めています。
- イギリスの**チャーチル首相**は、同国の美しさを“アフリカの真珠”と表現。
- **北朝鮮**と長年友好関係を維持。北朝鮮から軍や警察の教官などを受け入れています。
- 世界で**最も起業家が多い国**。成人人口の約3割が統計をとった2012～15年の間に起業をしていました。
- **HIV・エイズ**に対して国家を挙げて対応。国内のHIV・エイズの蔓延率は90年代に比べて半分以下まで減少。しかし依然、多くの子どもたちが悩まされています。

マウンテンゴリラ

エジプト・アラブ共和国

Arab Republic of Egypt

ピラミッドや世界で最も長いナイル川など観光地としても人気。首都カイロの歴史地区にはイスラムの伝統文化を象徴する建物が多く存在し、1979年に世界遺産に登録されました。

基本データ

国土：約100万㎢
人口：約9,842万人
首都：カイロ
民族：アラブ人が大半
言語：アラビア語（公用語）ほか英語
宗教：イスラム教、キリスト教（コプト派）
政体：共和制
GDP：2,860億ドル（1人当たり2,549ドル）
貿易総額：輸出276億ドル、輸入720億ドル
在留邦人数：963人
在日当該国人数：1,800人

これだけは知っておこう！

- 紀元前331年、**アレクサンドロス大王**がアレクサンドリアを建設。プトレマイオス朝の首都に（プトレマイオス朝エジプトの最後の女王がクレオパトラ）。
- 1869年、**スエズ運河**が開通。地中海と紅海をつなぐ交通の要衝として栄えています。
- スエズ運河が開通後、王室の放漫財政により**イギリス**の支配下に。
- 1922年、**エジプト王国**としてイギリスから独立。
- 1952年、ナセルらを中心とした自由将校団のクーデターにより国王を追放。翌年、**エジプト共和国**を樹立します。
- 1956年、ナセルが大統領に就任。スエズ運河の国有化を宣言するもイギリスは猛反発。イギリスはフランス、イスラエルと共に、1956年に同国に侵攻します（**スエズ戦争、第二次中東戦争**）。
- 2011年、**アラブの春**による民主化運動によりムバラク大統領が辞任。30年に及ぶ長期政権が終わりを迎えました。
- 数多くあるエジプトの砂漠の中でも、**白砂漠**が有名。
- **イブン・トゥールーン・モスク**はエジプト最古かつ最大のモスク。
- 世界遺産に**メンフィスとその墓地遺跡-ギザからダハシュールまでのピラミッド地帯**などがあります。

ピラミッド

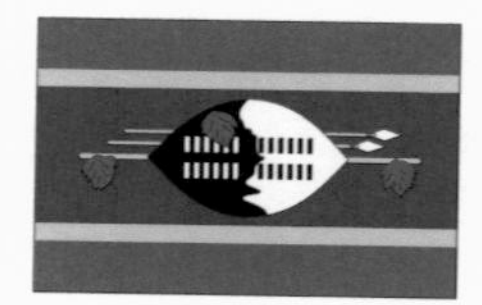

エスワティニ王国（旧国名：スワジランド王国）

Kingdom of Eswatini

最後のアフリカ古王国の一つ。絶対君主制を採用しており、国王が首相を選び、閣僚任命にまで関与しています。経済的には苦しく、干ばつの影響で農産物の生産量は激減しています。

基本データ

国土：約1万7,000㎢
人口：約113万人
首都：ムババーネ
民族：スワティ人、ズールー人など
言語：英語とスワティ語（共に公用語）
宗教：キリスト教（約80%）、伝統宗教
政体：王制
GDP：47億ドル（1人当たり4,267ドル）
貿易総額：輸出17億ドル、輸入15億ドル
在留邦人数：16人
在日当該国人数：6人

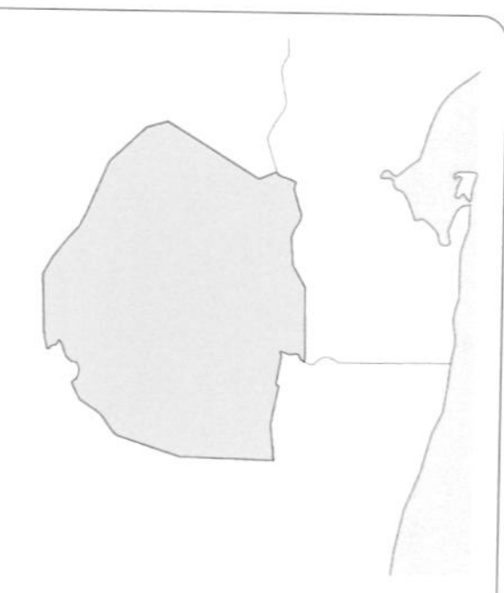

これだけは知っておこう！

- **南アフリカ**と**モザンビーク**に囲まれた内陸国。
- 1890年、イギリス及びトランスバール（現在の南アフリカ北部）の共同保護領となり、1903年、イギリスの保護領に。1968年、イギリス連邦の一員として**イギリス**から独立します。
- 独立後も世界でも数少ない**絶対君主制**を維持。国王は絶対的な権力を保持しています。
- スワジランド労働組合（SFTU）は民主的な政治を要求し、ゼネストを敢行。2006年、新憲法が発効されましたが、**いまだ民主化には程遠い状態です。**
- 2018年、イギリスからの独立50周年を記念して、国王ムスワティ3世は国名を**スワジランドからエスワティニに変更。**“スイス”の英語での発音とスワジランドが似ていることから変更したと説明しています。
- エスワティニは、現地語で“**スワジの地**”という意味。
- 首都はムババーネですが、経済の中心は**マンジニ**。
- **HIV・エイズの感染率**がユニセフによると約26%（2017年）と世界で最も高く、労働力減少にもつながっています。
- ムカヤ動物保護区では、絶滅危惧種の**サイ**を見ることができます。

サイ

エチオピア連邦民主共和国

Federal Democratic Republic of Ethiopia

建国以来、3,000年間独立を守り続け、アフリカ最古の独立国に。1960年のローマ五輪では陸上競技選手のアベベが裸足で走り抜け、マラソン競技の金メダリストになりました。

基本データ

国土：約109万7,000㎢
人口：約1億922万人
首都：アディスアベバ
民族：アムハラ人、オロモ人、ティグライ人など
言語：アムハラ語（公用語）、ほか英語
宗教：キリスト教、イスラム教など
政体：連邦共和制
GDP：843億ドル（1人当たり852ドル）
貿易総額：輸出28億ドル、輸入146億ドル
在留邦人数：204人
在日当該国人数：455人

これだけは知っておこう！

- 1974年、**エチオピア革命**が発生。革命の結果、社会主義軍事体制が誕生しました。
- 1977年、エチオピア革命の混乱に乗じて、**ソマリア**が侵攻。オガデン地方の奪回を目指すも、翌年撤退します。
- 1987年にエチオピア人民民主共和国、1995年に現在の**エチオピア連邦民主共和国**になります。
- 2018年、国境を巡って対立していたエリトリアとの終戦を宣言。和平に尽力したアビー首相には、翌年**ノーベル平和賞**が贈られました。
- 4世紀にキリスト教が伝来してから、イスラム国家に囲まれながらも**キリスト教徒**が半数以上を占めています。
- 1974年、約320万年前の人間に似た生物の化石“**ルーシー**”が発見されました。
- 1月から12月まで全てが30日で、ほか5日間の**13月**が存在する、1年は13カ月という独自の暦を使用。
- **アラビカコーヒー**発祥の地。
- シミエン国立公園には**ゲラダヒヒ**などこの地特有の貴重な動植物が多数生息しています。
- 世界遺産に**ラリベラの岩窟教会群**などがあります。

岩の教会

エリトリア国

State of Eritrea

30年近い内戦を経てエチオピアから1993年、独立したばかり。イタリア植民地時代の名残で、イタリア風建築が数多くあり“第2のローマ”“リトルローマ”とも呼ばれています。

基本データ

国土：約11万7,600㎢
人口：約550万人
首都：アスマラ
民族：ティグライ人、アファール人など9民族
言語：ティグリニャ語、アラビア語（共に公用語）
宗教：キリスト教、イスラム教など
政体：一党制（臨時政府）
GDP：60億ドル（1人当たり1,321ドル）
貿易総額：輸出6億ドル、輸入11億ドル
在留邦人数：2人
在日当該国人数：50人

これだけは知っておこう！

- **紅海**に沿って1,350km以上もの海岸線を有した、細長い形の国。
- 1880年代、イタリアが進出。1890年、**イタリア**の植民地に。1942年にはイギリスの保護領となります。
- 1952年、国連の決定によりエチオピアと連邦を形成。しかし次第に自治権を奪われ、ついに1962年、**エチオピアに併合**されます。
- エチオピアからの分離独立を求める武装闘争を開始。30年以上にも及ぶ内戦の後、1993年、**独立**を果たします。
- 独立後も国境を巡り両国の間では対立が絶えず、1998〜2000年までの紛争で**数万人が命を落としました。**
- 内戦からの復興や経済再建に取り組んでいるものの、**食料の約7割**を輸入または国外援助に依存している状態。
- 現在、イサイアス・アフォルキ大統領の一党独裁体制をとっており、“**アフリカの北朝鮮**”と呼ばれることも。
- 自転車競技は国技とも言えるスポーツ。週末には各地で**自転車レース**が行われています。
- 世界遺産に**アスマラ：アフリカのモダニズム都市**があります。

自転車競技

ガーナ共和国

Republic of Ghana

チョコレートの原料・カカオの産地として有名。現地ではカカオはフルーツとして果肉も食べられています。また金の交易で栄え、黄金海岸（ゴールドコースト）とも呼ばれていました。

基本データ

国土：約23万8,000㎢
人口：約2,977万人
首都：アクラ
民族：アカン人、ガ人、エベ人、ダゴンバ人など
言語：英語（公用語）、ほか各部族語
宗教：キリスト教（約70%）、イスラム教など
政体：共和制
GDP：655億ドル（1人当たり2,216ドル）
貿易総額：輸出約148億ドル、輸入約130億ドル
在留邦人数：351人
在日当該国人数：2,369人

これだけは知っておこう！

- 17世紀、奴隷貿易によって繁栄し、**アシャンティ王国**が建設。その後、イギリスが併合。
- 1957年、独立。サハラ砂漠以南の**イギリス植民地で初めての独立国**に。
- 独立後、1981年のローリングス政権発足までの25年間で4回のクーデターを含め、何度も**政権交代**を経験。
- 1993年、**民政移管**。以降、複数政党制の下で大統領選挙を実施。
- **ローリングス**大統領は、汚職に対して厳しい措置をとり、経済復興に努め、一般市民から圧倒的な支持を獲得。2001年、クフォー大統領の就任まで、長期政権を維持しました。
- 2010年、**原油**の生産・輸出を開始。
- アクラのコレブ病院内には**野口英世**の研究室が当時のまま保存されています。
- **カカオ**は現地ではパンやビスケット、石けんなどに加工されることもあります。
- **サッカー**が圧倒的に人気のスポーツ。また野球をプレーする人も増えています。
- 世界遺産に**アシャンティの伝統的建築物群**などがあります。

野口英世

カーボベルデ共和国

Republic of Cabo Verde

青い海や大自然の美しさから、ヨーロッパを中心に多くの観光客が来訪。また小国ながら、"裸足の歌姫"ことセザリア・エヴォラなど多くの有名アーティストを輩出しています。

基本データ

国土：約4,033㎢
人口：約54万4,000人
首都：プライア
民族：ポルトガル人とアフリカ人の混血が約70%
言語：ポルトガル語（公用語）、ほかクレオール語
宗教：キリスト教（カトリック）が大半
政体：共和制
GDP：19億ドル（1人当たり3,578ドル）
貿易総額：輸出7,527万ドル、輸入8億ドル
在留邦人数：0人
在日当該国人数：12人

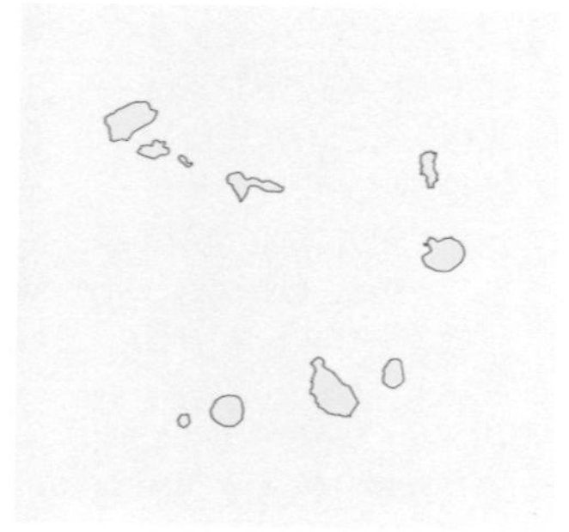

これだけは知っておこう！

- アフリカ大陸から約600km離れた大西洋上に浮かぶ、**15の島**で構成されている島嶼国（人が住んでいるのは9島のみ）。
- 15世紀、ポルトガル船が来航。入植を開始し、奴隷貿易の中継地として開発。その歴史から、かつて"**悲しみの島**"と呼ばれていました。
- 1963年、**ポルトガル**の海外州となり、1975年に独立を果たします。
- 独立当初は**ギニアビサウ**との統一国家を目指していたものの、ギニアビサウの初代大統領が失脚したことで、計画を変更。
- **サンチアゴ島**は同国における最大の島。人口の約半数が暮らしています。
- 主要産業は、バナナ、サトウキビなどの栽培。漁業は**マグロやロブスター**などが獲れ、なかでも、マグロ・カツオ類は総輸出額の40%近くを占めています。
- **ビーチリゾート**の開発が進んでおり、観光業も盛んです。
- 大西洋上の**海運・空運**のいずれにおいても重要な位置にあることから、多くの船や飛行機の中継地点となっており、関連収入が国を支えています。
- サル島のサルは塩を意味しており、1940年頃まで約100年間、**塩**が輸出されていました。
- 世界遺産に同国最古の居住地、**リベイラ・グランデの歴史地区シダーデ・ヴェーリャ**があります。

シダーデ・ヴェーリャ

ガボン共和国

Gabonese Republic

シュヴァイツァー博士がランバレネで医療活動に従事。1952 年にノーベル平和賞を受賞。その後、石油開発で豊かになりましたが、国内の経済格差はいまだ解消されていません。

基本データ

国土：約26万7,000㎢
人口：約217万人
首都：リーブルビル
民族：バントゥー系諸部族、ファン人など
言語：フランス語（公用語）
宗教：キリスト教、伝統宗教、イスラム教
政体：共和制
GDP：168億ドル（1人当たり8,220ドル）
貿易総額：輸出71億ドル、輸入21億ドル
在留邦人数：31人
在日当該国人数：64人

これだけは知っておこう！

- 国名は、ポルトガル語の**ガバン**と呼ばれる水夫用のコートの形が河口の入り江と森林に似ていたことから付けられたという説があります。
- 1839年に**フランス**が進出。1910年にはフランス領赤道アフリカの一部となり、1960年に独立を果たしました。
- サハラ砂漠以南のアフリカでもトップクラスの**石油**生産・輸出国。しかし1997年を境に石油の生産量は減少傾向に。石油以外の鉱産物にマンガンがあります。
- 豊富な天然資源に支えられながらも、国民の**約3分の1は貧困層**。
- 近年は**中国**との関係を強化。インフラ整備など支援を受けています。
- 2015年、密猟や生息地の喪失などにより絶滅されたと思われていた**ライオン**が約20年ぶりに発見されました。
- 国土の約8割を森林が占めており、ゴリラやマンドリルなど多数の野生動物を見ることが可能。特に現在、約10万頭いると言われている野生の**ニシローランドゴリラ**は8割以上が同国とコンゴ共和国に生息。
- 狩猟採集民である**バボンゴ・ピグミー**が熱帯林で生活。
- 世界遺産に**ロペ=オカンダの生態系と残存する文化的景観**があります。

バボンゴ・ピグミー

カメルーン共和国

Republic of Cameroon

アフリカ最大級の多民族・多部族国家。近年は英語圏地域とフランス語圏地域での対立が激化。2017年末に過激な抗議デモが発生し、数百人が死傷、数万人が難民となっています。

基本データ

国土：約47万5,000㎢
人口：約2,521万人
首都：ヤウンデ
民族：バミレケ人、ファン人、ドゥアラ人など
言語：フランス語と英語（共に公用語）
宗教：キリスト教、イスラム教、伝統宗教など
政体：共和制
GDP：385億ドル（1人当たり1,555ドル）
貿易総額：輸出38億ドル、輸入61億ドル
在留邦人数：127人
在日当該国人数：692人

これだけは知っておこう！

- かつてドイツの植民地だったものの、第一次世界大戦後、イギリスとフランスの委任統治領に。1960年に**フランス**植民地がカメルーン共和国として独立。
- 1961年、**イギリス**領南部は西カメルーンとして独立。北部はナイジェリアへ合流。同年カメルーン共和国と西カメルーンが合併し連邦国となりました。
- 1972年、**連邦制を廃止**して連合共和国に。1984年に現在の国名になります。
- 英語圏の人々は長年、差別を受けていると感じており、2016年デモが発生。翌年、独立派は**アンバゾニア共和国**として英語圏の独立を宣言します。しかし政府に認められることはなく、暴動に発展しています。
- 最初に訪れたポルトガル人がエビが多いことからポルトガル語で"**小エビ**"を意味するカマラウンから国名を付けました。
- アフリカのほとんどの生態系が見られることから"**アフリカの縮図**"とも呼ばれています。
- **バカ・ピグミー**は森の奥深くで狩猟採集生活を行っている民族。彼らと共に生活できるツアーも開催されています。
- **サッカー**強豪国。2000年のシドニー五輪では金メダルを獲得。
- 世界遺産に**ジャー動物保護区**などがあります。

ジャー動物保護区

ガンビア共和国

Republic of The Gambia

20世紀、日米で大ヒットしたドラマ「ルーツ」の舞台となった国。黒人少年クンタ・キンテの100年にわたる家族の苦難と誇りに満ちた物語に多くの人たちが感動の涙を流しました。

基本データ

国土：約1万1,000km²
人口：約228万人
首都：バンジュール
民族：マンディンゴ人、フラ人、ウォロフ人など
言語：英語（公用語）、ほかマンディンゴ語など
宗教：イスラム教（約90%）、キリスト教など
政体：共和制
GDP：16億ドル（1人当たり712ドル）
貿易総額：輸出1億ドル、輸入5億ドル
在留邦人数：5人
在日当該国人数：90人

これだけは知っておこう！

- 15世紀頃まで、ガーナ王国やマリ帝国の支配下に。15世紀中頃、**ポルトガル人**がこの土地に到達し、商業拠点を設置。
- 16世紀にはイギリスが進出。フランスと領土獲得で争い、1889年にフランス領セネガルとの国境が確定。1965年、**イギリス**から独立します。
- 国土の三方をセネガルに囲まれており、関係も緊密。1981年にクーデターが発生した際はセネガル軍が鎮圧。1982年には、**セネガンビア国家連合**を設立します（1989年、解体）。
- 1994年、軍事クーデターで政権に就いた**ヤヒヤ・ジャメ**大統領は22年間、独裁政治を実施。2016年、大統領選挙に敗れたものの、すぐに退陣しなかったことが話題になりました。
- **落花生**が名産。ほかパーム核、皮革、蜜ろう、干し魚などを輸出しています。
- 同国を舞台としたドラマ「**ルーツ**」は日米で大ヒットに。アメリカでは平均視聴率45%を記録しました。
- **キングフィッシャー**などの野鳥が約400種類も生息。
- 1960〜70年代に活躍した"**スーパー・イーグルス**"は同国を代表するバンド。
- 世界遺産に奴隷貿易の拠点として栄えた**クンタ・キンテ島と関連遺跡群**などがあります。

キングフィッシャー

ギニア共和国

Republic of Guinea

世界遺産のニンバ山厳正自然保護区には、体内で卵を孵化させるニシコモチヒキガエルやコビトカバなど珍しい動物が数多く生息。チンパンジーの研究拠点としても有名です。

基本データ

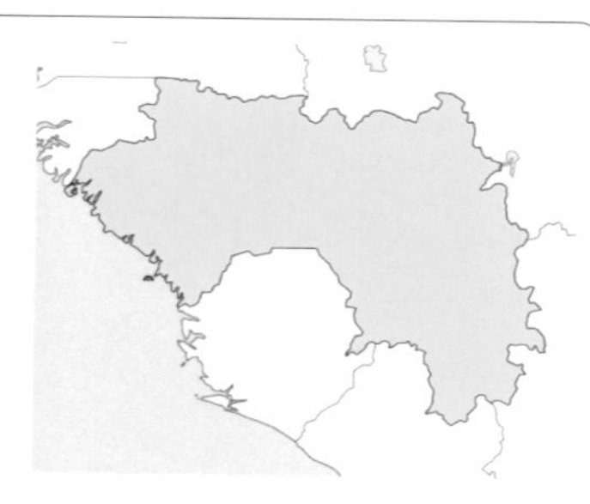

国土：約24万5,000㎢
人口：約1,241万人
首都：コナクリ
民族：プル人、マリンケ人、スースー人など
言語：フランス語（公用語）、ほか各部族語
宗教：主にイスラム教、ほかキリスト教など
政体：共和制
GDP：109億ドル（1人当たり910ドル）
貿易総額：輸出39億ドル、輸入33億ドル
在留邦人数：46人
在日当該国人数：427人

これだけは知っておこう！

- 1904年、**フランス**の植民地に。1958年、独立を果たします。
- 独立後は**トゥーレ**大統領が社会主義政策を実施。しかし、1984年に就任した**コンテ**大統領は自由主義体制を進めていきます。
- 2008年、**カマラ大尉**がクーデターにより暫定大統領に就任。しかし翌年、銃撃を受け、現在も国外で静養中。
- 2010年、コンデ大統領が就任。民主化プロセスを進めているものの、**いまだ経済の発展は見られていません。**
- 独立時はバナナやコーヒーなどの農作物がメインだったものの、鉱物資源の開発が進み、現在は**ボーキサイト、ダイヤモンド、金、鉄**などが主要産業に。
- **世界の3分の1の量**のボーキサイトが埋蔵されているといわれています。
- 労働人口の8割は農業に従事。しかし、コメの自給率は6割にも満たず、**慢性的な食糧不足**に陥っています。
- 日本で活躍するタレント、**オスマン・サンコン**の出身地。
- 2014〜15年に流行した**エボラ出血熱**により大勢の人が犠牲に。
- 京都大学霊長類研究所は**ニンバ山厳正自然保護区**のチンパンジーを30年にわたって研究し続けています。

ニンバ山チンパンジー

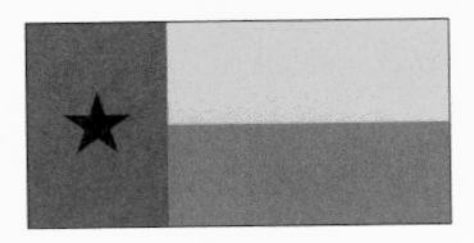

ギニアビサウ共和国

Republic of Guinea-Bissau

企業家層がおらず、産業もほとんどない、世界最貧国の一つ。"麻薬国家"と呼ばれるほど、麻薬取引の中継ルートとして発展。他には、カシューナッツなどを栽培しています。

基本データ

国土：約3万6,000㎢
人口：約180万人
首都：ビサウ
民族：バランタ人、フラ人、マンジャカ人
言語：ポルトガル語（公用語）
宗教：伝統宗教（半数以上）
政体：共和制
GDP：11億ドル（1人当たり708ドル）
貿易総額：輸出3億ドル、輸入3億ドル
在留邦人数：2人
在日当該国人数：8人

これだけは知っておこう！

- 15世紀、**ポルトガル**の植民地に。カーボベルデと一緒に統治されていましたが、1879年分離。単独の植民地となります。
- 1960年代、アミルカル・カブラルが指導するギニア・カーボベルデ独立アフリカ党(PAIGC)による独立・民族解放運動が開始。**1973年、他のアフリカ諸国に遅れて独立を宣言**します。
- 独立後、**カーボベルデとの統合**を目指していましたが、1980年のクーデターによりカブラル大統領が失脚。計画は頓挫してしまいました。
- 1998年にクーデター未遂事件が発生し、**ギニアビサウ内戦**が勃発。その後もクーデターが発生するなどして、政情は安定していません。
- 現在も、経済は停滞しており、**国民の6割以上が貧困層**。
- 主産業は農林水産業で、農産物では**コメ、カシューナッツ、トウモロコシ**などが有名。カシューナッツはすべて輸出に回されるため、国内での販売は厳禁。
- **ボーキサイト**と**リン**が発見されているものの、開発には至っていません。
- 大した名物はないものの、毎年2月にはリオのカーニバルと同じ日程で国内最大規模の**カーニバル**を開催しています。

カシューナッツ

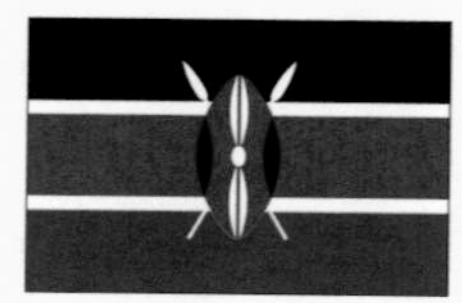

ケニア共和国

Republic of Kenya

言わずと知れた野生動物の王国。特に市街地に隣接しているナイロビ国立公園は、高層ビル群のすぐ近くにありながら、数百種類の哺乳動物や鳥類などと触れ合えることで有名です。

基本データ

国土：約58万3,000㎢
人口：約4,970万人
首都：ナイロビ
民族：キクユ人、ルヒヤ人、カレンジン人
言語：スワヒリ語と英語（共に公用語）
宗教：キリスト教が約9割
政体：共和制
GDP：879億ドル（1人当たり1,830ドル）
貿易総額：輸出56億ドル、輸入139億ドル
在留邦人数：685人
在日当該国人数：1,989人

これだけは知っておこう！

- 1895年、**イギリス**領に。1963年、独立を果たします。
- **野生動物の保護**に力を入れており、1977年に狩猟を厳禁。翌78年には、象牙、毛皮など野生動物により作られる製品の取引を全面禁止にしました。
- 国土の約8割が乾燥地、または半乾燥地で、多くの人が**サバンナ（草原地帯）**で暮らしています。
- 大地溝帯にあるケニアの湖沼群（世界遺産）には、おびただしい数の**フラミンゴ**が飛来。
- 2017年、政府は**ポリ袋の製造や使用を全面禁止**。街からポイ捨てはなくなったものの“世界一厳しいごみの取り締まり”とも言われています。
- ライオン、ヒョウ、ゾウ、バッファロー、サイなどの動物に出合える**サファリツアー**が大人気。
- **ケニア山とレワ野生生物保全地域**や**トゥルカナ湖国立公園群**などのサファリは世界遺産にも登録されています。
- 小説家の**ヘミングウェイ**は『ケニア』という生前未発表の作品を執筆。
- **オバマ**大統領の父親は同国出身。
- 1950年代、同国を舞台とした絵物語「**少年ケニヤ**」が日本でもヒットしました。

大地溝帯の湖水のフラミンゴ

コートジボワール共和国

Republic of Cote d'Ivoire

カカオの生産量は世界１位。しかしその裏では自然破壊や児童労働などの問題がはびこっています。現在、政府はカカオ産業における児童労働撲滅に向けて行動を始めています。

基本データ

国土：約32万2,000㎢
人口：約2,507万人
首都：ヤムスクロ（実質的首都機能はアビジャン）
民族：バウレ人、セヌフォ人など60以上の部族
言語：フランス語（公用語）、ほか各部族語
宗教：キリスト教（約39%）、イスラム教など
政体：共和制
GDP：430億ドル（1人当たり1,680ドル）
貿易総額：輸出118億ドル、輸入109億ドル
在留邦人数：156人
在日当該国人数：157人

これだけは知っておこう！

- 国名は、かつて交易の地であった“**象牙海岸**”をフランス語化したもの。
- 1893年、フランスの植民地に。1960年、**フランス**から独立。
- 1960～70年代、“**象牙の奇跡**”と呼ばれる程の経済成長を達成。ウフェ・ボワニ大統領による一党独裁体制の下、高い政治的安定性を保っていました。
- **ウフェ・ボワニ**大統領が死去した1993年以降、政情が不安定化。1999年、クーデターが発生し、2002年内戦が勃発します。
- 2003年、**和平合意**（マルクシ合意）が成立。しかし翌年、政府軍と反政府軍による内戦が勃発。2007年、再度、和平合意（ワガドゥグ合意）が成立しました。
- 2010年、大統領選での敗北を認めない現職のバグボと当選を認められたウワタラの間で軍事衝突が勃発。最終的に**ウワタラ**が勝利し、2011年、大統領に就任しました。
- 1993年から**石油生産**を開始。カカオ豆やコーヒーと並んで主要な輸出品となっています。
- 国内貨物の9割を取り扱う**アビジャン自治港**は同国の物流拠点。西アフリカ地域の海上輸送の中継地点としての役割を担っています。
- 世界遺産にアフリカゾウなどが生息している**タイ国立公園**などがあります。

アフリカゾウ

コラム 4

考えよう! 日本の出生率

～日本の出生率が低下しているのはなぜ？

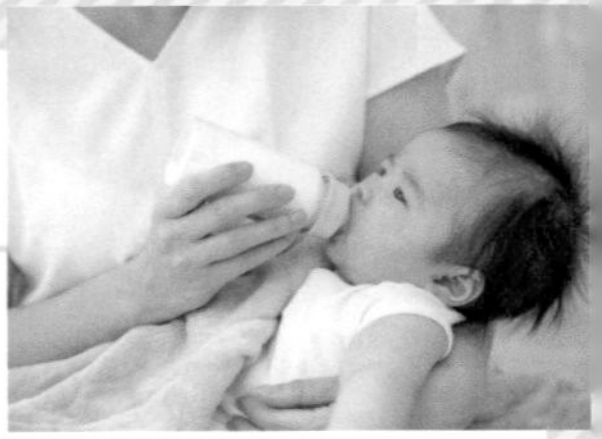

POINT

① 世界の出生率は低下傾向にある。
② 2100年には、世界の出生率は1.9人にまで下がる見込み。
③ サブサハラアフリカなど一部の国・地域では、10代での妊娠が深刻な社会問題に。

世界の出生率は 2100 年には 2.0 を下回る !?

国連経済社会局人口部による「世界人口推計2019年版」が発表されました。これによると、**2100年には全世界の出生率は1.9人にまで減ると予想されています。**

現在、日本を含めた主な先進国・地域では、平均寿命が延びる一方、出生率が低下し、少子高齢化が顕著となっています。このように人口減少が進む国が出てくる一方、**インド、パキスタン、インドネシアといったアジアの国々、ナイジェリア、コンゴ民主共和国、エジプト、エチオピア、タンザニアなどアフリカの国々の人口は増加すると見込まれています。先進国では、唯一アメリカだけが人口増加が予測されています。**

人口増加の重大な要因の一つである世界の**出生率は、先進国・地域を中心に低下傾向にあります。**1990年の全世界の出生率は3.2人でしたが、2019年には2.5人に低下。2050年には2.2人にまで減るといわれています。移民政策を除いて、長期的な人口減少を回避するためには最低2.1人という出生率が必要です。

世界的に出生率は低下していますが、マリ、ニジェール、チャドなどのサブサハラアフリカ（サハラ砂漠以南のアフリカ）やラテンアメリカ及びカリブ海諸国を含む一部の国々での15 歳から 19 歳の出生率は依然として高いまま。**これらの国での 15 歳から 19 歳の女性 1,000 人当たりの出生数は 120 から 190 人に上ることもあります（2015 年調査）。**1,000 人当たり 120 から 190 人ということは、15 歳から 19 歳の女性の 10 人に 1 人以上は出産を経験していることになります。日本の女性 1,000 人当たりの出生数は 20 人以下。わずか 50 人に 1 人以下の割合です。

15歳から19歳といった若年層の出産は、母子の健康や社会経済の達成に悪影響を及ぼすとされています。また妊産婦や乳幼児の死亡率上昇の大きな要因にもなっています。

2019年にサブサハラアフリカで生まれた子どもの5歳になる前の死亡率は、オーストラリア・ニュージーランドで生まれた子どもたちより20倍以上高いです。

このような悲劇を終わらせるためにも、望まれない妊娠を阻止する必要があります。

データを見ながら考えよう！

日本と世界の出生率

①日本の出生率のデータです。他国に比べて、どのような印象を受けましたか？
ここ57年の変化を通じて感じたことを話し合ってみましょう。

	1960年	1990年	2017年		1960年	1990年	2017年
日本	2.0人	1.5人	1.4人	イギリス	2.6人	1.8人	1.7人
中国	5.7人	2.3人	1.6人	エジプト	6.7人	4.5人	3.3人
インド	5.9人	4.0人	2.2人	フランス	2.8人	1.7人	1.9人
アメリカ	3.6人	2.0人	1.7人	ドイツ	2.3人	1.4人	1.5人

（世界銀行「Fertility rate, total (births per woman)」より）

出生率が高いのはどんな国？

出生率が下がる傾向にある先進国の中でも、出生率が上昇したことで有名なのがフランスです。フランス政府は家族手当の給付など家族を支援することで、出生率を上げてきました。

また、ドイツも日本同様に男性が一家の大黒柱として働き、女性は家事・育児を行うというモデルが一般的でしたが、2007年以降、政府が男性の育児参加を促進したことで、出生率を回復することができました。

②世界の地域ごとの出生数のデータです。どのような地域の出生数が多いですか？　考えてみましょう。

地域によって
増減に差が
あるね

	1950〜1955年	2015〜2020年	2095〜2100年
アフリカ	5,758万人	2億1,211万人	3億1,460万人
アジア	3億997万人	3億7,269万人	2億2,605万人
ヨーロッパ	6,049万人	3,884万人	2,939万人
ラテンアメリカ	3,839万人	5,274万人	3,050万人
北アメリカ	2,193万人	2,143万人	2,494万人
オセアニア	190万人	343万人	407万人

（国際連合「世界人口推計2019年版」より）

今後どのような地域で人口が増える？

これから人口が増加するであろうといわれている地域が、アフリカとアジアです。アジアは日本など一部の国々は出生率の急激な上昇は見込めないといわれていますが、インドやパキスタンなど人口増加が期待されている国もあります。

また、サブサハラアフリカも、これから急激な人口増加が予想されている地域です。

コモロ連合

Union of Comoros

“生きた化石”とも呼ばれるシーラカンスが生息していることで有名。モロニ国立博物館では、剥製を見ることが可能。日本の鳥羽水族館もコモロ政府と共同で調査を行っています。

基本データ

国土：約2,236㎢
人口：約85万1,000人
首都：モロニ
民族：バントゥー系黒人が主流
言語：フランス語、アラビア語、コモロ語
宗教：イスラム教
政体：共和制
GDP：12億ドル（1人当たり1,391ドル）
貿易総額：輸出4,000万ドル、輸入2億ドル
在留邦人数：3人
在日当該国人数：2人

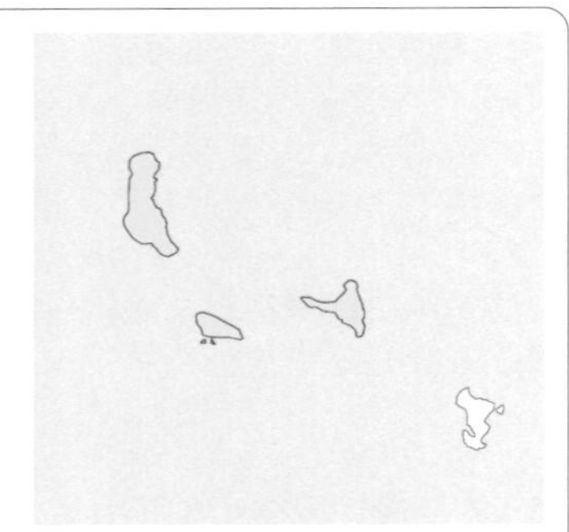

これだけは知っておこう！

- **グランドコモロ島、モヘリ島、アンジュアン島**の3つの島で構成。
- 15世紀頃アフリカ大陸、インドネシア、アラビアからの移民が到来。1506年に当時のアンジュアン島に**イスラム教徒**のスルタンの小王朝が創設されました。
- 1886年、**フランス**の保護領に。1975年、コモロ共和国として独立を宣言します。
- 1996年、初めて民主的な大統領選挙が実施されましたが、その後はクーデターや中央政府と各自治島政府間の対立などにより**政情不安が続きました。**
- **フランス領マヨット島**の領有権を主張。
- フランスやマダガスカルに**出稼ぎ**に行く労働者が多く、これらの送金が経済を大きく支えています。
- 主要産業は漁業や農業。**丁子**（ちょうじ）（クローブ）などの香辛料や**イランイラン**といった香水の原料などを輸出しています。
- 150〜700mの海底に生息する深海魚**シーラカンス**が発見されています。
- **火山島**で、カルタラ火山は数十年に1回噴火を繰り返しています。
- アフリカでは珍しく**ラックサレ温泉**と呼ばれる入浴可能な温泉があります。

シーラカンス

コンゴ共和国

Republic of Congo

ベルリン会議にてフランス領に。1960年に独立。以降、内戦が勃発するなど政情は不安定ですが、近年は反政府勢力の武装解除がされるなど安定の兆しも見えてきています。

基本データ

国土：約34万2,000㎢
人口：約524万人
首都：ブラザビル
民族：コンゴ人、テケ人、ンボチ人など
言語：フランス語（公用語）
宗教：キリスト教（約90%）、イスラム教
政体：共和制
GDP：112億6,400万ドル（1人当たり2,617ドル）
貿易総額：輸出81億ドル、輸入45億ドル
在留邦人数：6人
在日当該国人数：53人

これだけは知っておこう！

- 13～15世紀、この地域一帯には**コンゴ王国**が繁栄。しかし16世紀以降衰退していき、フランス人の進出を許します。
- 19世紀後半、**フランス領コンゴ**の一部に。1960年、独立を果たします。
- 1997年、リスバ大統領とサスヌゲソ前大統領がそれぞれの支持者を引き連れ内戦が発生。内戦に勝利した**サスヌゲソ大統領**が再就任し、現在も20年以上大統領を務めています。
- 1999年、停戦したものの、フレデリック・ビンサム（通称・ントゥミ牧師）率いる反政府勢力“**ニンジャ**”はいまだに活動を継続。現政権を批判し続けています。
- GDPの約6割、輸出の9割以上を**石油**に依存。
- 国土の約半分は熱帯雨林の**コンゴ盆地**。そのため、豊富な木材を輸出。
- 1990年代後半、出所不明の**ダイヤモンド原石**の輸出が発覚。紛争ダイヤモンドを疑われています。
- インフラ整備のため**中国企業**が参入。中国コンゴアフリカ銀行のオフィスビルはブラザビルのランドマークに。
- 1993年に創設された**ヌアバレ・ンドキ国立公園**には、マルミミゾウやウシ科のボンゴなどが生息しています。
- 世界遺産に**サンガ川流域の３カ国保護地域**があります。

ボンゴ

コンゴ民主共和国

Democratic Republic of the Congo

第一次、第二次合わせて500万人以上という、第二次世界大戦以降、最多の死者数を出したコンゴ内戦が発生。2018年にはエボラ出血熱が流行し、2,000人以上が命を落としました。

基本データ

国土：約234万5,000㎢
人口：約8,407万人
首都：キンシャサ
民族：バントゥー系が大半
言語：フランス語（公用語）
宗教：キリスト教（約80%）、イスラム教など
政体：共和制
GDP：472億ドル（1人当たり495ドル）
貿易総額：輸出88億ドル、輸入52億ドル
在留邦人数：69人
在日当該国人数：437人

これだけは知っておこう！

- 13〜15世紀、コンゴ王国が栄え、その後ポルトガル人が進出。その後**ベルギー**領に。
- 1960年、ベルギーから独立するも、直後に**コンゴ動乱**が勃発。この動乱の停戦交渉に向かった当時の国連事務総長**ダグ・ハマーショルド**はザンビアで逝去。
- 初代首相**ルムンバ**は独立運動の指導者でしたがコンゴ動乱にて逮捕・殺害。
- 1965年、モブツ政権が成立。1971年、国名を**ザイール共和国**に改称します。
- 30年以上続いたモブツ政権を打倒し、1997年、ローラン・カビラが大統領に就任。同年、**コンゴ民主共和国**に国名を変更します。
- 1996〜97年、1998〜2003年と第二次世界大戦後、最多の死者を出した2回にわたる**コンゴ内戦**が勃発。
- 2001年、**カビラ**大統領暗殺。息子のジョゼフ・カビラが2019年まで跡を継ぎました。
- **コッパー・ベルト**に属しており、銅以外にもコバルト、ダイヤモンド、金、レアメタルなどを産出する世界有数の資源国。
- **世界の森林の約4%**にもなる広大な森林面積を有しています。
- 世界遺産に**オカピ野生生物保護区**などがあります。

オカピ

サントメ・プリンシペ民主共和国

Democratic Republic of Sao Tome and Principe

サントメ島とプリンシペ島を中心に構成されている島嶼国。世界一の知名度の低さと言われることもありますが、火山岩栓ピコ・カン・グランデなど自然に恵まれ、観光客も増加しています。

基本データ

国土：約1,001㎢
人口：約21万人
首都：サントメ
民族：バントゥー系、ポルトガル人との混血
言語：ポルトガル語（公用語）
宗教：キリスト教が大半
政体：共和制
GDP：4億ドル（1人当たり1,943ドル）
貿易総額：輸出1,200万ドル、輸入1億ドル
在留邦人数：0人
在日当該国人数：2人

これだけは知っておこう！

- かつては無人島でしたが、**ポルトガル**が奴隷貿易の拠点にするため、植民地に。
- 奴隷貿易時代は、**サトウキビ**や**カカオ**などのプランテーション栽培で栄えました。
- 1951年、ポルトガルの海外州となるものの、1975年に**独立**を果たします。
- かつて中国と国交を結んでいましたが、1997年に断交。台湾と国交を締結するも、2016年、外交関係を断絶。再度**中国と国交**を結びました。
- 20世紀初頭までは**カカオ**の世界最大の産地（現在はコートジボワール）。
- 現在は、石油鉱床が発見され、**石油開発が進行中**。
- サントメは、ポルトガル人が来航した**セント・トーマスの日**（12月21日）を、プリンシペはポルトガル語で**王子**を意味します。
- 1575年、貿易の拠点になった**サン・セバスチャン・フォート**はポルトガルが建造。16世紀の典型的なポルトガル式の要塞で、現在は植民地時代の品々を公開する博物館になっています。
- 透明度が高く温かい海には、多くの**ウミガメ**が多く生息。
- プリンシペ島には固有の動植物が数多く確認されており、**ユネスコ生体保護区**にも指定されています。

ピコ・カン・グランデ

ザンビア共和国

Republic of Zambia

北アメリカのナイアガラの滝、南アメリカのイグアスの滝と共に世界三大瀑布の一つであるヴィクトリアの滝で有名。世界各国から絶景を求め、観光客が訪れています。

基本データ

国土：約75万2,000㎢
人口：約1,735万人
首都：ルサカ
民族：トンガ系、ニャンジァ系など73部族
言語：英語（公用語）、ほか70以上の部族語
宗教：キリスト教（約80%）、伝統宗教など
政体：共和制
GDP：267億ドル（1人当たり1,503ドル）
貿易総額：輸出90億ドル、輸入85億ドル
在留邦人数：252人
在日当該国人数：134人

これだけは知っておこう！

- 国名は同国を流れる**ザンベジ川**から付けられています。
- 1891年にイギリスが占領。1924年、**北ローデシア保護領**として植民地に。
- 1953年、南ローデシア（現在のジンバブエ）、ニヤサランド（現在のマラウイ）と共に**ローデシア・ニヤサランド連邦**を結成（1963年に解体）。
- 1964年の独立以来、**内戦やクーデターはなく、平和を維持しています。**
- 1964年の**東京オリンピックの最中に独立**し、途中で選手団の国名と国旗が変更になりました。
- 独立後、**カウンダ**大統領が就任。社会主義路線を敷き、企業の国有化などを進め、統一民族独立党による独裁政治を実施。
- 1991年、複数政党制による選挙が行われ、**チルバ**大統領が圧勝しました。
- **銅**や**コバルト**などの鉱物資源に恵まれており、日本も輸入しています。
- 1976年、中国の支援により、タンザニアのダルエスサラームと同国のカピリムポシを結ぶ**タンザン鉄道**が建設されました。
- 世界遺産に**モシ・オ・トゥニャ/ヴィクトリアの滝**があります。
- ヴィクトリアの滝は探検家リヴィングストンが当時のイギリスの女王**ヴィクトリア**から名付けました。

ヴィクトリアの滝

シエラレオネ共和国

Republic of Sierra Leone

紛争の資金源となる“紛争ダイヤモンド”が大きな問題に。2006年に公開された、レオナルド・ディカプリオ主演の映画『ブラッド・ダイヤモンド』の舞台にもなりました。

基本データ

国土：約7万1,000㎢
人口：約765万人
首都：フリータウン
民族：テムネ人、メンデ人など約20の部族
言語：英語（公用語）
宗教：イスラム教（約60%）、アニミズム信仰
政体：共和制
GDP：40億ドル（1人当たり539ドル）
貿易総額：輸出5億ドル、輸入13億ドル
在留邦人数：20人
在日当該国人数：56人

これだけは知っておこう！

- 1500年代よりポルトガル、オランダ、フランス、イギリスなどが**黒人奴隷貿易**の拠点を設置。
- 18世紀、イギリスは国内の**解放奴隷を移住させる**ためフリータウンを建設。多数の奴隷が流入。
- 19世紀、イギリスの植民地になるものの、1961年**イギリス連邦**の一員として独立。
- 1991年、武装勢力“**革命統一戦線（RUF）**”がリベリアから侵攻。2002年まで内戦が続き、約7万人が死亡。約260万人が国内外の避難民となりました。
- 内戦終結後、**経済は急成長**。国際社会の支援を受け、治安も回復しています。
- 2017年、同国で見つかった709カラットのダイヤの原石がニューヨークの競売にて約7億3,000万円で落札。落札額の約6割が地元の医療などにあてられ、“**平和のダイヤモンド**”と呼ばれました。
- 国名は“**ライオンの山**”という意味。15世紀に、同国を訪れたポルトガル人が雷鳴が轟いている様子を見て名付けたなどの説があります。
- **トウモロコシやカカオ豆、コーヒー**が名産。
- アフリカでは珍しく、**イスラム教徒**と**キリスト教徒**が仲良く共存しています。

ダイヤモンド

ジブチ共和国

Republic of Djibouti

紅海とアラビア海が交わる世界の海運のチョークポイント。また、エチオピアとの国境上にあるアッベ湖は、映画『猿の惑星』のロケ地のモデルとされていることとしてでも有名です。

基本データ

国土：約2万3,000㎢
人口：約95万9,000人
首都：ジブチ
民族：イッサ人、アファール人など
言語：フランス語とアラビア語（共に公用語）
宗教：イスラム教（約94%）、キリスト教（約6%）
政体：共和制
GDP：29億ドル（1人当たり2,786ドル）
貿易総額：輸出1億ドル、輸入8億ドル
在留邦人数：48人
在日当該国人数：19人

これだけは知っておこう！

- 1862年、フランスと条約を結び、ジブチ市北方のオボック地方を移譲。1888年、**フランス**が現在の首都であるジブチを建設しました。
- 1896年、フランスは同国周辺を**フランス領ソマリランド**として植民地化。
- 1967年、フランス領アファール・イッサに改称。30年間の抵抗運動の後、1977年、**独立**。
- ソマリ系の**イッサ族**とエチオピア系の**アファール族**が対立しており、1990年代には内戦も発生。
- 日本は2011年に**自衛隊**の拠点を設置。2017年、**中国の保障基地**が開設されました。
- 中国は同国を“**アフリカ大陸への玄関口**”にするため、現在、軍事基地や港湾などインフラ整備を急ピッチで進めています。
- 2017年、中国企業による投資で**エチオピア・ジブチ鉄道**のジブチ区間が正式に開通。過去にもエチオピア・ジブチ間を走行する鉄道はありましたが（1917年完成）、老朽化によりすでに運行できなくなっていました。
- 中部に位置するクレーター湖、**アッサル湖**は、死海よりも塩分濃度が高く、世界2位です（1位は南極のドンファン池）。

アッベ湖

ジンバブエ共和国

Republic of Zimbabwe

経済危機の影響で、自国通貨ジンバブエドルの価値が大暴落。1ドル＝3京5,000兆ジンバブエドルに（現在は廃止）。店には100兆ジンバブエドルがお土産として販売されています。

基本データ

国土：約38万6,000㎢
人口：約1,444万人
首都：ハラレ
民族：ショナ人（約80%）、ンデベレ人、白人
言語：英語（公用語）、ほかショナ語、ンデベレ語
宗教：キリスト教、伝統宗教
政体：共和制
GDP：210億ドル（1人当たり1,434ドル）
貿易総額：輸出40億ドル、輸入62億ドル
在留邦人数：98人
在日当該国人数：151人

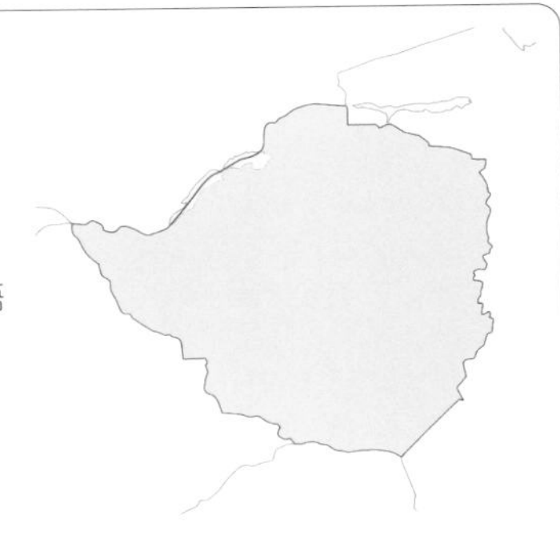

これだけは知っておこう！

- 11世紀、マプングブウェ王国が成立。13〜15世紀、**ジンバブエ王国**が繁栄。
- 1923年、**南ローデシア**という名前でイギリスの植民地に。1980年に独立。
- 独立後、**ムガベ**首相は2017年までの37年間、独裁政治を実施。
- 2000年、白人の農地を黒人に分配する土地接収法を施行。その影響で輸出が急減し、景気は後退。紙幣を乱発した結果、**ハイパーインフレ**が発生。
- 2015年、自国通貨であった**ジンバブエドルを正式に廃止。**
- 2019年、暫定通貨**RTGSドル**を唯一の法定通貨としましたが、経済危機は継続。
- 国名はショナ語で国史跡グレート・ジンバブエ遺跡など“**石の家**”という意味。
- モザンビークとの国境には、標高2,000m前後の**高原地帯**が広がっています。
- かつては社会インフラが比較的整備され、“**アフリカの穀物庫**”と呼ばれるほどの農業国（現在は、経済危機の影響で農作物の種を外国から購入する外貨がなく、十分な農作物の栽培・輸出ができていません）。
- **金**、**プラチナ**、**クロム**などの鉱物資源も豊富。
- 国立公園では**ゾウの増え過ぎ**が問題に。
- 世界遺産に**国史跡グレート・ジンバブエ遺跡**などがあります。

国史跡グレート・ジンバブエ遺跡

スーダン共和国

The Republic of the Sudan

紛争地帯のイメージが強いですが、実はエジプトよりも多くのピラミッドが存在。かつては金が採掘できることから栄え、現在も金鉱を巡っての衝突が発生しています。

基本データ

国土：約188万㎢
人口：約4,053万人
首都：ハルツーム
民族：主としてアラブ人、ベジャ人など
言語：アラビア語（公用語）、ほか英語
宗教：イスラム教、キリスト教、伝統宗教
政体：共和制
GDP：408億ドル（1人当たり816ドル）
貿易総額：輸出34億ドル、輸入78億ドル
在留邦人数：134人
在日当該国人数：230人

これだけは知っておこう！

- かつて同国北部のナイル川流域は**ヌビア**と呼ばれていました。
- 紀元前10世紀頃に成立した**クシュ王国**は金の豊富な産出地。エジプトにも黄金を供給していました。
- 19世紀にオスマン帝国支配下のエジプトが侵攻。さらに**イギリス**も統治を開始。
- イギリスの名将軍**ゴードン**は1881年のマフディー反乱にてハルツームで死亡。
- 1899年から始まったイギリス・エジプトの共同統治から、1956年に**独立**。
- 独立する直前、北部と分離独立を求める南部の間で内戦が勃発。一度は停戦したものの、1983年から20年以上続き“**アフリカ最長の内戦**”となりました。
- 同国の南部は、2011年に**南スーダン共和国**として独立。
- 2013年には、**金鉱山**などの支配を巡ってダルフール地方で衝突が起こりました。
- 2018年12月から**バシル**大統領の退陣を求めるデモが拡大、翌年30年に及ぶバシル政権が終了しました。
- **白ナイル**と**青ナイル**の合流地点であるハルツームでは、白く濁った白ナイルと、黒っぽい青ナイルの両方を見られます。
- 世界遺産に**メロエ島の考古遺跡群**などがあります。

金鉱

セーシェル共和国

Republic of Seychelles

CNNが発表した世界の厳選ビーチ100で1位に選ばれたグラン・アンス・ビーチなど世界有数の美しさを誇るビーチが自慢。ヨーロッパを中心に多くの人たちが観光に訪れています。

基本データ

国土：約460㎢
人口：約9万6,000人
首都：ヴィクトリア
民族：クレオールが多数
言語：実質公用語は英語とフランス語
宗教：キリスト教（約90％）
政体：共和制
GDP：15億ドル（1人当たり1万6,574ドル）
貿易総額：輸出5億ドル、輸入12億ドル
在留邦人数：12人
在日当該国人数：4人

これだけは知っておこう！

- 115の島々で構成されている西インド洋の島嶼国。国土の大きさは**種子島**と同じくらい。
- **マへ島、プララン島、ラディーグ島**の主要3島に住民の大半は暮らしています。
- 海の美しさから"**インド洋の真珠**"と呼ばれるように。
- 1814年、**イギリス**領に。1976年、独立を果たします。
- 経済は比較的順調で、1人当たりのGDPはアフリカ諸国においても**群を抜いて高い**です。
- 主要産業は観光業。**島を貸し切り**にすれば、プライバシーが守られるためセレブからの人気も高いです。
- **ウィリアム王子とキャサリン妃**や**ジョージ・クルーニー夫妻**もハネムーンで訪れたそう。
- 2番目の大きさを誇るプララン島の**アンス・ラジオ・ビーチ**も観光スポットとして有名。
- **マグロ**を主とする魚介類やコプラ、ココナツが名産。
- **アルダブラ環礁**には15万頭と、世界一多くのゾウガメが生存。
- 世界遺産に**ヴァレ・ド・メ自然保護区**などがあります。

アルダブラ環礁のゾウガメ

赤道ギニア共和国

Republic of Equatorial Guinea

かつてカカオとコーヒーのプランテーションや木材資源のみの貧しい国でしたが、1980年代の油田開発によって経済は急成長。アフリカでトップクラスの豊かな国に発展します。

基本データ

国土：約2万8,000㎢
人口：約131万人
首都：マラボ
民族：ファン人、ブビ人、コンベ人など
言語：スペイン語（公用語）
宗教：キリスト教（約99%）、伝統宗教
政体：共和制
GDP：133億ドル（1人当たり1万453ドル）
貿易総額：輸出64億ドル、輸入22億ドル
在留邦人数：11人
在日当該国人数：8人

これだけは知っておこう！

- 19世紀、**イギリス**がビオコ島を租借。シエラレオネなどから解放奴隷を移住させました。
- 1843年、**スペイン**の植民地に。ビオコ島でのプランテーション経営を開始。
- 20世紀になると、**ナイジェリア**のイボ族などの季節労働者を導入。
- 1959年、スペインの海外州となり、1968年に**独立**を果たします。
- 独立後、マシアス・ンゲマが大統領に就任。1972年、終身大統領を宣言するもクーデターにより失脚。以降、**オビアン・ンゲマ**大統領による40年以上の長期政権が続いています。
- 首都マラボは大陸ではなく**ビオコ島**に存在。
- スペインの植民地だったことから大半が**キリスト教徒**。
- 石油資源に恵まれ、アフリカでトップクラスの豊かな国ですが、富は国民に還元されておらず、**貧富の差は激しいまま**。
- 赤道直下に位置することが国名の由来なものの、実際に赤道直下にあるのは隣国の**ガボン**（ギニア共和国との区別のためこの名が付けられました）。
- 国旗に描かれている**パンヤの木**は国花。種子から植物油が搾取できることから“神の木”と呼ばれています。

パンヤの木

セネガル共和国

Republic of Senegal

“テランガ（助け合い）の国”と呼ばれ、困った時はお互いに助け合う文化が根付いています。また平和を意味する“ジャム”という言葉も日常会話の中で頻繁に使われています。

基本データ

国土：約19万7,000㎢
人口：約1,585万人
首都：ダカール
民族：ウォロフ人、プル人、セレール人など
言語：フランス語（公用語）、ほか各部族語
宗教：イスラム教（90%以上）
政体：共和制
GDP：241億ドル（1人当たり1,441ドル）
貿易総額：輸出36億ドル、輸入80億ドル
在留邦人数：233人
在日当該国人数：688人

これだけは知っておこう！

- 11〜12世紀は**ベルベル族**のムラービト朝領、中世にはガーナ王国、マリ帝国、ソンガイ王国の支配下に置かれました。
- 15世紀頃からポルトガルが進出。17〜19世紀にはオランダ、イギリス、フランスに領有され、1895年**フランス領西アフリカ**の一部となりました。
- 1960年、**フランス**から独立。同国に囲まれているガンビアはイギリス領だったため、1965年に独立します（1982年セネガンビア国家連合を設立するも、1989年解体）。
- 独立後、一度もクーデターを経験しておらず、政治は安定。平和裡に政権交代が行われ、**民主主義**が定着しています。
- 2010年、独立50周年を記念して**巨大な銅像**が建造されました。
- **コメ**が主食。2013年の調査によると、日本人より年間の1人当たりのコメの消費量が多いです。
- サン=ルイ島は『星の王子さま』の著者**サン=テグジュペリ**が執筆した場所。
- **ゴレ島**（世界遺産）は奴隷貿易の拠点として有名。
- 世界遺産にジャイアントイランドなどが生息する**ニョコロ=コバ国立公園**などがあります。

ジャイアントイランド

コラム

5

考えよう! 日本の環境問題

～現在、世界はどのような環境問題に直面している？

POINT

① 地球環境は現在、さまざまな問題を抱えている。

② 産業の発展の結果、将来、私たちは地球上の資源を失ってしまうかもしれない。

③ 地球上に住めなくなることがないよう、現在、世界各国で問題解決のため動き出している。

酸性雨、オゾン層の破壊、放射能汚染など世界における環境課題は山積している

地球環境の破壊が進んでいます。産業の発展とともに、私たちは貴重な地球の資源を失いつつあります。温暖化や気候変動といった世界的な問題の解決も喫緊の課題です。このまま環境汚染が進んでしまったら、いつしか地球に住むことすらできなくなってしまうかもしれません。

現在、大きな問題の一つがオゾン層の破壊です。南極の上部成層圏ではオゾンが連鎖的に破壊され、オゾンホール現象が観測されました。オゾンホールとは、南極のオゾン層が薄くなって穴（ホール）のように見えることを指します。オゾン層が破壊されると、有害な紫外線が地表に届くようになり、皮膚がんや白内障などの病気の原因になるといわれています。

また、酸性雨による被害も拡大しています。酸性雨とは、二酸化硫黄（亜硫酸ガス）や窒素酸化物などの酸性物質が雨や雪、みぞれなどに溶け込み、地上に降ってくる雨のことです。酸性雨は河川や土壌などを酸性化して、生態系を脅かします。地下水に酸性雨が流れ込むと、私たちの飲用水にも影響を与えます。

海洋汚染に関するニュースを聞いたことがある人も少なくないと思います。海洋中に5mm以下の微小なプラスチックごみが捨てられると、海洋環境に大きな影響を与えます。

森林破壊も進んでいます。なかでも、熱帯林の減少は深刻です。森林は地球温暖化の原因でもある二酸化炭素を吸収してくれます。そのため、森林破壊は地球温暖化にもつながる問題です。また、森林伐採は、砂漠化を促します。

福島第一原子力発電所事故などで話題となった**放射能汚染も環境に多大な悪影響を及ぼす可能性があります。**

これらの問題を見過ごすわけにはいきません。1992年にはブラジルのリオデジャネイロにて地球サミットが開催。1997年には京都で地球温暖化防止会議（COP3）が開催され、世界各国から大勢の関係者が参加し、二酸化炭素などの温室効果ガスの削減に向けて「京都議定書」が採択されました。2012年には、地球サミットから20年が経過したことから、再度リオデジャネイロにて国連持続可能な開発会議が開催されました。国際社会は協力して、これらの問題解決に向けて動き出しています。

データを見ながら考えよう！

日本と世界の環境問題

①日本の環境年表です。日本はこれまで環境問題に対して、
どのように取り組んできたのでしょうか？

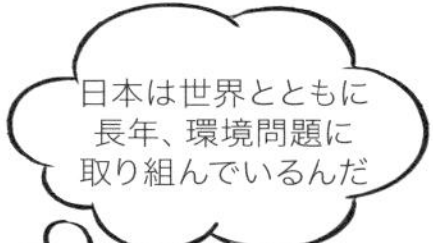

西暦	内容
1932年	大阪にて日本で初めての煤煙防止規制が発令される（公害対策）
1968年	大気汚染防止法が制定
1972年	国連人間環境会議が開催（世界初の国際的な環境問題についての政府間会合）
1973年	ワシントン条約が採択（野生動植物の国際取引を規制）
1988年	気候変動に関する政府間パネル（IPCC）設立
1992年	国連気候変動枠組条約を採択（温室効果ガス削減への取り組みを約束）
2016年	パリ協定の発効（2020年以降、全世界が温室効果ガス削減への取り組みを約束）

日本の環境問題の歴史

日本の大気汚染の歴史は明治時代の近代化政策とともに始まりました。第二次世界大戦後、復興が進むにつれて、大気の状態は悪化。各地で公害防止条例が制定されます。1955年からの好景気下では、工業地域を中心に深刻な健康被害を受ける人も。大気汚染は大きな社会問題となり、その後は水質汚濁や自然破壊なども深刻化していきました。

②以下、世界の年平均気温偏差（℃）です。1981から2010年の30年間の平均値からどのくらい偏差（℃）があるかを示しています。

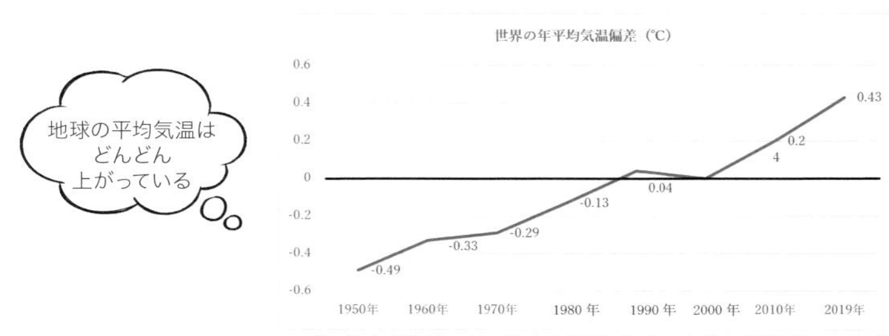

（気象庁「世界の年平均気温偏差（℃）」を基に編集部にて作成）

なぜ地球は温暖化？

地球温暖化の主な原因と考えられているのが、二酸化炭素を含む温室効果ガスです。温室効果ガスには、地球の表面から地球の外に向かう熱を大気中に蓄積し、再び地球の表面に戻す効果（温室効果）があります。産業革命以降、大気中の温室効果ガスの濃度は急激に増加。結果、地球は温暖化し、異常気象が発生するなど影響を及ぼしています。

ソマリア連邦共和国

Federal Republic of Somalia

海賊事件の多発で話題になりましたが、近年は減少。日本の寿司レストラン会社が現地の人々にマグロ漁の方法を教え、漁船を与えたことも影響していると言われています。

基本データ

国土：約63万8,000㎢
人口：約1,400万人
首都：モガディシオ
民族：主にソマリ人
言語：ソマリ語、アラビア語（共に公用語）
宗教：国教がイスラム教
政体：連邦共和制
GDP：62億ドル（1人当たり433ドル）
貿易総額：輸出3億ドル、輸入12億ドル
在留邦人数：5人
在日当該国人数：5人

これだけは知っておこう！

- エリトリア、ジブチ、ソマリア、エチオピアから成る、“**アフリカの角**”は地中海とインド洋を結ぶ交通の要衝（サイの角に似ていることが名前の由来）。
- アデン湾に面した地域は**イギリス領**、角の突端から南が**イタリア領**に。
- 1960年、北部のイギリス領、南部のイタリア領がそれぞれ独立した後、**ソマリ和共和国**として合併。
- 1977年、エチオピアから**オガデン地方**の奪取を試みるも失敗。
- 1988年、独裁政治をしていた**バーレ**大統領に対する批判が高まり内戦が勃発。1991年に大統領は追放され、暫定政権が成立。
- しかし1991年、北部が“**ソマリランド**”と勝手に名乗り、独立を宣言（国際的には未承認）。国内は分裂していきます。
- 1993年**国連軍**が派遣されたものの、1995年には撤退。以降、20年間無政府状態が続きます。
- 2005年以降、イスラム過激派**アルシャバブ**と政府軍との間で激しい内戦が勃発。爆弾テロなども起こり、多数の死傷者が発生しています。
- 人口の半数以上が牛、ラクダ、羊、ヤギなどと共に暮らす遊牧民。1人当たりの**ラクダ**の保有数は世界で最も多いです。

ラクダ

タンザニア連合共和国

United Republic of Tanzania

世界遺産のサファリでは、ライオン、ゾウ、バッファロー、ヒョウ、サイといった“ビッグ・ファイブ”と呼ばれる動物たちが生息。野生の迫力を全身で感じることができます。

基本データ

国土：約94万5,000㎢
人口：約5,632万人
首都：ドドマ
民族：スクマ人など約130の部族が存在
言語：英語（公用語）、スワヒリ語（国語）
宗教：イスラム教とキリスト教が約4割ずつ
政体：共和制
GDP：580億ドル（1人当たり1,039ドル）
貿易総額：輸出51億ドル、輸入84億ドル
在留邦人数：295人
在日当該国人数：443人

これだけは知っておこう！

- 1881年、**ドイツ**が支配。ザンジバル島はイギリス保護領に。
- 第一次世界大戦後、大陸側タンザニアもドイツ領から**イギリス**領に。
- 1961年に大陸側（当時のタンガニーカ共和国）が、1963年にザンジバル島が独立。1964年、両者が統合され、**タンザニア連合共和国**となりました。
- 港湾都市**ダルエスサラーム**は、“平和の港”を意味する同国最大の都市。政府官庁が存在するなど、事実上、首都の役割を果たしています。
- 同国は中国とニエレレ大統領、毛沢東主席時代からの友好国。中国は1970年、同国の要請に応え、**タンザン鉄道**の建設に着手。1976年に完成させました。
- “**人類発祥の地**”と呼ばれており、オルドバイ渓谷では、ジンジャントロプス・ボイセイやホモ・ハビリスの人骨化石が発見されています。
- 標高5,895mのアフリカ大陸の最高峰、**キリマンジャロ**がそびえ立っています。
- 近年、GDP成長率が5%以上という将来が期待されている**経済成長国**。
- 「ジャンボ」（こんにちは）や「サファリ」（旅行）は**スワヒリ語**。
- 世界遺産にライオンなどが見られる**ンゴロンゴロ保全地域**や**セレンゲティ国立公園**などがあります。

キリマンジャロ山

チャド共和国

Republic of Chad

チャド湖は環境変化などにより40年近くで面積の95%近くが縮小。このまま消滅すると、周辺で暮らす漁民たちは仕事を失い、生計を立てられなくなってしまいます。

基本データ

国土：約128万4,000㎢
人口：約1,548万人
首都：ンジャメナ
民族：サラ人、チャド・アラブ人など
言語：フランス語、アラビア語（共に公用語）
宗教：イスラム教、キリスト教など
政体：共和制
GDP：113億ドル（1人当たり884ドル）
貿易総額：輸出20億ドル、輸入21億ドル
在留邦人数：5人
在日当該国人数：3人

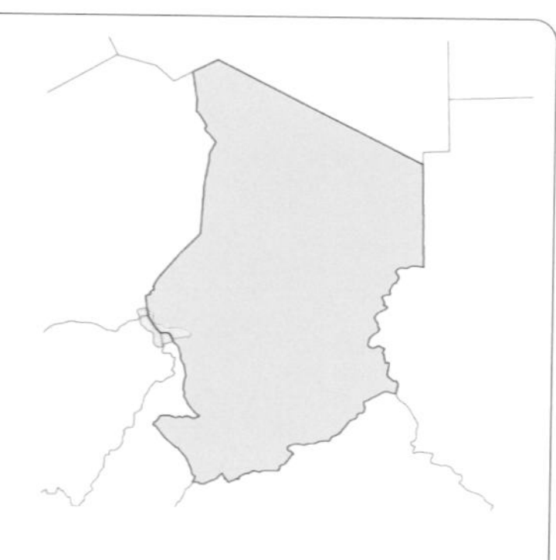

これだけは知っておこう！

- 1910年、**フランス領赤道アフリカ**に組み込まれます。
- 1960年に**フランス**から独立。以降、30年間に及ぶ内戦や独裁政権が続き、度重なる政権交代が行われています。
- 同国を含むチャド湖周辺国では、イスラム過激派組織**ボコ・ハラム**のテロ行為により、多くの人たちが難民に。
- **チャド湖**は干ばつ、灌漑（かんがい）農業や牧畜により砂漠化が進行。1960年代から21世紀初頭までの間に95%の面積を失いました。
- シャーリ川の流域には人口の多い町もあり、**漁業**が発達。
- 国土面積は日本の約3.4倍。その半分は**サハラ砂漠**に覆われています。
- 近年は、**石油**資源の開発が進み、国家財政の6割近くを占めるように。
- **フィトリ湖**は雨が多い年には通常の大きさの3倍近くになります。
- 渓谷アルシェイのゲルタ（砂漠の水がたまっている場所）では“サハラ最後のワニ”と呼ばれる、**デザート・クロコダイル**を見ることができます。
- 世界遺産に多彩な岩絵群で知られている**エネディ山地の自然的・文化的景観**と**ウニアンガ湖群**があります。

クロコダイル

中央アフリカ共和国

Central African Republic

森林、ダイヤ、金、ウランなど天然資源に恵まれているものの、国内では紛争が発生。5人に1人が家を失うことに。2019年に和平合意が結ばれましたが、復興は道半ばです。

基本データ

国土：約62万3,000㎢
人口：約467万人
首都：バンギ
民族：バンダ人、バヤ人、サラ人など
言語：フランス語、サンゴ語（共に公用語）
宗教：キリスト教、イスラム教、伝統宗教
政体：共和制
GDP：23億ドル（1人当たり448ドル）
貿易総額：輸出2億ドル、輸入4億ドル
在留邦人数：3人
在日当該国人数：16人

これだけは知っておこう！

- アフリカ中央部に位置する内陸国。大部分が標高**600m以上の台地**。
- 19世紀末、**フランス**領に。1960年、独立を果たします。
- 1966年、**ボカサ**が大統領に就任。10年後、共和制を廃して帝政に。1979年、自ら経営する工場で作られた制服を着なかった生徒を多数虐殺したことが非難を浴び、失脚しました。
- 約半数がキリスト教徒で15%程がイスラム教徒。2013年、イスラム教徒を主体とする**セレカ**が首都バンギに侵攻。キリスト教徒を迫害したことから、両者の対立は一挙に深刻になりました。
- 2005年、バンギにあった**日本大使館は閉鎖**。
- 密猟者による**アフリカゾウ**の被害が深刻。10年間で約64%減少。闇市場では依然、高値で取引されています。
- 同国には鉄道がないため、**ウバンギ川**は幹線交通路として重要な役割を担っています。
- かつてアラブ人向けに**奴隷**を供給していました。
- 世界遺産に1万羽以上のハシビロコウがいると言われている**マノヴォ＝グンダ・サン・フローリス国立公園**（1997年以降、危機遺産）などがあります。

ハシビロコウ

チュニジア共和国

Republic of Tunisia

2011 年のジャスミン革命は、中東全域に広まった民主化運動“アラブの春”のきっかけに。以降、民主化が進んだものの、高い失業率や汚職、縁故主義など問題は多々残っています。

基本データ

- 国土：約16万3,000㎢
- 人口：約1,157万人
- 首都：チュニス
- 民族：アラブ人（約98%）など
- 言語：アラビア語（公用語）、ほかフランス語
- 宗教：大半がイスラム教スンニー派
- 政体：共和制
- GDP：399億ドル（1人当たり3,421ドル）
- 貿易総額：輸出195億ドル、輸入247億ドル
- 在留邦人数：136人
- 在日当該国人数：632人

これだけは知っておこう！

- 紀元前9世紀から、都市国家カルタゴとして栄えるものの、紀元前146年に**ローマ帝国**に征服されます。
- **カルタゴ**は地中海貿易の拠点として繁栄。その遺跡は世界遺産です。
- 1574年、**オスマン帝国**の属州に。1881年、フランスの保護領となります。
- 1956年、**フランス**から独立。翌年、共和制に移行します。
- 2011年の**ジャスミン革命**によって、23年間に及ぶ強権体制を敷いたベン・アリ政権が崩壊。これがのちの民主化運動“アラブの春”のきっかけとなります。
- 2015年、民主主義に貢献したとして労働組合、産業団体、人権擁護連盟、法曹団体の4団体で結成した“**国民対話カルテット**”にノーベル平和賞が授与されました。
- **シディ・ブ・サイド**は白とチュニジアンブルーが美しい、観光客に人気の街。
- 映画**『スター・ウォーズ』**のロケ地が数多くあります。
- モザイク画で有名な**バルドー博物館**は、“チュニジアのルーブル”とも呼ばれています。
- 独立以来、**教育と女性の権利保障**に力を入れています。
- 世界遺産に、毎年ハイイロガンなど多くの渡り鳥が訪れる**イシュケル国立公園**などがあります。

ハイイロガン

トーゴ共和国

Republic of Togo

バタマリバ人の土地クタマクはトーゴ唯一の世界遺産。泥でできた建物であるタキヤンタが多く並んでいます。現在もバタマリバ人は牧畜や農業、林業などで生活しています。

基本データ

国土：約5万4,000㎢
人口：約788万人
首都：ロメ
民族：エヴェ人はじめ約40の部族が存在
言語：フランス語（公用語）、ほか各部族語
宗教：伝統宗教、キリスト教、イスラム教
政体：共和制
GDP：53億ドル（1人当たり670ドル）
貿易総額：輸出7億ドル、輸入16億ドル
在留邦人数：21人
在日当該国人数：71人

これだけは知っておこう！

- 1884年、ベルリン会議により**ドイツ**の保護領に。
- その後、**フランス**による委任・信託統治を経て1960年に独立。 独立を記念してロメにはトーゴ独立記念碑が建てられました。
- 独立後は**オリンピオ**が大統領に就任。独裁政治を続ける中、1963年に軍部がクーデターを起こし、オリンピオを暗殺。一時的に民政復帰が果たされます。
- 1967年、**エヤデマ**が前大統領を追放し、自ら大統領に就任。2005年に死去するまで、38年にわたる長期政権を維持し続けました。
- 現在はエヤデマ大統領の息子である**ニャシンベ**が大統領に就任しています。
- 世界有数の**リン鉱石**生産地。1974年鉱山を国有化し、主要輸出品の一つに。
- 石灰石があり、西アフリカ最大の**セメント工場**や**繊維工業**が建てられています。
- 綿花やカカオ、コーヒーが主要な農産物。ドイツの植民地だったため、**ビール**も名産。
- ロメのフェティッシュ市場には、**ブードゥー教の呪術**に使うアイテムがたくさん売られています。
- 南部の**トーゴ湖**ではピローグ（セネガルの伝統的な船）によるボートトリップが可能。国名は、そのトーゴ湖から付けられたといわれています。

クタマク

ナイジェリア連邦共和国

Federal Republic of Nigeria

約２億人というアフリカ最大の人口を抱える、経済大国。高い経済成長を期待されているものの、経済は石油依存のまま。毎年、輸出総額の８割近くを石油が占めています。

基本データ

国土：約92万3,000㎢
人口：約1億9,587万人
首都：アブジャ
民族：ハウサ人、ヨルバ人など250以上の部族
言語：英語（公用語）、ほかハウサ語など各部族語
宗教：北部はイスラム教、南部ではキリスト教
政体：連邦共和制（大統領制）
GDP：3,973億ドル（1人当たり2,032ドル）
貿易総額：輸出529億ドル、輸入364億ドル
在留邦人数：127人
在日当該国人数：3,121人

これだけは知っておこう！

- 1960年に**イギリス**から独立。
- 1967年、ビアフラ州がビアフラ共和国と名乗り、一方的に独立を宣言。連邦政府軍が進撃し、**ビアフラ内戦**が発生（1970年に終戦）。
- 1966〜93年の間に**軍事クーデターが7回**も起こるなど、政情は不安定。
- 1999年の民主選挙以降、軍事クーデターは起きず、**経済も成長基調に**。
- 多民族国家で、**ハウサ、ヨルバ、イボ**という三大勢力を中心に構成。
- 1991年まで首都だった**ラゴス**は約2,000万人もの人口を抱える、最大の都市。マーケットには、人や車があふれ返っています。
- 同国は人口が多いことから、"**アフリカの巨人**"と呼ばれることもあります。
- 世界有数の湿地帯**ニジェールデルタ**では石油が採れるものの、石油採掘による原油流出や廃棄物、ガスなど公害の発生源にもなっています。
- イスラム過激派組織**ボコ・ハラム**の拠点が北部に存在。2014年、ジョナサン大統領はボコ・ハラムにより2万人近くの死傷者が出ていると述べました。
- アメリカ、インドに次ぐ、映画大国。**ノリウッド映画**と呼ばれ、年間2,000本近くの映画が製作されています。
- 世界遺産に**オシュン=オショグボの聖なる木立**などがあります。

マーケット

ナミビア共和国

Republic of Namibia

世界最古のナミブ砂漠は日差しにより酸化し、赤色に。その姿は、世界一美しい砂漠と言われています。また砂漠の中、突如現れる死の沼（デッドフレイ）の様子も圧巻です。

基本データ

国土：約82万4,000㎢
人口：約244万8,000人
首都：ウィントフック
民族：オバンボ人が半数。ほか先住民族など
言語：英語（公用語）、ほかアフリカーンス語など
宗教：キリスト教、伝統宗教
政体：共和制
GDP：145億ドル（1人当たり6,012ドル）
貿易総額：輸出54億ドル、輸入83億ドル
在留邦人数：54人
在日当該国人数：17人

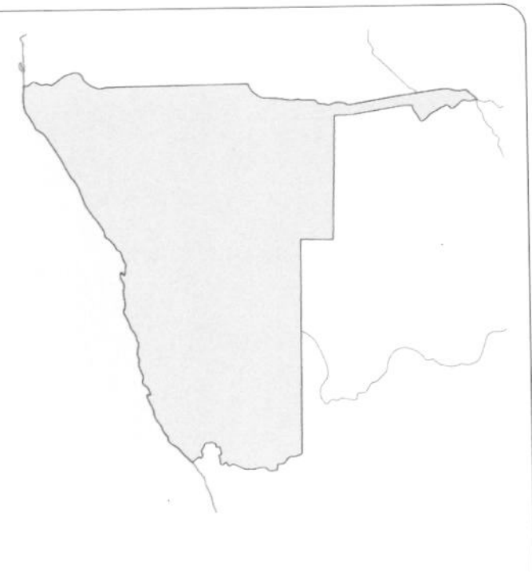

これだけは知っておこう！

- 1884年、**ドイツ領南西アフリカ**としてドイツの保護領に。
- **南アフリカ**による委任統治などを経て、1990年に独立。
- 独立後は、一貫して複数政党制の下、**民主的な政治運営**が行われています。
- **ダイヤモンド**や**ウラン**をはじめとする鉱物資源が豊富で、経済も比較的安定。
- 牧畜が盛ん。しかし2、3年干ばつが続くこともあり、**肉は塩に漬けて風で乾かす**などして保存しています。
- **自然環境の保護**を憲法に盛り込んでおり、国土の4割ほどが国立公園や自然保護区として管理されています。
- 観光も人気で、**エトーシャ国立公園**などでのサファリツアーには多くの人が集まります。
- ナミブ砂漠では“世界で最も美しい民族”と言われている**ヒンバ族**が生活。彼らは、生涯で一度もお風呂に入らず、お香を肌に塗ってニオイを消しています。
- アンゴラと同国の砂漠地帯でのみ見られる**ウェルウィッチア**は、世界でも最も奇妙な植物の一つ。海からのわずかな湿気で、樹齢1,000年を超えることもあります。
- 世界遺産に、2,000年以上前の岩絵がある**トゥウェイフルフォンテーン**などがあります。

ナミブ砂漠

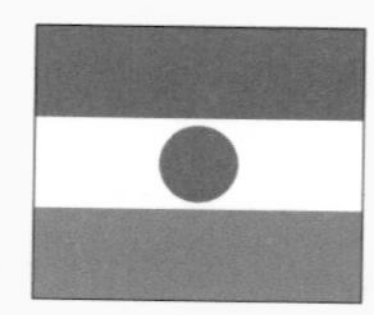

ニジェール共和国

Republic of Niger

世界最貧国の一つ。貧困などから、気温40度のサハラ砂漠を超えてでも他国に移住しようとする人が後を絶ちません。砂漠化は進行しており、さらなる状況悪化が懸念されています。

基本データ

国土：約126万6,000㎢
人口：約2,148万人
首都：ニアメ
民族：ハウサ人、ソンガイ人、カヌウリ人など
言語：フランス語（公用語）、ほかハウサ語など
宗教：イスラム教、キリスト教、伝統宗教
政体：共和制
GDP：81億ドル（1人当たり376ドル）
貿易総額：輸出19億ドル、輸入17億ドル
在留邦人数：14人
在日当該国人数：26人

これだけは知っておこう！

- 1922年、**フランス**領西アフリカの一部に。1958年に、共和国宣言をし、1960年に独立します。
- **砂漠化**が深刻な問題。農業もできなくなり、国民の生活レベルが低下。貧困の蔓延や国家の財政破綻などが懸念されています。
- 農牧業と1970年代から開発が進んだ**ウラン開発**（西アフリカにおいて最大のウラン生産国）、石油が主要産業。
- 1992年台湾との国交を回復させましたが、経済的利益を求め、1997年**中国**との国交を再開。台湾と断交しました。
- 2012年頃から**アルカイーダ**や**ISIL（イスラム国）**などの勢力が台頭し、治安が悪化。政府は事態の収束を図っています。
- 世界で**最も出生率が高い国（7.0）**。女性は平均して7人の子どもを産んでいます。
- 恐竜の化石が出る“**恐竜平原**”と呼ばれる地層が存在。
- 世界遺産にパタスモンキーなどが生息している**アイル・テネレ自然保護区**や**W・アルリ・パンジャリ自然公園群**などがあります。
- W国立公園のWは、園内を流れる**ニジェール川の形がWに見える**ことから名付けられました。

パタスモンキー

ブルキナファソ

Burkina Faso

“アフリカのチェ・ゲバラ”と呼ばれたサンカラ大統領は就任以降、国家をより良くするための様々な政策を実施。国名通り“高潔なる人々の国”を目指して、改革を行いました。

基本データ

国土：約27万4,000km²
人口：約1,919万人
首都：ワガドゥグー
民族：モシ人、グルマンチェ人、ヤルセ人など
言語：フランス語（公用語）、ほかモシ語など
宗教：伝統宗教、イスラム教、キリスト教
政体：共和制
GDP：123億ドル（1人当たり643ドル）
貿易総額：輸出36億ドル、輸入44億ドル
在留邦人数：92人
在日当該国人数：94人

これだけは知っておこう！

- 1897年、フランスの保護領に。1960年に**オートボルタ**という国名で独立。
- 1984年のサンカラ政権成立後、社会主義体制を実施。サンカラ大統領は“**アフリカのチェ・ゲバラ**”と呼ばれました。
- サンカラは大統領就任後、国名をオートボルタから“高潔なる人々の国”を意味する、**ブルキナファソ**に改名。
- 1987年、**コンパオレ**はサンカラ政権は独裁的かつ行き過ぎた社会主義路線であると批判。クーデターで倒し、大統領に就任。
- 2014年、コンパオレ大統領は市民の激しい抗議デモを受けて亡命。無血クーデターでアフリカでは珍しく比較的**平穏に政権交代**が実現しました。
- 金、マンガン、ボーキサイトなど色々な鉱物資源が存在するも、**金**以外はほとんど未開発。
- **綿花**の栽培はアフリカの中でも第1位。
- アフリカ最大規模の国際映画祭“**ワガドゥグー全アフリカ映画祭**（通称フェスパコ）”を2年ごとに開催。
- ティエベレにあるカッセーナ族の家には特徴的な**幾何学模様**が描かれています。
- 世界遺産に古くから金の抽出や精錬などが行われていた**ロロペニの遺跡群**などがあります。

ティエベレの幾何学模様

ブルンジ共和国

Republic of Burundi

ルワンダ同様、フツ族とツチ族間での対立が激化。1993 年から 2006 年までの内戦では約 30 万人が殺害されました。現在も治安が悪く、国民は食糧不足に悩まされています。

基本データ

国土：約2万7,000㎢
人口：約1,117万人
首都：ブジュンブラ
民族：フツ人、ツチ人、トゥワ人
言語：フランス語とキルンジ語（共に公用語）
宗教：キリスト教（カトリック、プロテスタント）
政体：共和制
GDP：30億ドル（1人当たり306ドル）
貿易総額：輸出1億ドル、輸入7億ドル
在留邦人数：6人
在日当該国人数：31人

これだけは知っておこう！

- 1889年、ドイツの植民地に。1922年以降、**ベルギー**の統治領となります。
- 1962年、**ブルンジ王国**として独立します。1966年、共和制に移行。
- **ルワンダ**と双子国家であり、住民構成はほぼ同じ。
- 独立後、少数派のツチ族が政権を維持していたものの、1993年に初めて多数派のフツ族から**ンダダイエ**大統領が選出。しかし同年ツチ族に暗殺されます。
- 以降、ツチ族とフツ族の対立が激化。1993〜2006年の内戦では約30万人が殺害され、**"第2のルワンダ大虐殺"**が懸念されています。
- 2015年、国軍によるクーデター未遂事件が発生。以降、国内では**人権・治安状況が悪化**し、国連安保理は警察ミッションの派遣を決定しました。
- 主要産業は**金**と**コーヒー**。両者が輸出総額の半分を占めています。
- 公用語は**キルンジ語**。ルワンダ語と近く、両方共バントゥー語に属しています。
- 王家の祭りや結婚式、葬儀の時に**カリェンダ**と呼ばれる太鼓を打ち鳴らして踊る伝統儀式があります。無形文化遺産に登録されましたが、近年は衰退傾向。
- **タンガニーカ湖**は同国のほか、ザンビア、タンザニア、コンゴ民主共和国にまたがっている湖。アフリカで2番目に大きく、周辺では1,000万人以上が漁業を行い生計を立てています。

カリェンダ

ベナン共和国

Republic of Benin

ノコエ湖に浮かぶアフリカ最大の水上集落“ガンビエ”は有名な観光スポット。奴隷貿易時代、奴隷から逃れようとした人々が作ったと言われています。学校も教会も水上にあります。

基本データ

国土：約11万2,000㎢
人口：約1,149万人
首都：ポルトノボ
民族：フォン人、ヨルバ人、アジャ人など
言語：フランス語（公用語）
宗教：イスラム教、キリスト教、伝統宗教
政体：共和制
GDP：142億ドル（1人当たり1,241ドル）
貿易総額：輸出24億ドル、輸入40億ドル
在留邦人数：91人
在日当該国人数：141人

これだけは知っておこう！

- 17〜19世紀、**ダホメ王国**がこの地では栄えていました。
- 1884年、フランス軍の介入が始まり、1892年に**フランス**の植民地となります。
- 1960年、ダホメ共和国として独立を宣言。そこから1972年までの間に**5度も軍事クーデター**が発生します。
- 1975年、**ベナン人民共和国**に国名を変更。
- ソ連解体を受けて、1990年に**ベナン共和国**に改称。その後、複数政党制、三権分立、大統領制を導入し、民主化を進めていきます。
- 1990年以降、**アジアとの関係を強化**しており、韓国、シンガポール、ブルネイ、インドネシア、マレーシアと外交関係を樹立。中国やインドとの貿易関係も強化しています。
- アフリカの中では治安が良く、西アフリカにおける**民主国家のモデル国。**
- 首都はポルトノボなものの、**コトヌー**が経済的には最も発展。港湾を有していることから、近隣の内陸国に商品を流通していまます。
- 国民の大半が農業に従事。**綿花、パーム油、カカオ**などを生産しています。
- プロバスケットボール（NBA）の選手・**八村塁**の父親は同国出身。
- 世界遺産に**アボメイの王宮群**などがあります。

ガンビエの水上集落

コラム 6

考えよう! 日本の税金

～世界と日本の国民負担はどれくらい違うの？

POINT

① 税金は私たちが生活をするうえで支払わなくてはならないお金。
② 国民負担率は所得に対してどれくらい税金や社会保障費を支払っているかを示している。
③ 国民負担率が高いからといって、必ずしも国民が不満を抱いているとは限らない。

税金が高くても、国民は幸せ？

「税金」と聞くと、どのようなイメージがありますか？「支払わなくてはならない」「減ってくれたらいいのに」と思っている人も少なくないと思います。

そんな負のイメージがある税金ですが、なぜ税金を納める必要があるのでしょうか？

税金は国を運営するために必要なお金です。税金を納めることで、国は年金・医療などの社会保障や福祉環境を充実させたり、インフラを整えたりすることができます。皆が平等に税金を納めることで、国民全員が健康で豊かな暮らしを享受しやすくなるのです。

そんな税制も国によって違いがあります。例えば、所得に対して国民はどのくらい税金や社会保障費といった義務的な公的負担を支払っているかを示す指標として「国民負担率」があります。**国民負担率が高い国の例としてよく挙げられるのがデンマーク、フィンランド、スウェーデンといった北欧の国々です。**「税金や社会保障費が高額だなんてイヤだな」と思われそうですが、社会福祉制度が整っているため、国民の満足度は高く、世界からも評価されています。アメリカの「USニューズ＆ワールド・リポート」が発表した「世界最高の国ランキング2020」内の「生活の質（Quality of Life）」部門でも、ノルウェー、デンマーク、スウェーデン、フィンランドと10位以内にランクインしています（日本は14位）。

では、なぜ福祉制度が充実している国は生活の質が向上しやすいのでしょうか。例えば、北欧諸国では教育費や18歳未満の医療費が原則無料です。だからこそ、安心して暮らせます。日本の場合、大学の授業料に公立でも卒業までに250万円程度、私立だと400万から500万円程度かかることが多いです。アメリカだと1,000万円以上かかることも珍しくありません。そのため、日本やアメリカでは勉強をしたくても、経済的な事情であきらめざるを得ない人もたくさんいます。

このように、**税金を支払うこと自体は決して悪いことばかりではありません。**大切なのは納められた税金が国民の生活向上に役立てられているのか。それを国民は監視する必要があります。

データを見ながら考えよう！

日本と世界の国民負担率

①日本と世界の国民負担率（2017年）の違いです。
どのような国の国民負担率が高いでしょうか？

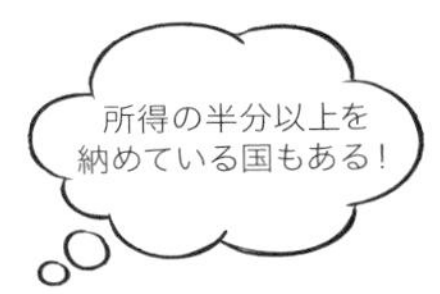

	国民負担率	租税負担率	社会保障負担率		国民負担率	租税負担率	社会保障負担率
日本	43.3%	25.5%	17.7%	デンマーク	65.4%	64.2%	1.2%
アメリカ	34.5%	26.1%	8.5%	ノルウェー	51.4%	37.6%	13.8%
イギリス	47.7%	36.9%	10.7%	フィンランド	62.4%	44.9%	17.5%
フランス	68.2%	41.7%	26.5%	スウェーデン	58.9%	53.8%	5.2%
ドイツ	54.1%	31.5%	22.6%	韓国	36.8%	26.1%	10.7%

（財務省「国民負担率の国際比較（OECD加盟35カ国）」より）

日本の国民負担率の歴史

日本の国民負担率はOECD加盟35カ国の中では27番目。決して高くはありませんが、1970年代に比べて徐々に上がってきています。1970年の国民負担率は24.3%。現在より20%近く低いです。

また国民負担率には、将来世代の潜在的負担として財政赤字を加えた「財政赤字を含む国民負担率」があります。こちらも上がっており、1970年には24.9%だったものの、2020年には49.9%となっています。

②2018年度の日本の歳出のデータです。データを通じて、何を感じましたか？
国民負担を減らすにはどうすればいいのでしょうか？

社会保障と
借金の返済と利息が
歳出の半分以上を
占めている！

日本の財政の問題

今後の日本は少子高齢化が進み、現在の社会保障制度が維持できなくなると考えられています。持続可能な財政構造を構築するにはどうすればいいのか。租税をベースにどのようにして歳入を増やすべきか？　そして歳出を減らすべきか。一人ひとりが考えることが大切です。

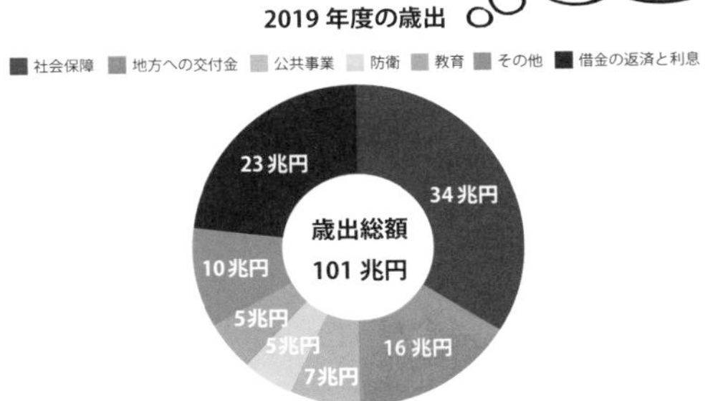

（財務省「令和元年度一般会計歳出・歳入の構成」を基に編集部にて作成）

ボツワナ共和国

Republic of Botswana

世界遺産であるオカバンゴ・デルタは、砂漠の中に流れが消えていく内陸デルタとしては世界最大。アフリカゾウはじめ、ライオン、シマウマなどさまざまな野生生物が生息します。

基本データ

国土：約56万7,000㎢
人口：約225万人
首都：ハボローネ
民族：ツワナ人など
言語：英語とツワナ語（共に公用語）
宗教：キリスト教（約70%）、伝統宗教
政体：共和制
GDP：186億ドル（1人当たり7,973ドル）
貿易総額：輸出65億ドル、輸入62億ドル
在留邦人数：84人
在日当該国人数：47人

これだけは知っておこう！

- 国土の約7割が**カラハリ砂漠**で覆われています。
- 1885年、ベチュアナランドという名前で**イギリス**の保護領に。1966年、独立。
- 独立時は世界最貧国の一つでしたが、1967年**ダイヤモンド**鉱床を発見。以降多数の鉱床が見つかり、100ドル未満だった1人当たりGDPは8,000近くまで増加しました。
- ダイヤモンドでの収益を基に**初等教育、医療、インフラ**が整備されます。
- 他のアフリカ諸国と異なり、独裁政治を行う大統領が現れなかったため、政治的には安定し、**高い経済成長率**を誇っています。治安も他のアフリカ諸国に比べてとても良いです。
- 国名は住民の大半を占める“**ツワナ族の国**”という意味。
- **人種融和策**に成功。多数の黒人と少数の白人が共生しています。
- 人とゾウの衝突増加などの被害を受け、2019年、**ゾウの狩猟が解禁**。
- **国土の約17%が自然保護区**に指定されています。
- 世界遺産である**オカバンゴ・デルタ**は、ゾウ、カバ、ワニ、多数の鳥類などが暮らす野生生物の宝庫。
- 世界遺産でもある**ツォディロ**の岩絵は、“砂漠のルーブル”と評価されています。

オカバンゴ・デルタとアフリカゾウ

マダガスカル共和国

Republic of Madagascar

アフリカ大陸東部に位置する、世界で4番目の大きさ誇る島国。独自の進化を遂げ、多種多様な固有種が確認されていることなどから“第7の大陸”とも呼ばれています。

基本データ

国土：約58万7,000㎢
人口：約2,697万人
首都：アンタナナリボ
民族：アフリカ大陸系、マレー系など
言語：マダガスカル語とフランス語（共に公用語）
宗教：キリスト教、伝統宗教、イスラム教
政体：共和制
GDP：141億ドル（1人当たり463ドル）
貿易総額：輸出28億ドル、輸入32億ドル
在留邦人数：147人
在日当該国人数：123人

これだけは知っておこう！

- 19世紀、**メリナ王国**がマダガスカル島を統一するも、1896年にフランスの植民地に。
- 1960年、**フランス**から独立。しかし政治、経済、軍事、教育などはフランスに依存している状態でした。
- 1970年代後半から90年代初頭にかけて**社会主義体制**を採用。しかし2000年代にはビジネス界出身の大統領が外国投資誘致に注力し、体制が変化します。
- 農業ではコメ、コーヒー、バニラなどを生産。**バニラ**は世界の6割を占めます。
- 漁業では、**エビ**や**マグロ**などを獲ることができます。
- 労働人口の**約7割が農業に従事**しているものの、インフラの未整備などにより生産性が低く、GDPに占める割合は2割程度。
- 国民の7割以上が1日2ドル以下で生活しており、首都アンタナナリボにおいても、ゴミ回収や下水道などの**インフラ整備は進んでいません。**
- 上野動物園では同国から贈られた**アイアイ**を、国内で唯一見ることができます。
- **ワオキツネザル**はマダガスカルの国獣。
- 世界遺産に**アンブヒマンガの丘の王領地**や**ツィンギ・デ・ベマラ厳正自然保護区**などがあります。

アイアイ

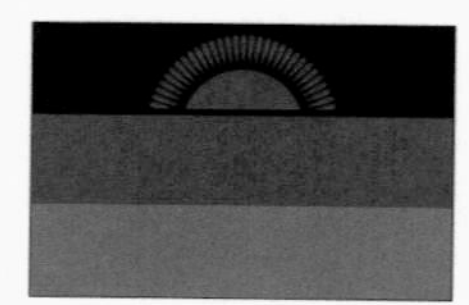

マラウイ共和国

Republic of Malawi

国土の5分の1近くを占めるマラウイ湖はアフリカ大陸で3番目に大きな湖。固有種が多く生息し、特にシクリッドと呼ばれる観賞用の魚が800種類以上いることで有名です。

基本データ

国土：約11万8,000㎢
人口：約1,862万人
首都：リロングウェ
民族：バントゥー系（主要民族はチェワ人など）
言語：チェワ語と英語（共に公用語）
宗教：キリスト教、イスラム教、伝統宗教
政体：共和制
GDP：76億ドル（1人当たり370ドル）
貿易総額：輸出8億ドル、輸入27億ドル
在留邦人数：175人
在日当該国人数：110人

マラウイ
アフリカ

これだけは知っておこう！

- 1891年にはイギリスの保護領に。1907年から**ニヤサランド**と呼ばれるように。
- 1953年、同じくイギリスの保護領であった北ローデシア（現在のザンビア）と南ローデシア（現在のジンバブエ）と共に**ローデシア・ニヤサランド連邦**を結成。
- 1964年、**イギリス**から独立。
- 独立当初は複数政党制を認めていましたが、**カムズ・バンダ**が大統領就任後、1966年に複数政党制を廃止。1970年には自身を終身大統領とする決議が採択されました。
- 1993年、**複数政党制**の導入を巡って国民投票を実施。その結果、翌年から複数政党制が導入されるようになりました。
- 伝統的な農業国であり、労働人口の約8割が農業に従事。主に**タバコ**、**紅茶**、**砂糖**、**ピーナッツ**、**コーヒー**などを生産しています。
- マラウイはチェワ語で**炎**などの意味。
- マラウイ湖は**ワニ**が多く生息することでも知られています。
- 世界遺産に**チョンゴニの岩絵地域**やシクリッドが生息する**マラウイ湖国立公園**があります。シクリッドはメスが卵を口の中で孵（かえ）し、そのまま口中で守るマウス・ブリーディングの一品種としても有名です。

マラウイシクリッド

マリ共和国

Republic of Mali

海がない内陸国でありながら、塩の産地として有名。また古くから金が産出されることでも知られています。北部の独立運動など、反政府勢力による抗争から政情は安定していません。

基本データ

国土：約124万㎢
人口：約1,908万人
首都：バマコ
民族：バンバラ人、プル人、マリンケ人など
言語：フランス語（公用語）、ほかバンバラ語など
宗教：イスラム教、伝統宗教、キリスト教
政体：共和制
GDP：171億ドル（1人当たり926ドル）
貿易総額：輸出16億ドル、輸入3億ドル
在留邦人数：16人
在日当該国人数：216人

これだけは知っておこう！

- 国土のうち6割以上が砂漠地帯で、北部には**サハラ砂漠**が広がっています。
- 4世紀頃に**ワガドゥグ王国**が興り、以来、ガーナ王国、マリ帝国、ソンガイ王国と17世紀まで栄えていました。
- 1920年、**フランス**の植民地に。1960年に独立を果たします。
- 1962年、**北部が分離独立**を求めて武装蜂起。その後も北部は独立を求めて、何度も蜂起を行います。
- 2012年、**マリ北部紛争**が発生。イスラム武装勢力による抗争により多くの犠牲者・難民が生まれました。
- イスラム・マグレブ諸国のアルカイーダ(AQIM)や西アフリカ統一聖戦運動（MUJAO）は同国の北部を占拠。**イスラム過激派組織**の活動拠点に。
- 有名な金の産出国。かつてのガーナ王国は“**黄金の国**”と呼ばれていました。
- **岩塩**の産地。かつてはタガザで塩の採掘が行われていましたが、16世紀頃に枯渇。その後、タウデニでの採掘が始まります。
- 急激に人口が増加しており、バマコは過去20年間で**人口密度が3倍以上**になりました。
- 世界遺産に**トンブクトゥ**や**ジェンネ旧市街**などがあります。

ジェンネ旧市街

南アフリカ共和国

Republic of South Africa

アパルトヘイト（人種隔離政策）という暗い過去から立ち直り、アフリカ大陸の経済大国としての道のりを歩んでいます。アフリカ諸国で唯一の G20 メンバー国です。

基本データ

国土：約122万㎢
人口：約5,778万人
首都：プレトリア
民族：黒人（約79%）、白人（約10%）など
言語：英語、アフリカーンス語など11の公用語
宗教：キリスト教、ヒンドゥー教、イスラム教
政体：共和制
GDP：3,663億ドル（1人当たり6,353ドル）
貿易総額：輸出939億ドル、輸入1,136億ドル
在留邦人数：1,505人
在日当該国人数：942人

これだけは知っておこう！

- 1497年、ヴァスコ・ダ・ガマはインドまでの足がかりとして同国の**喜望峰**に到達。その後、ヨーロッパが勢力を拡大していきます。
- 1652年、オランダ人がケープタウンに上陸。1795年、**イギリス**がケープ地方を支配するようになります。
- 1814年、正式にイギリス領となり、1910年に**南アフリカ連邦**として独立します。
- 1948年、白人による国民党（NP）が政権を握り、**アパルトヘイト**を強力に推進。白人と黒人は区別され、黒人が白人専用の場所に立ち入ると逮捕され、異人種間での恋愛や結婚も認められませんでした。
- 1961年、イギリス連邦から脱退し共和制に移行。**南アフリカ共和国**が成立。
- 1991年、国際社会から非難されて、**アパルトヘイト関連の法律を全廃止**。
- 1994年、**ネルソン・マンデラ**が初めての黒人大統領に選ばれました。
- 現在は**ブラック・エコノミック・エンパワーメント**（黒人主体の経済発展政策）が行われ、黒人の主権が回復しつつあります。
- 世界遺産に**南アフリカの人類化石遺跡群**やアフリカで最大規模のカバの生息地である**イシマンガリソ湿地公園**などがあります。

ネルソン・マンデラ

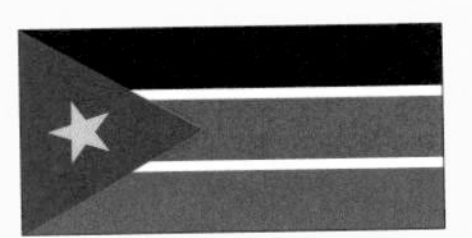

南スーダン共和国

The Republic of South Sudan

2011年、2度の内戦を経てスーダンから独立したものの、2013年から大規模な部族間戦争が勃発。この内戦を通して、40万人以上の死者や360万人以上の難民・国内避難民が発生しました。

基本データ

国土：約64万㎢
人口：約1,258万人
首都：ジュバ
民族：ディンカ人、ヌエル人、シルク人など
言語：英語（公用語）、ほかアラビア語など
宗教：キリスト教、イスラム教、伝統宗教
政体：共和制
GDP：29億ドル（1人当たり281ドル）
貿易総額：輸出8億ドル、輸入51億ドル
在留邦人数：30人
在日当該国人数：41人

これだけは知っておこう！

- 独立前の1955〜72年の間、スーダン独立が北部中心で進められたことに不満を感じた南部は南部分離主義を主張。**第一次スーダン内戦**が起こりました。
- 1983年、第二次スーダン内戦が勃発。2005年、**南北包括和平合意（CPA）**が調印され、終戦となりました。
- 2011年、住民投票の結果、98%の賛成票を受け**スーダン**から独立。アフリカで最も新しい国に。
- 19世紀半ば、キリスト教宣教師団が入り、南スーダンでは**キリスト教**が広まります（スーダンはイスラム教文化）。
- **牛**の価値が高く、部族間で牛が強奪されることもしばしば。
- 約7割の土地が農業に適しているなどの理由から、将来性が期待されたものの、**石油の精製技術など**をスーダンに握られ、現在は経済的な苦境に立たされています。
- 2013年、政権転覆を狙っているという理由でディンカ人の**キール**大統領は、ヌエル人の**マシャール**副大統領を解任。そこからディンカ人とヌエル人の間での大規模な戦闘に。
- 2020年、キール大統領はマシャール副大統領を再任し、**移行政権**が発足しました。

牛

モザンビーク共和国

Republic of Mozambique

2,500kmに及ぶ海岸線を持ち、美しいビーチとサンゴ礁の浅瀬が人々を惹きつけています。またシーフードも安くておいしく、日本は同国より多くのエビを輸入しています。

基本データ

国土：約79万9,000㎢
人口：約2,949万人
首都：マプト
民族：マクア・ロムウェ人など約40部族
言語：ポルトガル語（公用語）
宗教：キリスト教、イスラム教、伝統宗教
政体：共和制
GDP：144億ドル（1人当たり474ドル）
貿易総額：輸出51億ドル、輸入61億ドル
在留邦人数：195人
在日当該国人数：130人

これだけは知っておこう！

- 12世紀頃は**アラブ**の商人たちの金や象牙などの交易拠点。
- 15～17世紀にかけて、**モノモタパ王国**の金とアラブの品々を交換する、インド洋貿易の中継地点として繁栄します。
- 15世紀末、**ヴァスコ・ダ・ガマ**が到達し、その後ポルトガルの植民地に。
- 1975年、**ポルトガル**から独立します。
- 独立後、社会主義派の政府と反政府組織との間で**17年間にわたる内戦**が発生。
- 1992年の内戦終結後は、政情が安定し、毎年6%前後という経済成長を達成。
- 2015年、外務大臣が内戦時代に埋められた**地雷がゼロ**になったと宣言。
- **天然資源**も豊富で、石炭はアフリカ第2位、天然ガスは第3位の産出量を誇っています。
- 記録にある中で、最初に訪日したアフリカ人はモザンビーク人（織田信長の時代に、イエズス会宣教師ヴァリニャーノと共に黒人の**弥助**が来日）。
- 1586年、**天正遣欧少年使節団**が日本への帰路にモザンビーク島に寄港したと言われています。
- 世界遺産に**モザンビーク島**が登録されています。

エビ

モーリシャス共和国

Republic of Mauritius

『トム・ソーヤーの冒険』の著者であるマーク・トゥェインが「この国を真似して、天国は作られた」と言うほど美しい島。しかし、2020 年、重油流出事故が起こり、環境汚染が懸念されています。

基本データ

国土：約2,040㎢
人口：約126万5,000人
首都：ポートルイス
民族：インド系、クレオール系が大半
言語：英語（公用語）、フランス語、クレオール語
宗教：ヒンドゥー教（約52%）、キリスト教など
政体：共和制
GDP：142億ドル（1人当たり1万1,228ドル）
貿易総額：輸出23億ドル、輸入53億ドル
在留邦人数：59人
在日当該国人数：80人

これだけは知っておこう！

- 南半球のインド洋にあり、マダガスカルの東部に存在。**モーリシャス島**とその付近にある島々で構成されています。
- 島の大きさは**東京都とほぼ同じ**。
- 1598年、**オランダ領**に。1715年には**フランス領**に。
- 1814年、イギリス領に。1968年に独立します。
- 独立後は伝統産業である**砂糖産業、繊維産業、観光業**などに依存していましたが、現在はさらなる発展のためIT産業への投資や国際金融センターの設置などを進めています。
- **フランス**を中心にヨーロッパ各国から多くの観光客が訪れています。
- “**インド洋の貴婦人**”と呼ばれ、近年は新婚旅行先としても人気が高まっています。
- ビーチリゾートの中でも**イル・オ・セルフ**は、潮が引くと扇形の砂浜が現れる、同国を代表するビーチです。
- 世界保健機関（WHO）によると、**空気が世界で2番目に澄んでいる**地域。
- 絶滅してしまった鳥類**ドードー**が生息していました。
- 世界遺産である**アープラヴァシ・ガート**は、インドからの移民を受け入れるための施設でした。

ドードー

モーリタニア・イスラム共和国

Islamic Republic of Mauritania

日本ではタコの産地として有名。漁獲量の約4割を日本に輸出しています。しかし現地の人は食料としてなじみがなく、漁獲量は多いものの食べることはしません。

基本データ

国土：約103万㎢
人口：約430万人
首都：ヌアクショット
民族：モール人（約80%）、アフリカ系
言語：アラビア語（公用語）
宗教：イスラム教が国教
政体：共和制
GDP：53億ドル（1人当たり1,319ドル）
貿易総額：輸出21億ドル、輸入31億ドル
在留邦人数：18人
在日当該国人数：18人

これだけは知っておこう！

- 1902年から**フランス**による支配が開始され、1960年に独立を果たします。
- 独立後、1978年にクーデターが発生。ほかにもクーデターが相次ぎ、**2009年から民主的な大統領選挙**が根付くようになりました。
- 国土面積は日本の約3倍。しかし、その**90%近くはサハラ砂漠**。
- イスラム教徒でアラビア語を話す**モール人**が数多く居住。
- **ヌアクショット**は独立の2年前に首都に。当時の人口は2万人もおらず、その後、サハラ砂漠の乾燥が進行し、移住者が急増。現在は人口の3分の1近くが在住。
- **鉄鉱石**の生産量が多く、アフリカでは南アフリカに次いで第2位。
- 国内主要産業の一つが漁業。**タコ、イカ**などの水産物が有名で総輸出額の約4割を占めています。
- アラブ系、ベルベル系、アフリカ系の黒人などさまざまな部族が共存。ベルベル人の中には、テントを携えて**遊牧民生活**を送っている人も数多くいます。
- 実務言語として**フランス語**も広く使われています。
- 世界遺産にもなっている**ウアダン、シンゲッティ、ティシット、ウアラタの古いクスール**は中世にキャラバンの交易地として栄えました。
- 世界遺産に**バン・ダルガン国立公園**などがあります。

タコ

モロッコ王国

Kingdom of Morocco

モザイクタイルの本場。世界遺産の旧市街（メディナ）内もモザイクタイルが至る所で飾られています。サン＝テグジュペリの小説『星の王子さま』の舞台はモロッコのサハラ砂漠。

基本データ

国土：約44万6,000㎢
人口：約3,603万人
首都：ラバト
民族：アラブ人（約65%）、ベルベル人（約30%）
言語：アラビア語とベルベル語（共に公用語）
宗教：大多数がイスラム教（スンニー派）
政体：立憲君主制
GDP：1,185億ドル（1人当たり3,365ドル）
貿易総額：輸出294億ドル、輸入511億ドル
在留邦人数：350人
在日当該国人数：637人

これだけは知っておこう！

- 16世紀、サアド朝は当時勢力を拡大していた、オスマン帝国の進出を阻止。17世紀、現在まで続いている**アラウィー朝**が創設されます。
- 1912年、**フランス**と一部がスペインの保護領に。第二次大戦後の1956年に独立を果たします。
- 現在も**西サハラ**の独立問題を抱えています。西サハラ地域は同国にとって貴重な水産・鉱物資源を得られる場所であるため手放したくありません。
- **リン鉱石**の最大の輸出国で、中国に次ぎ世界第2位の生産量。世界のリン鉱石の約75%が西サハラを含む同国に埋蔵されています。
- 2011年に起きた民主化運動**"アラブの春"**の影響を受けて、国王は自らの権限を縮小する新憲法を発布。
- 同国北にある陸続きのスペイン領**セウタ**は、フェンスを乗り越えるだけでヨーロッパに入国できることから移民が殺到しています。
- 青い街**シャウエン**は、おとぎ話に出てきそうなフォトジェニックな街並みが観光客やSNSで大人気。
- 日本でもブームになった**タジン鍋**が生まれた場所。
- 世界遺産に**フェス旧市街**や**マラケシュ旧市街**などがあります。

メディナ

リビア

Libya

2011年、アラブの春により40年以上続いたカダフィ政権が崩壊。民主化が進むかと思われたものの、国家は東西に分裂。終わりの見えない、内戦状態が続いています。

基本データ

国土：約176万㎢
人口：約668万人
首都：トリポリ
民族：アラブ人（約80%）、ベルベル人など
言語：アラビア語（公用語）
宗教：イスラム教（スンニー派）
政体：民主制
GDP：409億ドル（1人当たり6,287ドル）
貿易総額：輸出183億ドル、輸入113億ドル
在留邦人数：9人
在日当該国人数：67人

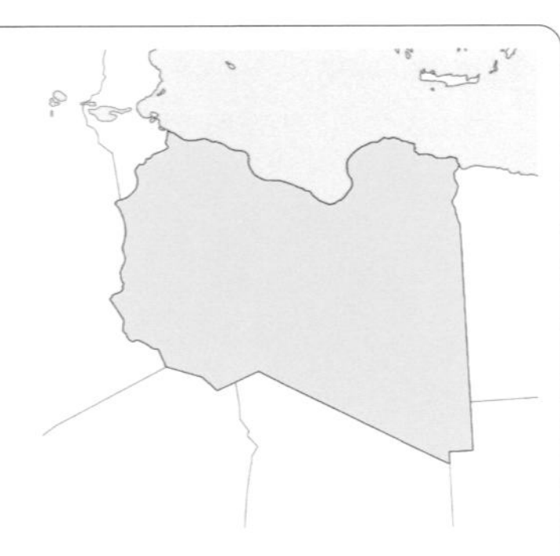

これだけは知っておこう！

- 円形劇場などで有名な**レプティス・マグナの考古遺跡**は、フェニキア人の港町として始まり、2世紀初頭にはローマ人の植民都市に。
- 7世紀頃から、**イスラム化**が進んでいきます。
- 20世紀初頭、**イタリア**の植民地に。1951年に王国として独立を果たします。
- 第二次世界大戦中、**ドイツ**は同国からエジプトに進出。駐屯していたドイツ軍のロンメルは"砂漠のキツネ"と呼ばれ、敵国軍に恐れられました（ドイツは一時アレクサンドリアに迫ったものの、エル・アラメインの戦いにて敗退）。
- 1950年代、原油が見つかったことで**アフリカで最も裕福な国に。**
- 1969年、**カダフィ**率いる青年将校団が無血クーデターで権力を奪取。カダフィが大佐に。以降、42年間、独裁政治を行います。
- カダフィ大佐はイスラム教を基調とした独自の社会主義体制（**ジャマーヒリーヤ体制**）を実施。基本的な光熱費や水道代、医療、教育費などは無料に。
- 2011年、国連の承認の下、多国籍軍は**空爆**を実施。カダフィ大佐を退陣に追い込みました。
- 世界遺産に**ガダミスの旧市街**や**サブラタの考古遺跡**などがあります。

レプティス・マグナ

リベリア共和国

Republic of Liberia

10年以上続いた内戦を経て、女性大統領を筆頭に平和の道へ。2011年、サーリーフ大統領は、女性の地位向上や平和構築などの活動が評価され、ノーベル平和賞を受賞しました。

基本データ

国土：約11万1,000㎢
人口：約482万人
首都：モンロビア
民族：クペレ人、バサ人、グレボ人など
言語：英語（公用語）、ほか各部族語
宗教：キリスト教（約85%）、イスラム教など
政体：共和制
GDP：32億ドル（1人当たり727ドル）
貿易総額：輸出4億ドル、輸入11億ドル
在留邦人数：11人
在日当該国人数：41人

これだけは知っておこう！

- 1820年代、アメリカは同国へと解放奴隷の入植を促進。**モンロビア**を中心に解放奴隷たちの勢力が拡大していきます。
- アフリカで初めての共和国として**1847年に独立**。
- 1989年以降、**断続的に内戦**が行われ、20万人以上が死亡。2003年に、包括和平合意が締結されました。
- 2005年、アフリカ最初の女性民選大統領**サーリーフ**が誕生。国際社会の支援を受け、平和構築、国家再建、民主化の道を進めていきます。
- 2009年以降は、石油開発が進行。**平均10%以上**という高い経済成長率を維持しています。
- 2011年、サーリーフ大統領は同国の平和活動家であるボウイー、イエメンの人権活動家カルマンと共に**ノーベル平和賞**を受賞。
- 2018年、大統領に就任したウェアは**元プロサッカー選手**。
- 世界第2位の**船の総トン数**を誇ります。
- 国名は“**自由**”を意味しています。
- 主要産業は**金**、**ダイヤモンド**といった鉱物や**天然ゴム**、**木材**などの農林業。
- **アブラヤシ**や**コーヒー**、**ココア**や**コメ**、**サトウキビ**などの産地でもあります。

船籍

ルワンダ共和国

Republic of Rwanda

1994年、少数派のツチ人と穏健派のフツ人が過激派フツ人によってわずか100日間で約80万人も殺害される悲劇が発生。それを乗り越えて、現在はIT立国として邁進しています。

基本データ

国土：約2万6,000㎢
人口：約1,230万人
首都：キガリ
民族：フツ人、ツチ人、トゥワ人
言語：ルワンダ語、英語、フランス語（公用語）
宗教：キリスト教、イスラム教
政体：共和制
GDP：95億ドル（1人当たり786ドル）
貿易総額：輸出9億ドル、輸入19億ドル
在留邦人数：134人
在日当該国人数：101人

これだけは知っておこう！

- なだらかな丘陵が多く、起伏の複雑な地形から**"千の丘の国"**と呼ばれます。
- 1890年、**ドイツ**の保護領に。その後、ベルギーの信託統治領などを経て、1962年、独立します。
- 1994年、過激派のフツ族に少数派のツチ族と穏健派のフツ族が殺される**"ルワンダ虐殺"**が発生。
- 2000年からルワンダ愛国戦線（RPF）のリーダー、ポール・カガメが大統領に。以降、年平均7%超の経済成長を続け、**"アフリカの奇跡"**と呼ばれる存在に。
- 2003年以降、**国会議員に占める女性の割合**が世界1位となります。
- **ヴォルカン国立公園**にはマウンテンゴリラやゴールデンモンキーが生息。
- 女性研究者、**ダイアン・フォッシー**は、マウンテンゴリラの研究と保護活動で多大な功績を残したものの、1985年、何者かに殺害されてしまいます（犯人は不明）。
- しかしフォッシーの熱心な保護活動などの結果、1980年代以降、**マウンテンゴリラの個体数は2倍近く**に増加。
- コーヒー生産で有名。現在、輸出総額の約4分の1が**コーヒー豆**です。

ゴールデンモンキー

レソト王国

Kingdom of Lesotho

周囲を南アフリカに囲まれた内陸国。日本と同様、四季があるのが特徴。夏はウォータースポーツを、標高が高いため冬には雪が降り、アフリカでは珍しくスキーを楽しめます。

基本データ

国土：約3万㎢
人口：約210万人
首都：マセル
民族：ソト人
言語：英語とソト語（共に公用語）
宗教：キリスト教が大半
政体：立憲君主制
GDP：27億ドル（1人当たり1,333ドル）
貿易総額：輸出12億ドル、輸入19億ドル
在留邦人数：6人
在日当該国人数：17人

これだけは知っておこう！

- 1966年、イギリス連邦の一員として独立。イギリス保護領バストランドから**レソト王国**に変更。
- 1990年以降、国王と議会が対立。2002年の再総選挙により安定の回復に成功するも、暗殺事件が起こるなど、**政情は不安定。**
- 自然が豊かで、国全体の標高が1,400m以上もあることから"**天空の王国**"とも呼ばれています。
- 経済的には**南アフリカに大きく依存**しており、輸入品の約8割は南アフリカから。また南アフリカの鉱山への出稼ぎ労働者からの送金も大きな収入源。
- 耕地面積は国土の10%以下しかないため農業従事者は少なく、代わりに**放牧業**が盛ん。
- 一年のうち**300日以上が晴れ**。10〜4月の間に集中して雨が降り、しかも1回の降雨量は700〜800mmとかなり多いです。
- アフリカ最大の落差を誇る、**マレツニャーネの滝**が有名です。
- 世界遺産に絶滅が危ぶまれているヒゲハゲタカなどが生息する**マロティ=ドラケンスバーグ公園**があります（南アフリカと共有）。

ヒゲハゲタカ

コラム 7

考えよう! 日本の幸福度 ～世界に比べてなぜ日本人は幸せを感じづらい？

POINT

①「世界幸福度ランキング2020」によると日本の幸福度は62位。
② 世界幸福度ランキングはGDP、社会的サポート、自由度、寛容さなどで決められている。
③ 日本は経済大国でありながら、これらの項目にて幸せを感じられていない可能性が高い。

日本人は世界で何番目に幸せ？

私たちは「幸せ」を願って、日々生きています。自分だけでなく、家族、友人、会社の人、周りの人たちなど支えてくれる人たちに対しても幸せを願っています。そんな世界の人たちの幸せを測る指数が「幸福度指数」です。**国連は2020年3月に「世界幸福度ランキング2020」を発表。1位はフィンランド、2位はデンマーク、3位はスイスと北欧を中心としたヨーロッパ勢が占める結果となりました。**そんななか、日本は62位でした。

日本は諸外国の評価が低いわけでは決してありません。例えば、アメリカの「USニューズ&ワールド・リポート」が発表した「世界最高の国ランキング2020」ではスイス、カナダに次ぐ3位を獲得。「起業家精神（Entrepreneurship）」が2位、「原動力（Movers）」が5位と高いスコアを得ています。またアメリカのNPO社会発展調査機構による社会発展指数（SPI）に基づく「世界で最も住みやすい国ランキング2019」においても10位を獲得しています（上位は1位から順にノルウェー、デンマーク、スイス）。このような調査結果からも、必ずしも国自体が恵まれていなかったり、評価されていなかったりするわけではないことがわかります。ただし、大手金融機関HSBCホールディングスによる「外国人が住みたい、働きたい国ランキング2019」では33カ国中32位という結果でした。

幸福度ランキングはGDPや社会的なサポート、健康的な寿命、自由度、寛容さ、腐敗のなさなどから成り立っています。

GDPは世界3位という経済大国の日本ですが、社会的なサポートという面では、近年財政破綻による社会保障制度の崩壊が危惧されています。また、最近は核家族化が進み、地域間のコミュニティーが減少していることなどから、何かあったときに頼れる人がいないと不安を感じている人も多いのかもしれません。自由度に関しても、国際ジャーナリスト組織・国境なき記者団による「世界報道自由度ランキング2020」では66位と低い数字。寛容さも、何かとギスギスした雰囲気が漂っており、自殺者数は減っているものの、自殺率の高さは90年代から大きく変化はしていません。政治汚職に関しても途上国のようなひどさはないとはいえ、疑問を感じている人は少なくないはずです。このようなさまざまな要素が複合的に絡み合い、人々の幸福感が失われているのかもしれません。

データを見ながら考えよう！

日本と世界の幸福度

①以下、国連が発表した「世界幸福度ランキング2020」です。
どのような国の幸福度が高いと思いますか？

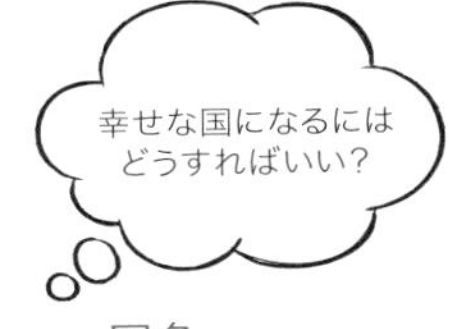

	国名		国名
1位	フィンランド	4位	アイスランド
2位	デンマーク	5位	ノルウェー
3位	スイス	⋮	⋮
		62位	日本

（国際連合「World Happiness Report2020」より）

幸福度とは…

幸福度とは簡単にいえば、幸福の程度を表します。「幸福度ランキング」を作成するとき国連ではGDPや社会的サポート、自由度、寛容さなどを指標の一つとしています。日本の内閣が2011年に調査した幸福度指標においては、経済社会状況（住環境、子育て・教育、仕事など）・心身の健康（身体的健康、精神的健康、身体・精神共通）・関係性（ライフスタイル、個人・家族のつながり、地域・社会とのつながりなど）を3本柱としています。そもそも幸せとは何をもって測るのか。そこからして意見が分かれそうです。

②以下は国連が発表した「世界で最も幸せな都市ランキング2020」です。あなたにとって幸せな街とはどんな場所ですか？　どんなところに住めば幸せになれるでしょうか？

北欧の都市が
上位にランクイン
している！

	都市名（国名）		都市名（国名）
1位	ヘルシンキ（フィンランド）	4位	チューリヒ（スイス）
2位	オーフス（デンマーク）	5位	コペンハーゲン（デンマーク）
3位	ウェリントン（ニュージーランド）	⋮	⋮
		79位	東京（日本）

（国際連合「World Happiness Report2020」より）

都市と農村、どちらが幸せ？

2008年の内閣府の調査では、経済成長が国民の生活満足度につながっていないという結果が日本でも見られました。心理学、経済学を用いた「主観的幸福度」研究は、経済的な豊かさ以外にどのような要素が人々の幸せに寄与しているのかを明らかにしています。

内閣府が2014年に発表した調査によると、農村や漁村で暮らしたい都会人の割合は2005年に比べて11ポイント増加の31.6%。特に若者にその傾向が強く、「自然に恵まれた心豊かな環境は人々に幸せを与える」と考えられる要因の一つにもなっています。

アジア

Asia

インド

India

カーストなど古来の文化が根強く残りながらも、世界をリードするIT大国。今後は世界トップの人口になることが見込まれており、高い経済成長が期待されています。

基本データ

国土：約328万7,000㎢
人口：約12億1,057万人
首都：ニューデリー
民族：インド・アーリヤ人、ドラビダ人など
言語：ヒンディー語（連邦公用語）、英語など
宗教：ヒンドゥー教、イスラム教など
政体：共和制
GDP：2兆7,263億ドル（1人当たり2,015ドル）
貿易総額：輸出3,300億ドル、輸入5,140億ドル
在留邦人数：9,838人
在日当該国人数：3万7,933人

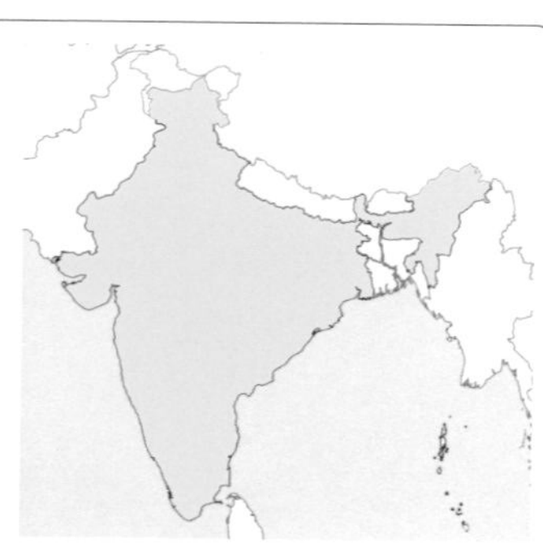

これだけは知っておこう！

- 仏教の創始者である**釈迦**は、紀元前5世紀ごろ、北インドのブッタガヤで悟りを開いたとされています。
- アレクサンドロス大王がインドに侵入したことにより、チャンドラグプタが**マウリヤ朝**を建国。これが最初の統一国家です。
- 16世紀以降は、中央アジアのバーブルによって**ムガル帝国**が成立します。
- 18世紀以降は、イギリスが侵攻。19世紀には保護下に置かれ、1857年の**インド大反乱（セポイの乱）**の失敗によってインドは完全に降伏します。
- インド独立の父である**マハトマ・ガンディー**は、第一次世界大戦後、イギリスからの独立運動を指揮。イギリスの綿製品は着用しない、塩税に対する抗議の“塩の行進”などの不服従運動が功を奏し、1947年、独立となりました。
- ガンディーは、ヒンドゥーとイスラムが融合したインドを理想としていましたが、上手くいかず、**パキスタンとの分離独立**となりました。
- 理数系に強く、学校では2桁の九九を学びます。**ゼロの概念**もインド人が発明しました。
- **ベンガルール（旧バンガロール）**は“インドのシリコンバレー”と呼ばれるほど、ハイテク産業で栄えています。
- 世界遺産に**タージ・マハル**などがあります。
- 1年間に1,900本以上と、**映画製作本数**は世界第1位。

タージ・マハル

インドネシア共和国

Republic of Indonesia

かつてはオランダの植民地であったものの、現在は世界4位の人口を誇る国に。毎年300万人以上増加しており、経済成長の面でも注目を浴びています。

基本データ

国土：約192万㎢
人口：約2億5,500万人
首都：ジャカルタ
民族：大半がマレー系（約300種族）
言語：インドネシア語（公用語）
宗教：イスラム教（約87%）など
政体：大統領制、共和制
GDP：1兆422億ドル（1人当たり3,927ドル）
貿易総額：輸出1,675億ドル、輸入1,707億ドル
在留邦人数：1万9,612人
在日当該国人数：6万1,051人

これだけは知っておこう！

- 16世紀、この地の香辛料を求めて、ポルトガル、スペイン、イギリス、オランダが相次いで来航。17世紀には、オランダがジャワに**東インド会社**を設立します。
- 1799年、東インド会社の解散を機に、**オランダの植民地**になりました。
- 1945年、スカルノおよびハッタが独立を宣言。**スカルノは初代大統領**に選出されました。
- しかし、オランダは独立を認めず戦争に。4年間続き、1949年の**ハーグ協定**にてオランダは独立を承認しました。
- 1965年、9月30日事件と呼ばれる軍事クーデターが起こり、スカルノは失脚。1968年、**スハルトが第2代大統領**に就任しました。
- **1万4,000以上**もの島々で構成されています。
- 世界で最もイスラム教徒が多く、化粧品や医薬品にも**ハラル認証**（コーランが禁じたもの以外を使っているという証明）が義務付けられました。
- **天然ガス、石炭、石油**など、日本にとって重要なエネルギー供給国です。
- **バドミントン**が人気で、日本の世界ランキング1位桃田賢斗選手のファンも多いです。
- 世界遺産に**ボロブドゥール遺跡**などがあります。

ボロブドゥール遺跡

カンボジア王国

Kingdom of Cambodia

1970年から20年近く続いた内戦を乗り越えて、国を再建。民主化への道を歩み始めています。しかし、近年は中国への傾倒が強く見られ、国際社会からは不安視する声も出ています。

基本データ

国土：約18万1,000㎢
人口：約1,630万人
首都：プノンペン
民族：約90%がカンボジア人（クメール人）
言語：カンボジア語
宗教：仏教（一部少数民族はイスラム教）
政体：立憲君主制
GDP：241億ドル（1人当たり1,485ドル）
貿易総額：輸出113億ドル、輸入143億ドル
在留邦人数：3,500人
在日当該国人数：1万1,210人

これだけは知っておこう！

- 9世紀初頭にクメール王朝が成立。12〜13世紀にかけて最盛期を迎え、**アンコール遺跡**もこの時期に建造されました。
- 14世紀以降は**タイ**や**ベトナム**の攻撃により衰退。1884年には、フランス保護領に。1953年に**フランス**から独立しました。
- 1970年代は**ポル・ポト**首相が率いる**クメール・ルージュ**政権が**自国民を大量虐殺**。同政権はベトナムの侵攻により1979年に打倒されたものの、その爪痕は全土に残っています。
- 東南アジアの中でも**中国**との結びつきが強いです。
- **かぼちゃ**の語源はカンボジア。
- 現地通貨はリエルですが、信用度が低いため、**米ドル札が広く流通**しています。
- カンボジア代表として、日本のタレント**猫ひろし**さんがリオデジャネイロ五輪の男子マラソンに出場しました。
- 世界遺産に**アンコール・ワット**などがあります。この修復作業には日本人も関わっており、**石澤良昭教授**が2017年、アジアのノーベル賞とも呼ばれるマグサイサイ賞を受賞しました。

アンコール・ワット

シンガポール共和国

Republic of Singapore

東京23区の1.2倍ほどの国土でありながら、世界でもトップクラスの1人当たりGDPの数値を誇る経済大国。環境規制にも力を入れており、街は清潔で観光客も過ごしやすいです。

基本データ

国土：約720㎢
人口：約564万人
首都：シンガポール
民族：中華系（約74%）、マレー系、インド系
言語：英語、中国語、マレー語、タミール語
宗教：仏教、イスラム教、キリスト教、道教など
政体：立憲共和制
GDP：3,597億ドル（1人当たり6万3,798ドル）
貿易総額：輸出4,069億ドル、輸入3,663億ドル
在留邦人数：3万6,423人
在日当該国人数：8,622人

これだけは知っておこう！

- **マレー半島**の先端に位置する島国都市国家。
- 国名は“**ライオンの町**”という意味。
- マレー半島とスマトラ島の間にある**マラッカ海峡**は、日本のオイルロードの要。日本の輸入原油の約80%がここを通過します。
- 1957年、イギリスからマラヤ連邦が独立。1963年にマレーシア連邦に。そして**1965年にシンガポールが分離独立**しました。
- 西部にある**ジュロン**は、1960年代に職住接近型の工業団地・ニュータウンとして開発されました。
- **リー・クアンユー初代首相**は、強烈なリーダーシップの下、一代で世界トップクラスの経済大国に同国を成長させました。
- マリーナベイサンズの近くにある**マーライオン**は世界三大がっかり名所としても有名。公式のマーライオンは国内に7体あります。
- 初の世界遺産が**シンガポール植物園**。
- 水洗トイレで水を流さない、タンやツバの吐き捨て、ごみやたばこのポイ捨てなどの行為は、環境を汚したという理由で**多額の罰金**を取られます。

マーライオン

スリランカ民主社会主義共和国

Democratic Socialist Republic of Sri Lanka

紅茶で有名な元イギリスの植民地。各国が港湾開発に乗り出しています。2017年から99年間、中国国営企業がハンバントタ港を長期租借することが話題になりました。

基本データ

国土：約6万5,000㎢
人口：約2,103万人
首都：スリジャヤワルダナプラコッテ
民族：シンハラ人（約75%）、タミル人（約15%）
言語：シンハラ語、タミル語（共に公用語）、英語
宗教：仏教（約70%）、ヒンドゥー教など
政体：共和制
GDP：889億ドル（1人当たり4,102ドル）
貿易総額：輸出118億ドル、輸入222億ドル
在留邦人数：804人
在日当該国人数：2万6,229人

これだけは知っておこう！

- ダージリン、キーマンと並び、ウバ州の**ウバ茶**は世界三大紅茶の一つ。
- 1815年、**イギリス**が全島を植民地に。1948年に独立を果たします。
- 1954年、日本は同国で提唱された"アジア及び太平洋の共同的経済社会開発のためのコロンボ・プラン"への加盟を閣議決定。以来、政府ベースで**技術協力**を行っています。
- 1956年、シンハラ語を唯一の公用語とするシンハラ・オンリー政策などを行った結果、**シンハラ人とタミル人の対立が激化**。1983年には本格的な内戦が始まり、2009年にタミル人のテロ組織"**タミル・イーラム解放のトラ（LTTE）**"が政府軍に降伏するまで続きました。
- 1972年、**セイロン**からスリランカ共和国に改称。1978年、現在の国名に。
- 主要な国家行事の日程を決めるくらい、**占い**が盛ん。
- **ジャックフルーツ**（緑のフットボール型の果物）が国果。
- **ホエール（クジラ）ウォッチング**ができる観光地としても有名です。
- ココナツをたくさん使用する**スリランカカレー**は油が少なくてヘルシー。
- 世界遺産として、**シーギリヤ・ロック**などがあります。

シーギリヤ・ロック

タイ王国

Kingdom of Thailand

微笑みの国とも呼ばれるタイ。日本と同じ仏教国ということもあり、親近感を持っている人も少なくないと思います。美味しい料理、温かい国民性など、観光地としても人気です。

基本データ

国土：約51万4,000㎢
人口：約6,891万人
首都：バンコク
民族：タイ人（約70%）、華人、マレー人など
言語：タイ語（公用語）
宗教：仏教（約94%）、イスラム教（約5%）
政体：立憲君主制
GDP：5,049億ドル（1人当たり7,448ドル）
貿易総額：輸出2,522億ドル、輸入2,298億ドル
在留邦人数：7万2,754人
在日当該国人数：5万1,003人

これだけは知っておこう！

- 13世紀、**スコータイ王朝**より基礎が築かれ、1351年、約400年間続いたアユタヤ王朝が成立。たった15年で滅んでしまったトンブリー王朝を経て、現在の**チャックリー王朝**（1782年〜）に続きます。
- アユタヤには日本人町があり、傭兵・**山田長政**などがいました。
- 東南アジアでヨーロッパの**植民地支配から免れる**ことができた唯一の国。
- 1970〜90年代初頭にかけて、**民政移管とクーデターによる軍政化**の繰り返しが頻発。
- 2001年、輸出促進、大規模公共事業、社会保険制度改革、麻薬撲滅などを掲げた**タクシン**が近代政治史上初めて任期を全うした民選首相に。しかし2006年の失脚後、再度政治は混乱しました。
- 農業の競争力が高く、特に**コメ**は重要な農産物。国土面積の約20%にあたる1,100万haにて栽培・生産されています。
- 高所得者層と低所得者層の間には、**7倍以上もの所得格差**が生じている格差社会。
- 満月の夜、川に灯篭を流す**ロイクラトン**というお祭りが10〜11月頃に開催されます。
- 世界遺産に**アユタヤ遺跡**などがあります。

アユタヤ遺跡

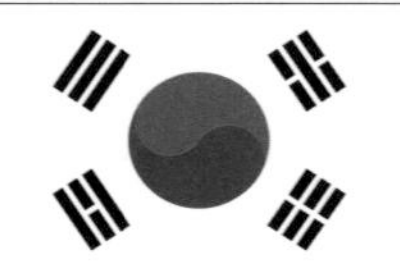

大韓民国

Republic of Korea

キムチや焼き肉などの食文化、最近は韓流スターやK-POPアイドルなどでも人気の隣国・韓国。日韓併合など、日本とは歴史的にも深い関わりを持っています。

基本データ

国土：約10万㎢
人口：約5,127万人
首都：ソウル
民族：韓民族
言語：韓国語
宗教：キリスト教、仏教、儒教など
政体：民主共和国
GDP：1兆7,204億ドル（1人当たり3万3,319ドル）
貿易総額：輸出5,737億ドル、輸入4,784億ドル
在留邦人数：3万8,045人
在日当該国人数：45万2,953人

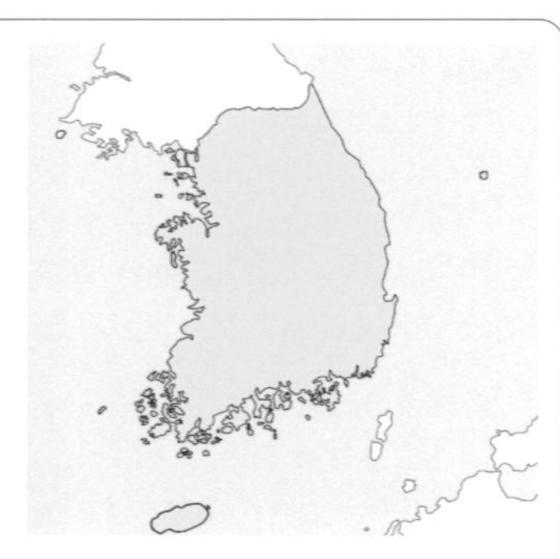

これだけは知っておこう！

- 日本のお隣にある国。長崎県の対馬から韓国までの距離はたったの**49.5km**。本州よりも近いです。
- 1910～45年の間、**日韓併合**にて、日本の統治下に。第二次世界大戦後、北緯38度以南はアメリカの支配下に置かれます。
- 1948年大韓民国が成立。同年、朝鮮半島の**北緯38度**以北に北朝鮮が建国されます。
- 1950年に北朝鮮との間に勃発した**朝鮮戦争**は、1953年に休戦協定が結ばれたまま現在に至っています。
- 韓国には**徴兵制度**があり、男性は国を守るために必ず一定期間、軍隊に所属していなければなりません。
- 韓国で使われている文字を**ハングル文字**といいます。
- 中国の影響で、国民には**儒教**の思想が根付いています。
- 現在は、世界でも有数の工業国。有名な企業として、**サムスン電子**や**現代（ヒュンダイ）自動車**が挙げられます。
- 学歴社会であるため**受験戦争**が厳しいことでも有名。
- 伝統的な民族衣装の**チマチョゴリ**は女性用。男性用は**パジチョゴリ**と呼ばれています。
- 世界遺産に**済州（チェジュ）島**や**昌徳宮（チャンドックン）**などがあります。

チマチョゴリ

中華人民共和国

People's Republic of China

世界第２位の経済大国。しかし今でも発展途上国であると自称し、WTO からは優遇措置を受けています。国内では所得格差があり、都市と農村部の賃金差が問題になっています。

基本データ

国土：約960万㎢
人口：約14億人
首都：北京（ペキン）
民族：漢民族（約92％）、55の少数民族が存在
言語：漢語（中国語）
宗教：仏教、イスラム教、キリスト教など
政体：人民民主共和制
GDP：14兆ドル（1人当たり1万276ドル）
貿易総額：輸出２兆4,990億ドル、輸入２兆771億ドル
在留邦人数：12万76人
在日当該国人数：78万6,241人

これだけは知っておこう！

- 紀元前221年、秦の**始皇帝**が初めて天下を統一。
- 1949年の建国以来、**中国共産党が一党独裁**で支配しています。
- “**一帯一路**”とは、中国が目指している巨大経済圏構想のこと。“一帯”とは中国から中央アジアを経て欧州にわたる「陸の道」を指し、“一路”とは、インド洋などを通過して中東から欧州へと行く「海の道」を指しています。
- 大気汚染、水質汚染、土壌汚染などさまざまな環境問題が発生。現在は強力な**環境対策**が取られています。
- 2019年、世界時価総額ランキングに**アリババ**と**テンセント**がランクイン。
- 秋の**国慶節**や旧正月の**春節**といった大型連休では、多くの人が旅行や家族と過ごす時間などを楽しみます。
- 中国では**豚肉**は国民食。「養豚が盛んになり、食料が豊作なら天下は安定する」という言葉があるほど愛されています。
- 中国最西部の**新疆（しんきょう）ウイグル自治区**では、大勢のウイグル人を拘束していることが問題になっています。
- **万里の長城、莫高窟（ばっこうくつ）、四川ジャイアントパンダ保護区群**など55件（2020年7月時点）という数多くの世界遺産を有しています。

パンダ

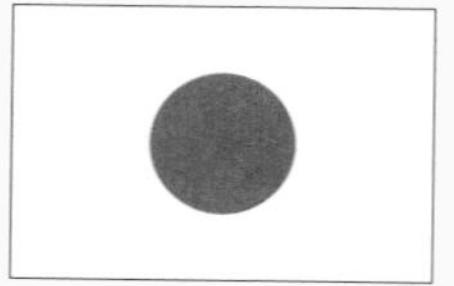

日本

Japan

独自の文化が発展した島国。寿司・天ぷらなどの和食、浮世絵などの絵画、着物・袴といった和服、漫画やアニメなどのポップカルチャーなど世界に誇れる文化が多数存在します。

基本データ

国土：約37万8,000㎢
人口：約1億2,631万人
首都：東京
民族：日本人、北海道に少数のアイヌ人など
言語：日本語
宗教：神道、仏教、キリスト教など
政体：立憲君主制
GDP：4兆9,717ドル（1人当たり3万9,303ドル）
貿易総額：輸出7,381億ドル、輸入7,484億ドル
在留邦人数：－
在日当該国人数：－

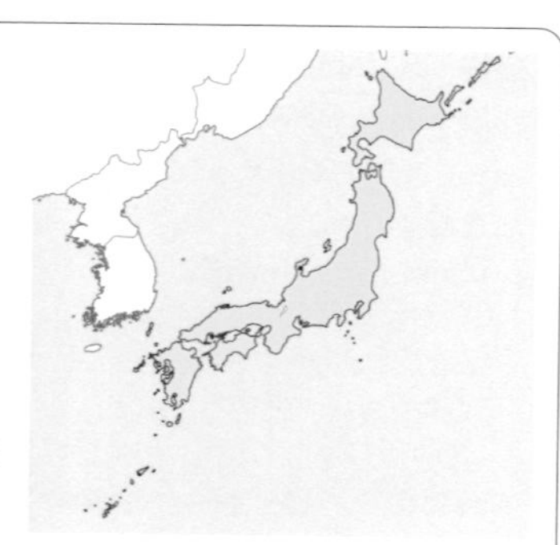

これだけは知っておこう！

- 天武天皇が、初めて君主の公的な表記として“**天皇**”号を用いた大王（おおきみ）。
- 元号という独自の暦があり、昭和が一番長い62年。最も短いのは**暦仁**（りゃくにん）の2カ月と14日。
- 真面目な国民性もあり、第二次世界大戦後、世界でもまれな**奇跡の復興**を遂げました。
- “MADE IN JAPAN”は、高級ブランドの証。日本の家電や自動車は、品質が高く安心だと、世界中で人気を集めています。
- 電気の約9割は、石油や天然ガスなどを使う**火力発電**。
- 2019年の**訪日外国人観光客は3,188万人**。2030年までに6,000万人を目指しています。
- 2020年7月時点で、**富士山**など合計23件が世界遺産として登録されています。
- ファッションや漫画、アニメなどの“**クールジャパン**”に憧れて、日本を訪れる人もたくさんいます。
- **コスプレ**は、日本発のポップカルチャーの一つ。若者をはじめ多くの人々が楽しんでいます。
- ユネスコ無形文化遺産にも登録された“**和食**”は、世界中でブームに。

富士山

ネパール連邦民主共和国

Federal Democratic Republic of Nepal

ヒンドゥー教と仏教が融合しており、100 以上の民族が混在。世界遺産として登録されているルンビニは仏教の 4 大聖地の一つであり、お釈迦様の出生地として有名です。

基本データ

国土：約14万7,000㎢
人口：約2,870万人
首都：カトマンズ
民族：パルバテ・ヒンドゥー等100以上の部族
言語：ネパール語（公用語）
宗教：ヒンドゥー教徒（約81%）、仏教、イスラム教
政体：連邦民主共和制
GDP：305億ドル（1人当たり1,034ドル）
貿易総額：輸出7億ドル、輸入120億ドル
在留邦人数：1,203人
在日当該国人数：9万2,804人

これだけは知っておこう！

- 1814～16年の**ネパール・イギリス戦争（グルカ戦争）**にて、イギリスに敗北。実質的な保護国に。以降、現在に至るまで、**グルカ兵**と呼ばれるネパール兵をイギリスやインドに提供し続けています。
- インドと中国に挟まれていますが、**両国とも友好的な関係を維持しています。**
- 隣国インドにて民主化運動が行われ、1947年、インドがイギリスからの独立を果たすと、同国でもラナ将軍家による専制政治打倒の機運が盛り上がり、1951年に**王政復古**が実現します。
- 1996年から打倒王政を目指したネパール統一共産党毛沢東主義派（マオイスト）が武力闘争を実施。政情不安が続いたものの、2006年に包括的和平合意が成立。2008年、王政は廃止され、**連邦民主共和制**に移行しました。
- 1902年、初めて海外に派遣された学生たちの留学先が**日本**。
- 国土のほとんどは**ヒマラヤ山脈**。世界最高峰のエベレストもあります。
- エベレストの山頂は**中国との国境上**にあります。
- 1953年、登山家のエドモンド・ヒラリーとシェルパ（登山案内人）のテンジン・ノルゲイが人類初の**エベレスト山頂到達**に成功しました。
- 世界遺産に**カトマンズ盆地**などがあります。

エベレスト

コラム 8

考えよう! 日本の移民問題

～世界に広まる移民に 日本はどう対応すべき？

POINT

① 日本は元来、移民受け入れに積極的な国ではない。
② 世界では、移民の受け入れを制限する動きが高まっている。
③ 労働力不足が懸念される先進国では今後、移民の重要性は高まると予想されている。

世界各国で排除・容認、どちらの動きも高まる移民問題

2020年1月31日、イギリスは欧州連合（EU）から離脱しました。なぜイギリスはEUからの離脱を決意したのか。その理由の一つが移民問題です。

EUの理想主義に基づいて、ドイツはシリアなど内紛が続く国から100万人以上の移民・難民を受け入れてきました。ただし、多すぎる移民は社会不安をもたらすなどの理由から、イギリス国民の一部は「EU離脱」を求めて国民投票の実施を訴えました。その結果、2016年に行われた国民投票ではEU離脱派が勝利。その後、3年以上にわたって協議し、正式に離脱が決まりました。

EU離脱にまで至らしめた、イギリス国民の移民に対する不安・不満は一体何なのでしょうか。イギリスに限らず、多くの国々では移民を受け入れることによって、労働市場や賃金に悪影響を与えたり、社会保障や治安維持のためのコストが増大したりするなどの懸念があります。他方、先進国を中心に少子高齢化に悩まされる国々においては、これから到来するであろう人口減少社会に備えて、優秀な人材を他国から獲得しようという動きも活発化しています。

例えば、ドイツでは2000年に改正国籍法が施行され、出生地主義（生まれた場所によって国籍が付与される制度）が部分的に導入されるようになりました。フランスも国籍法では原則出生地主義を採用しています（父母の血縁関係により国籍が取得される血統主義も併用）。アメリカも、元来出生地主義ですが、トランプ大統領就任後、その制度に陰りが差し始めています。近年、ホンジュラスなどの中米諸国が不景気の中、大量の失業者を生み出し、アメリカを目指すキャラバン隊が生まれました。これに対してトランプ大統領は執行権を行使して、キャラバン隊のアメリカ入国を阻止しようとしています。移民のおかげで大きく成長できたアメリカでさえ、このような動きが出てきているのはなぜか。アメリカが移民を受け入れない理由、それは賃金の安い不法移民がアメリカ人の職を奪ったり、麻薬や犯罪など治安悪化の温床になっていたりするという声が高まっているからです。

日本は血統主義を採用しており、元来移民の受け入れに積極的な国ではありません。しかし、今後訪れる深刻な労働力不足に対し、移民の受け入れは不可欠、という人もいます。どのような政策を採るべきか。今、一人ひとりが考えるべき時期にきています。

データを見ながら考えよう！

日本と世界の移民の数

世界の約19%の移民は
アメリカが受け入れている！

①以下、世界各国の移民の受け入れ人数です。日本と他国を比べてみましょう。

国名	受け入れ人数（2019年）	国名	受け入れ人数（2019年）
アメリカ	5,066万人	フランス	833万人
ドイツ	1,313万人	カナダ	796万人
サウジアラビア	1,312万人	日本	249万人

（国際連合「国際移民ストック2019」より）

移民の多くはどこで暮らしている？

国際移民の約半数はわずか10カ国で暮らしています。なかでも多くの移民を受け入れているのがアメリカです。その次にドイツ、サウジアラビアが続きます。日本政府は現在、移民政策に対して否定的な見解を示していますが、2019年には改正出入国管理法を施行するなど、事実上移民の受け入れを促進しています。

②以下は、世界の移民の受け入れている割合です。
日本と世界を比較してみましょう。

国名	人口に対する移民の割合（2019年）	国名	人口に対する移民の割合（2019年）
アメリカ	15.4%	オーストラリア	30.0%
サウジアラビア	38.3%	日本	2.0%
イギリス	14.1%	アラブ首長国連邦	87.9%

（国際連合「国際移民ストック2019」より）

移民受け入れのメリット・デメリット

世界には移民がたくさんいる国と日本のようにあまりいない国があります。移民受け入れには、労働力不足を補うことができるメリットがあります。経済成長を保てたり、社会保障費の負担の増大を緩和できたりする効果が期待できるのです。

デメリットは、治安悪化の恐れや不況のときに自国民の失業率が高くなるのではなどの懸念があります。また、日本のようにまだ移民の受け入れ環境が整っていない国では、住居や教育制度が未整備でさまざまなトラブルが発生する要因になっています。どのようにして移民を受け入れるのか、または受け入れないのか。各国で議論が交わされています。

パキスタン・イスラム共和国

Islamic Republic of Pakistan

1947年、インドと分離独立して以来、3度の戦争が行われるなど、緊張関係が続いています。現在もカシミールの領有権問題を巡って政府間で対立しています。

基本データ

国土：約79万6,000㎢
人口：約2億777万人
首都：イスラマバード
民族：パンジャーブ人（約60%）など
言語：ウルドゥー語（国語）、英語（公用語）
宗教：イスラム教（国教）
政体：連邦共和制
GDP：3,145億ドル（1人当たり1,565ドル）
貿易総額：輸出234億ドル、輸入604億ドル
在留邦人数：1,048人
在日当該国人数：1万8,362人

これだけは知っておこう！

- 1947年、イギリス領インド帝国が解体され、**インド連邦とパキスタン**（のちにバングラデシュとして独立する部分を含む）の2国に分かれて独立しました。
- インドではヒンドゥー教徒が多く、ムハンマド・アリー・ジンナー率いる全インド・ムスリム連盟は**イスラム教徒の分離独立**を主張し、パキスタンを建国。
- 現在の行政区分では、**パンジャーブ州**はインド、パキスタンの両方にあります。
- 東パキスタン地域のベンガル人は1971年、**バングラデシュ**として独立。
- アフガニスタンとの国境地域には、**パシュトゥーン人**が2つの国に分裂された状態で暮らしています。
- 分離独立の際、多数の**シーク教徒**が難民となってインドに流入。2019年、インドのシーク教徒が同国の聖地に巡礼できるよう専用道が開通されました。
- 同国にて**アルカーイダ**の母体が設立。タリバンも同国軍の諜報機関から様々な支援を受けていました。
- 中国政府は、**中国パキスタン経済回廊（CPEC）**と銘打って高速道路、鉄道、空港やパイプラインの建設に融資しています。
- 世界遺産として、インダス文明の巨大都市遺跡・**モヘンジョ=ダロ**などがあります。

モヘンジョ=ダロ

バングラデシュ人民共和国

People's Republic of Bangladesh

日本の4割程の国土に、1億5,000万人以上の人々が住んでいる、世界で最も人口密度が高い国。近年は世界の縫製工場として、ユニクロはじめ様々な企業が工場を建設しています。

基本データ

国土：約14万7,000km²
人口：約1億6,555万人
首都：ダッカ
民族：ベンガル人が大半
言語：ベンガル語（国語）
宗教：イスラム教（約88%）
政体：共和制
GDP：2,884億ドル（1人当たり1,855ドル）
貿易総額：輸出392億ドル、輸入605億ドル
在留邦人数：946人
在日当該国人数：1万6,632人

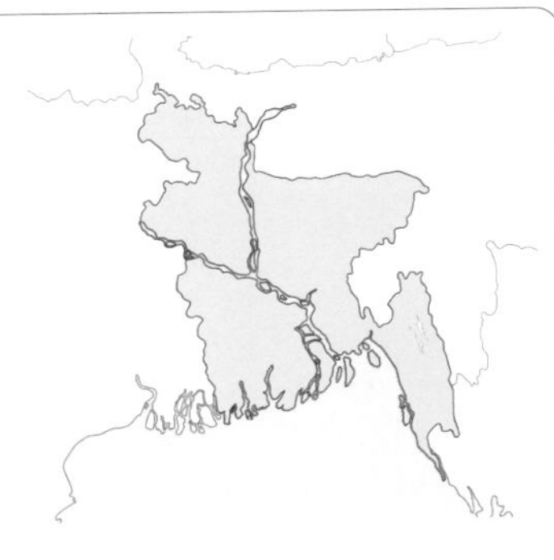

これだけは知っておこう！

- 国語である**ベンガル語**は、世界で2億5,000万人以上が使用しています。
- 1757年、**プラッシー村**で、イギリス東インド会社の軍とベンガル太守間で戦いが勃発。敗戦以降、イギリスのインド支配（パキスタン含む）が本格化しました。
- 独立戦争を経て、1971年に**東パキスタン**がバングラデシュとして独立します。
- “モスクの街”として知られるダッカは、**モスリン（薄地の毛織物）生産**の地としても有名。
- ガンジス川の下流域に、世界最大級のマングローブ林“**シュンドルボン**”が存在。
- 世界自然遺産・シュンドルボンの周囲で暮らしている住民は主に魚、カニ、エビなどの**漁業**で生計を立てています。
- サイクロンによる多雨の影響が強く、**洪水**が頻発。
- 絶滅危惧種である**ベンガルトラ**は同国にも100頭程度しかいません。
- ミャンマーのイスラム系少数民族**ロヒンギャ**は迫害され、同国で難民になっています。
- 貧困のイメージがありますが、現在は**デジタルスキル人材**が急増。欧米の企業で働く人も出てきています。
- 日本の**日の丸に国旗が似ており**、赤は昇りゆく太陽、緑は大地を表現しています。
- 世界遺産に**バゲルハットのモスク都市**などがあります。

ベンガルトラ

東ティモール民主共和国

The Democratic Republic of Timor-Leste

2002年に独立したばかりの新しい国。独立後は、天然資源に恵まれているものの、コーヒー豆栽培を除いて産業があまり育たず、若者の半数近くが失業しているといわれています。

基本データ

国土：約1万5,000㎢
人口：約126万1,000人
首都：ディリ
民族：テトゥン人など大半がメラネシア系
言語：テトゥン語、ポルトガル語（共に公用語）
宗教：キリスト教（カトリック）が大半
政体：共和制
GDP：29億ドル（1人当たり2,262ドル）
貿易総額：輸出5,000万ドル、輸入5億ドル
在留邦人数：61人
在日当該国人数：32人

これだけは知っておこう！

- 同国とオーストラリアの間を**ウェーバー線**（動物地理学上の分布境界線）が通っており、その境で生物の分布が異なってきます。
- 16世紀前半、ティモール島を**ポルトガル**が植民地化。
- 1859年、ポルトガルが西ティモールとソロール島をオランダに割譲したことで、ティモール島は東西に分割されました**（リスボン条約）**。
- 1942年、**日本がティモール島を占領**。終戦後、西ティモールは**インドネシア**の一部として独立したものの、東ティモールは再度**ポルトガル**の植民地に。
- 1975年、ポルトガルから**東ティモール民主共和国**として独立。
- 1976年、**インドネシア**は同国を27番目の州と宣言。国際社会はほとんど認めなかったものの、その後インドネシア政府による支配が始まります。
- 1999年、国連の主導で独立についての住民投票を実施。2002年に**インドネシアから独立**。
- 第2代大統領のジョゼ・ラモス=ホルタは、独立運動を主導したことで、カルロス・フィリペ・シメネス・ベロ司教と共に**ノーベル平和賞**を受賞。
- 国家財政のほとんどを周辺海域の**油田やガス田に依存**しています。輸出用作物として、**コーヒー豆**の栽培に注力しています。

コーヒー豆

フィリピン共和国

Republic of the Philippines

長年スペインやアメリカに統治されていたため、西洋式の教会建築や食生活、言語など海外の文化が色濃く残っています。若年層が多く、経済成長の面でも注目を浴びています。

基本データ

国土：約29万9,000㎢
人口：約1億98万人
首都：マニラ
民族：マレー系が主体。ほか少数民族など
言語：フィリピノ語、英語（共に公用語）
宗教：キリスト教（カトリックが約83%）
政体：立憲共和制
GDP：3,568億ドル（1人当たり3,294ドル）
貿易総額：輸出709億ドル、輸入1,115億ドル
在留邦人数：1万6,894人
在日当該国人数：29万7,890人

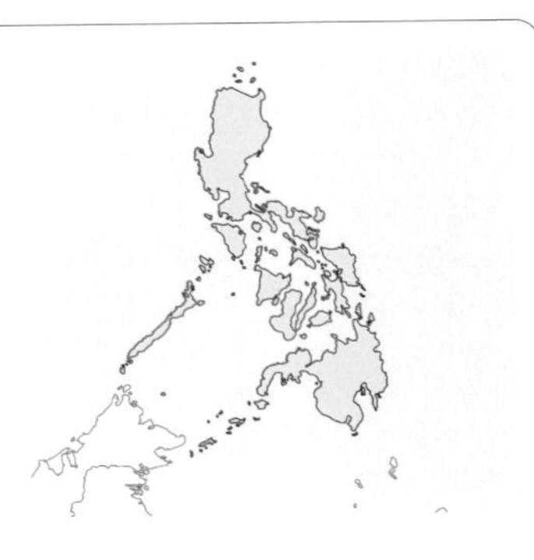

これだけは知っておこう！

- 1521年、マゼラン率いるスペイン船団が同国に到達。1565年以降、300年以上**スペイン**の植民地でした。
- 1898年、スペインはアメリカとパリ講和条約を結び、同国の領有権を譲渡。それに反発した同国は翌年から**アメリカと戦争（米比戦争）**を開始するも、敗れてしまいます。
- 第二次世界大戦後、1946年7月4日に**フィリピン共和国**として独立。
- 海外で働く出稼ぎ労働者が多く、その数は人口の1割にあたる**1,000万人以上。**
- 高齢化社会が続く日本でも、**介護人材**など同国からの受け入れが増加中。
- マニラは、“**東洋の真珠**”とも呼ばれる美しい街並みが特徴。
- 急激な経済成長を見せているものの、**子どもの貧困率は依然高いまま。**
- 南シナ海の領有権問題があるものの、近年ドゥテルテ政権は、**中国との経済関係を強化。**
- フィリピン独立運動に取り組んだ**ホセ・リサール博士**の像が東京・日比谷公園にあります。
- **フィリピン・イーグル**は翼を広げると2mにもなり、ワシの中では世界最大。
- **アジア開発銀行（ADB）**の本部はマニラにあります。
- 世界遺産に、**バロック様式教会群**などがあります。

フィリピン・イーグル

ブータン王国

Kingdom of Bhutan

2005年の国勢調査では、国民の97%が「自分は幸せである」と回答。国民を幸せにするため、医療費や教育費は無料。自然環境保護にも力を入れており、世界から注目を浴びています。

基本データ

国土：約3万8,000㎢
人口：約75万4,000人
首都：ティンプー
民族：チベット系（約80%）、ネパール系など
言語：ゾンカ語（公用語）など
宗教：チベット系仏教、ヒンドゥー教など
政体：立憲君主制
GDP：24億ドル（1人当たり3,243ドル）
貿易総額：輸出6億ドル、輸入10億ドル
在留邦人数：130人
在日当該国人数：836人

これだけは知っておこう！

- 17世紀、チベットから亡命してきたドゥック派の高僧**ガワン・ナムゲル**が国を統一。彼の死後、内戦やイギリスとの戦争（19世紀）が勃発します。
- 1907年、東部トンサ郡の豪族、**ウゲン・ワンチュク**が中央集権国家としての体制を固め、世襲制の初代国王に就任しました。
- 長い間、**鎖国政策**をとっており、主にインドを介しての外交を展開。1960年代以降、国際社会の一員として対外関係を結ぶようになりました。
- インドとの関係が深く、多くの消費財や資本財を**インドなどの海外から輸入**。
- **国民総幸福量（GNH）**を重視しており、「世界一幸せな国」とよく呼ばれます。
- 約50年前から日本は同国の農業活動を支援。最も有名な日本人、**ダショー・ニシオカ**（西岡京治）も農業開発の指導者です。
- 唯一の国際空港・パロは**世界で一番着陸が難しい空港**として有名。
- 公的な場所では**民族衣装の着用を義務付けています**。伝統的に着用される民族衣装で女性ものはキラ、男性ものはゴと呼ばれています。
- 同じ**チベット仏教**でもニンマ派とドゥック派が存在。
- **公定料金**といって、外国人旅行客の宿泊、食事、移動などの費用は1日200ドル（人数や季節で変動）と決められています。

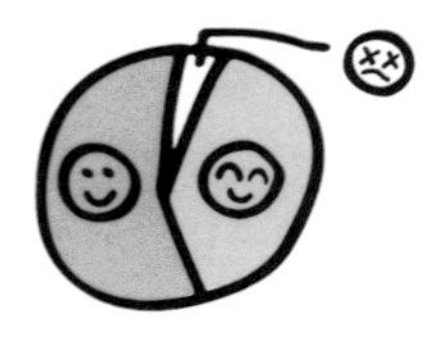

幸せ指数

ブルネイ・ダルサラーム国

Brunei Darussalam

アジアで最も裕福な国の一つ。王族は大富豪であり、資産は4兆円と言われています。近年は経済が衰退しており、権力維持のためイスラム法を厳格化するなど問題も発生しています。

基本データ

国土：約5,765㎢
人口：約42万1,000人
首都：バンダルスリブガワン
民族：マレー系（約66%）、中華系など
言語：マレー語（公用語）、英語、中国語
宗教：国教はイスラム教（約79%）
政体：立憲君主制
GDP：135億ドル（1人当たり3万668ドル）
貿易総額：輸出65億ドル、輸入41億ドル
在留邦人数：170人
在日当該国人数：131人

これだけは知っておこう！

- **ボルネオ島**には、インドネシア、マレーシアの領土もあり、そのマレーシア領の中に同国はあります。
- ボルネオ島の面積は**日本の約1.9倍**。世界の島の中でも3番目の大きさ。
- **スルタン**の称号を有する国王が治める立憲君主制。国王の権限は強化されており、絶対君主といえるほど強大な権限を持っています。
- 第29代**ハサナル・ボルキア**国王（スルタン）は2019年、6年ぶりに訪日。安倍総理大臣と会談しました。
- 中国とは**南シナ海の領有権問題**を抱えています。
- 1888年、イギリスと保護協定を結び、外交をイギリスが担当することに。1906年には、**イギリスの保護領**になります。
- 1959年、イギリスの自治領に。1984年、**完全独立**を果たしました。
- 石油や天然ガスなどの資源が多くあり、東南アジアでも群を抜く豊かさ。日本にも**天然ガス**を輸出しています。
- **カンポン・アイール**は世界最大級の水上集落。
- ハサナル・ボルキア国王は2019年、**同性愛行為や不倫に対し、石打ちによる死刑など**を科す厳格な法律を施行し、国際的な非難を浴びました。

王族

ベトナム社会主義共和国

Socialist Republic of Viet Nam

ベトナム戦争の悲劇を乗り越え、南北統一を実現。現在は、高い経済成長率を誇り、最大の援助国である日本とは、労働人材の受入や育成などの面でも深い協力関係を結んでいます。

基本データ

国土：約32万9,000㎢
人口：約9,467万人
首都：ハノイ
民族：キン人（約86%）、他に53の少数民族
言語：ベトナム語
宗教：仏教、カトリック、カオダイ教など
政体：社会主義共和制
GDP：2,372億ドル（1人当たり2,387ドル）
貿易総額：輸出2,437億ドル、輸入2,369億ドル
在留邦人数：1万7,266人
在日当該国人数：33万835人

これだけは知っておこう！

- 1887年から**フランス領インドシナ連邦**として、フランスの植民地に。
- 1945年、第二次大戦終了後、建国の父、**ホー・チ・ミン**がハノイにおいてベトナム独立宣言を発表。しかし、フランスは認めませんでした。
- 1954年の**ジュネーヴ協定**によって、同国は南北に分かれることに。
- 1965年、アメリカ軍の北爆によって**ベトナム戦争**が本格化。1975年のサイゴン陥落まで続きます。
- 1975年、ホー・チ・ミンが率いるベトナム民主共和国（北ベトナム）がアメリカ軍が支援するベトナム共和国（南ベトナム）に勝利。1976年、南北を統一。国名を**ベトナム社会主義共和国**に改称しました。
- 共産党一党支配の社会主義国であるものの、1986年より“**ドイモイ（刷新）政策**”を実施。市場経済を導入し、大きな経済発展を遂げています。
- 民族服・**アオザイ**は美しく、お土産としても大人気。購入する時は、オーダーメイドが一般的です。
- 南シナ海をめぐり、**中国との対立は激化**。ガス田開発に乗り出していることもあり、中国の動きは見過ごせません。
- 世界遺産として、**古都フエ**や**ホイアンの古い町並み**などがあります。

アオザイ

マレーシア

Malaysia

温暖な気候で、日本からもアクセスしやすいと多くの観光客が訪れています。近年は、物価が安く、治安も良いことから、海外移住先としても人気を集めています。

基本データ

国土：約33万㎢
人口：約3,200万人
首都：クアラルンプール
民族：マレー系、中華系、インド系など
言語：マレー語、中国語、タミール語、英語
宗教：イスラム教（約61%）、仏教、キリスト教
政体：立憲君主制
GDP：3,590億ドル（1人当たり1万1,072ドル）
貿易総額：輸出2,474億ドル、輸入2,176億ドル
在留邦人数：2万4,411人
在日当該国人数：1万6,768人

これだけは知っておこう！

- 1824年、英蘭協約が結ばれたことにより、イギリスによる植民地化が開始。マレー半島およびボルネオ島西北部は**イギリスの支配下**となります。
- 1957年、マラヤ連邦として独立。1963年、シンガポール、サラワク、サバが加わり、**マレーシア**が成立します。
- 1965年、民族対立により、**シンガポールが独立。**
- 1981年から2003年まで首相だったマハティールは"日本人を見習うべき"という、**ルックイースト政策**を掲げました。
- 2018年、**マハティールが15年ぶりに首相の地位に返り咲き。**90歳代の首相に。
- 2020年2月、マハティール首相が辞職。新首相に**ムヒディン**が選ばれましたが、汚職や民主主義の後退などが懸念されています。
- マレー系住民が多数を占めるにもかかわらず、近年、経済活動においては**中華系住民**の活躍が目立ちます。
- 1980年代までは**天然ゴム**の生産量が1位。
- 野生の**オランウータン**のための保護区があります。
- **ペトロナスツインタワー**は、ツインタワーとしては世界一の高さを誇っています（2020年現在）。
- 世界遺産にボルネオ島の**キナバル自然公園**などがあります。

オランウータン

ミャンマー連邦共和国

Republic of the Union of Myanmar

旧国名はビルマ。軍事政権が続いていましたが、2016 年、総選挙により軍出身でない大統領を選出。民主化指導者のアウン・サン・スー・チーも国家顧問として政権運営に携わっています。

基本データ

国土：約68万㎢
人口：約5,141万人
首都：ネーピードー
民族：ビルマ人（約70%）、その他少数民族
言語：ミャンマー語（公用語）
宗教：仏教（約90%）、キリスト教、イスラム教
政体：共和制
GDP：714億ドル（1人当たり1,321ドル）
貿易総額：輸出148億ドル、輸入187億ドル
在留邦人数：3,063人
在日当該国人数：2万4,471人

これだけは知っておこう！

- 3度の英緬戦争に敗れたビルマ（現在のミャンマー）は、イギリス領インドに併合。1943年、建国の父・アウンサンがビルマ国を建国するも、再度**イギリス**の支配下に。
- 1948年、イギリス連邦を離脱して**ビルマ連邦**として独立します。
- 1962年、クーデターで軍が実権を握る社会主義政権が成立。1988年、民主化を求め**アウン・サン・スー・チー**ら国民民主連盟 (NLD)が立ち上がりました。
- 1989年、国名を**ミャンマー連邦**へと改称。
- 2016年、NLDによる新政権が発足。**半世紀ぶりの民主政権**となりました。
- アウン・サン・スー・チー国家最高顧問が率いるNLD政権は経済発展を重視。**国内市場の開拓や外国投資の受け入れ**などを目指しています。
- 人生で2回は出家する、敬虔な**仏教徒**が多数存在。
- 50万人を超える少数民族・**ロヒンギャ**の人々が、隣国バングラデシュへ難民となって流出。カレン族、カチン族やワ族など少数民族と当局との争いも今なお続いています。
- ヤンゴン市街にある**シュエダゴン・パゴダ**はミャンマー仏教の総本山として多くの人たちが参拝に訪れます。
- 世界遺産に**ピュー古代都市群**などがあります。

シュエダゴン・パゴダ

モルディブ共和国

Republic of Maldives

赤道直下の海に浮かぶ島国。透明度の高い海などダイバーにとって憧れの場所。水上コテージなど観光スポットも多く、近年は新婚旅行先としても人気を集めています。

基本データ

国土：約298㎢
人口：約53万4,000人
首都：マレ
民族：モルディブ人
言語：ディベヒ語（公用語）
宗教：イスラム教（国教）
政体：共和制
GDP：53億ドル（1人当たり1万4,571ドル）
貿易総額：輸出3億ドル、輸入29億ドル
在留邦人数：136人
在日当該国人数：53人

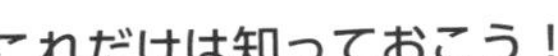

これだけは知っておこう！

- **“インド洋の真珠”**とも呼ばれており、1,192の島々から構成されています。
- 古くから、**インド洋交易の中継点**として栄えていました。
- 1887年、**イギリスの保護領**に。1965年独立し、国連に加盟します。
- 1968年、800年以上続いた**スルタンによる王政**を廃止し、共和制に移行。
- 1985年には**イギリス連邦**に加盟。しかし2016年にヤミーン政権は離脱を宣言しました（2020年2月に再加盟）。
- 一帯一路構想の一端として、**中国モルディブ友好大橋**などを中国の融資で建設。現在、約3,630億円（2018年時点）にも上る負債があるといわれています。
- 平均海抜1～1.5mほどの群島国家のため、**気候変動による海面上昇**で海岸がどんどん浸食されています。
- **カツオ、マグロ**などの豊富な水産資源があり、その多くは国外に輸出されています。
- 2004年、日本が無償資金協力で建設したマレ島の防波堤がインド洋津波の被害を減じたことから、2006年、同国政府は日本国民に**グリーン・リーフ賞**を贈呈。
- 新たな移住者を迎え入れられるよう、人工島**“フルマーレ”**の拡張工事が進行中。
- **“1島1リゾート計画”**により約116の島にホテルを建設。

マグロ

モンゴル国

Mongolia

大相撲での力士の活躍などで日本人にとってもなじみの深い国。親日国であり、日本語を勉強したり、日本に留学したりするモンゴル人が増加しています。

基本データ

国土：約156万4,000㎢
人口：約329万6,866人
首都：ウランバートル
民族：モンゴル人（約95%）、カザフ人など
言語：モンゴル語（国家公用語）、カザフ語
宗教：チベット仏教など
政体：共和制
GDP：139億ドル（1人当たり4,294ドル）
貿易総額：輸出76億ドル、輸入61億ドル
在留邦人数：497人
在日当該国人数：1万2,797人

これだけは知っておこう！

- 1206年、**チンギス・ハン**がモンゴル帝国を創設しました。
- 13世紀後半には、モンゴル帝国はユーラシア大陸の大半を制し、**世界最大の帝国に。**
- 17世紀以降、**清朝の統治下に。**1911年、辛亥革命をきっかけに独立しました。
- 1989～90年、ソ連のペレストロイカ（政治体制の改革運動）の影響を受けてモンゴル民主化運動が勃興。その後、社会主義が終わり、国名も"**モンゴル国**"に改称されました。
- 1992年まで続いたモンゴル人民共和国時代、ソ連と緊密な関係を築いたため、現代の生活習慣においても**ソ連やロシアの影響**をかなり受けています。
- 中国領土の**内モンゴル**では、1992年、中国からの独立を目指す南モンゴル民主連盟が設立。しかし中国政府によって弾圧されます。
- 遊牧民の多くは**ゲル**と呼ばれる伝統的な移動式住居を使っています。
- 主要産業は鉱業。金、銀、銅、ウラン、レアメタルなどの**鉱物資源**が発見されています。
- 遊牧民の大半は**肉や乳製品、カシミヤ、羊毛、皮革など**を生産・販売しています。
- 世界遺産に**ウヴス・ヌール盆地**などがあります。
- ブフ（**モンゴル相撲**）は伝統的な格闘技。

モンゴル相撲

ラオス人民民主共和国

Lao People's Democratic Republic

大型インフラの建設、教育環境の整備など日本も様々な分野で支援。派手さはないものの、豊かな自然、人々の優しさなどから“東南アジア最後の桃源郷”と呼ばれています。

基本データ

- 国土：約24万㎢
- 人口：約649万人
- 首都：ビエンチャン
- 民族：ラオ人（50%以上）を含む計50民族
- 言語：ラオス語
- 宗教：仏教
- 政体：人民民主共和制
- GDP：169億ドル（1人当たり2,472ドル）
- 貿易総額：輸出52億ドル、輸入61億ドル
- 在留邦人数：863人
- 在日当該国人数：2,785人

これだけは知っておこう！

- 1893〜1949年、**フランス**の植民地に。1949年、フランス連合内ラオス王国が誕生。
- 1953年、完全独立。1975年、王政が廃止され、**ラオス人民民主共和国**に。
- 中国の一帯一路構想の下、**高速鉄道の工事**が進められていますが、莫大な借金や環境破壊など、様々な課題も浮かび上がっています。
- 賭博行為は禁止ですが、経済特区には**外国人専用のカジノを含む統合型リゾート施設（IR）**があります。
- 豊富な水資源を生かした**水力発電**が盛ん。日本企業も協力しており、同国はタイやベトナムなどに電気を輸出しています。
- **メコン川流域**に位置し、人口1人当たりの淡水魚の漁獲量は世界で最大規模。
- タイとの関係が深く、現在、4本の**タイ=ラオス友好橋**がメコン川にかけられています。
- 夕陽の名所・**プーシーの丘**では太陽が山に沈んでいく美しい光景を見ることができます。
- **ナーガ光球**と呼ばれる、光球が水面から浮かび上がる現象がビエンチャンのメコン川流域で見られます。
- ニューヨークタイムズの「**世界で一番行きたい国**」に選ばれ、現在、観光地としても注目されています。
- 世界遺産として、**ルアン・パバンの町**などがあります。

友好橋

朝鮮民主主義人民共和国

Democratic People's Republic of Korea

金日成（キムイルソン）・正日（ジョンイル）・正恩（ジョンウン）と世襲体制にて政治を実施。金一族が支配しており、思想に合わない活動などは排除されます。日本とは拉致問題が未解決のため、国交を結んでいません。

基本データ

国土：約12万㎢
人口：約2,515万5,000人
首都：平壌（ピョンヤン）
民族：朝鮮民族
言語：朝鮮語
宗教：宗教団体があるとされるが、実態は不明
政体：社会主義共和制
GDP：174億ドル（1人当たり686ドル）
貿易総額：輸出3億ドル、輸入25億ドル
在留邦人数：データなし
在日当該国人数：53万7,000人

これだけは知っておこう！

- 1945年、ソ連が朝鮮の北部を占領。金日成を委員長にし、1948年、**朝鮮民主主義人民共和国（北朝鮮）**を建国しました。
- 金日成は個人崇拝を強化するため、指導指針として"**主体思想**"（またはチュチェ思想）を考案しました。
- **朝鮮労働党**による事実上の一党独裁体制。
- 中国は1950年に始まった**朝鮮戦争**に介入して以来、同国を支援。
- 金正恩委員長は祖父・日成を意識。**声や髪型、服装などを似せています。**
- 1946年、韓国人拉致を指示して以来、現在日本を含め世界14カ国から**拉致**をしていると報じられています。
- ヨーロッパなど同国と国交を結んでいる国は多く、**160カ国**を超えています。
- 経済発展を目指しており、平壌など都市部では**生活水準が向上**しています。
- 金正恩委員長をトランプ米大統領は「**ロケットマン**」と呼び、短距離弾道ミサイルの発射を繰り返すことを非難しました。
- アメリカとは**非核化**に向けての交渉を行っています。
- 平壌には、世界遺産・**高句麗古墳群**があります。ほかにも、高句麗時代を象徴するものとして、5世紀に建てられた好太王の碑があります。

好太王の碑

台湾

Taiwan

親日国・台湾。近年は日本からの旅行者も増えており、九份(きゅうふん)や国立故宮博物院などに行ったことがある人も多いはず。屋台やスイーツなどグルメも人気です。

基本データ

国土：約3.6万㎢
人口：約2,360万人
首都：台北
民族：漢民族が大半で、14の先住民族が存在
言語：中国語、台湾語、客家語(はっかご)など
宗教：仏教、道教、キリスト教
政体：共和制
GDP：6,050億ドル（1人当たり2万6,528ドル）
貿易総額：輸出3,293億ドル、輸入2,858億ドル
在留邦人数：2万1,054人
在日当該国人数：6万1,960人

これだけは知っておこう！

- 1895〜1945年の間、**日本の統治下**に置かれていました。
- 1949年、蒋介石率いる国民党によって台北市は**中華民国**の臨時首都に。
- 国民党政府が民衆による抗争を武力鎮圧した二・二八事件以降、約40年にわたって**戒厳令が敷かれました。**
- 1990年代、政治の民主化と本土化が進み、2000年には独立志向の民進党・**陳水扁**(ちんすいへん)政権が誕生しました。
- 2020年7月時点で、**国交がある国は15カ国。**日本が1972年に中華人民共和国との間で国交を樹立したため、**日本とも結んでいません。**
- 那覇空港から台湾は飛行機で**2時間以内**で行けてしまうほど近いです。
- 1960年代から、**ウナギの養殖**事業が盛んで、その多くは日本に輸出。
- 同国で使用されている**繁体字**は、日本の旧字体とほぼ同じです。
- 2016年、シャープを同国の**鴻海**(ホンハイ)**精密工業**が買収。
- 杏仁ゼリーやかき氷、フルーツなど台湾のスイーツは日本では大人気。近年ヒットした**タピオカドリンク**の本場でもあります。
- 名古屋生まれの“**台湾ラーメン**”は、同国にはありません。
- 日本のような**元号**が存在します。

タピオカ

コラム 9

考えよう! 日本の人種・民族問題 ～人種や宗教などによる差別はなくならない？

POINT

① 昔から人種差別は世界各国にて大きな問題となっている。
② 人種差別解消の動きが何度も発生しているが、いまだに問題は消えていない。
③ グローバル化が進む現代、民族間対立はますます深刻化する恐れがある。

世界中で問題となっている民族間対立

1776年のアメリカ独立以降、アメリカには多くの移民が流入してきました。その様子は「人種のるつぼ」「人種のサラダボウル」といった言葉で表されるほどです。

当初はドイツやスカンジナビア諸国からの移民が主でしたが、南北戦争を機に産業が発展すると、中欧・東欧のスラブ人、ユダヤ人、またイタリアからの移民が増加してきます。

アメリカでは出生地主義を採用しているため、たとえ血縁がアメリカ人でなくても、アメリカで生まれた人であればアメリカ国籍を取得することができます。

しかし、多様な民族が混在するアメリカで人種・民族問題は、深く地に根を張っています。例えば、1865年の南北戦争の終戦後、黒人奴隷は解放され、市民権を確立するに至りましたが、それでもなお南部を中心に差別は根強く残りました。キング牧師による公民権運動が実を結び、差別禁止を定めた公民権法が制定されたのは1964年。100年近くあとの話です。しかし、今もなお黒人差別は、アメリカにおける深刻な問題の一つです。

さまざまな人種・民族が一つの国で共存することは、文化・価値観などの違いから軋轢（あつれき）やトラブルが生じやすいです。例えば、アフリカにおいては、国境の多くは植民地時代に欧米諸国によって定められたものであり、その土地の民族や文化的背景を汲んでいるわけではありません。そのため、国内や国境を越えての民族紛争が生まれやすくなっています。コンゴ民主共和国、ソマリア、ダルフールといった地域はまだ紛争が継続しているなどの理由で情勢が不安定です。

また、宗教対立も、民族問題の要因の一つです。近年、大きく取り上げられたのが、ミャンマーで迫害され隣国バングラデシュの難民となっている少数民族ロヒンギャです。仏教徒が9割以上を占めるミャンマーにおいて、イスラム教徒であるロヒンギャは迫害され続けています。イスラム教徒の迫害は近年、アメリカやヨーロッパ諸国でも顕著です。

このように、世界には多様な民族・価値観・文化・考え方が存在し、グローバル化が進行する現代、他国の人たちとどのように共存していくのか。**「ダイバーシティ」が大きな課題**となっています。幸い、日本ではまだ大きな民族対立や宗教問題などは発生していませんが、今後外国人労働者の受け入れなどが進んでいくなかでは、そのような事態がいつ発生してもおかしくないと思われます。

データを見ながら考えよう！

先進国では
移民は増加傾向
にある！

日本と世界の民族問題

①下の表は世界各国の移民人口の推移です。日本と他国を比べてみましょう。

国名	1990年	2000年	2010年	2019年
アメリカ	2,325万人	3,481万人	4,418万人	5,066万人
中国	37万人	50万人	84万人	103万人
ドイツ	593万人	899万人	981万人	1,313万人
イギリス	365万人	473万人	711万人	955万人
日本	107万人	168万人	213万人	249万人
世界	1億5,301万人	1億7,358万人	2億2,078万人	2億7,164万人

（国際連合「国際移民ストック2019」より）

なぜ移民の数が増えている？

世界で移民の数が急増しています。世界人口そのものが増えているため、当然ともいえますが、近年は移民の間でもスマートフォンなどを所有している人が増えています。それらを通じて、入国方法などの情報を手軽に得られるようになったことも移民増加の一因です。

②下の表は、世界の国境を越える難民と庇護申請者（国際的な保護を受けながら難民認定を待っている人たち）の数です。日本と世界を比較してみましょう。

国名	難民と庇護申請者の数（2019年）	国名	難民と庇護申請者の数（2019年）
アメリカ	92万人	フランス	40万人
ドイツ	139万人	エチオピア	89万人
ロシア	12万人	ウガンダ	139万人
日本	3万人	世界	2,871万人

世界の難民と庇護申請者の
約46%を北アフリカと西アジアが、
約21%はサブサハラアフリカが
受け入れている！

（国際連合「国際移民ストック2019」より）

日本の難民受け入れ数はなぜ少ない？

日本は世界的にも難民受け入れに消極的な国として知られています。2018年の難民認定率はわずか0.4%。約10,000人の申請者に対して42人しか認定されませんでした（ほか難民ではないものの人道的な配慮を理由に在留が認められた人が40人）。理由の一つに「偽装難民」問題があります。日本では自国にて迫害の恐れがある人を難民認定していますが、なかにはより良い生活を求めて日本で働くために、「難民に扮している」人がいるのです。このようなケースを排除するため、2018年に難民申請を厳格化した日本ですが、世界で難民が増える中、この対応には賛否が分かれています。

中東

Middle East

アフガニスタン・イスラム共和国

Islamic Republic of Afghanistan

1970年代の内戦以降、混乱が続く紛争地域。国家復興と平和構築に向けて、国際社会は開発援助を行っています。日本も難民、地雷、教育、保健・医療などの支援に取り組んでいます。

基本データ

国土：約65万2,000㎢
人口：約2,916万人
首都：カブール
民族：パシュトゥーン人、タジク人など
言語：ダリー語、パシュトゥー語（共に公用語）
宗教：イスラム教（ほとんどがスンニー派）
政体：共和制
GDP：203億ドル（1人当たり696ドル）
貿易総額：輸出5億ドル、輸入65億ドル
在留邦人数：安全上の理由から非公開
在日当該国人数：3,248人

これだけは知っておこう！

- 古代からアジアとヨーロッパを結ぶ**“文明の十字路”**としての役割を果たしてきました。
- **共産主義政党・アフガニスタン人民民主党**とソ連軍、**ムジャーヒディーン**と呼ばれる抵抗運動の兵士たちが1979年に**アフガニスタン紛争**を起こします。
- イスラム原理主義政権の樹立を目指す**タリバン**は、1998年、北部のマザリ・シャリフおよび仏教遺跡で有名なバーミヤンを陥落しました。
- 2001年、タリバンは**バーミヤンの巨大な2体の仏像**を破壊。
- ムジャーヒディーンを金銭的に支援していたウサーマ・ビン・ラーディンはのちに、**アルカイーダ**を結成します。
- 2001年、アルカイーダは米国で**同時多発テロ**を実行。3,000人近くが犠牲になりました。
- 周辺国には約260万人もの**アフガン難民**が流出。**麻薬栽培**なども問題になっています。
- 世界遺産に**バーミヤン渓谷の文化的景観と古代遺跡群**などがあります。
- バーミヤン渓谷は『**西遊記**』にて三蔵法師が訪れた場所としても有名です。

バーミヤン

アラブ首長国連邦

United Arab Emirates

石油で得た外貨を通じて、富を築いてきました。近年は、石油依存の体制から脱却するため、製造業やサービス業などほかの産業にも力を入れ始めています。

基本データ

国土：約8万3,000㎢
人口：約963万人
首都：アブダビ
民族：アラブ人
言語：アラビア語（公用語）
宗教：イスラム教（スンニー派が多数）
政体：7首長国による連邦制
GDP：4,142億ドル（1人当たり4万3,004ドル）
貿易総額：輸出3,169億ドル、輸入2,615億ドル
在留邦人数：4,280人
在日当該国人数：121人

これだけは知っておこう！

- **アブダビ、ドバイ、シャルジャ、ラス・アル・ハイマ、フジャイラ、アジュマン、ウンムルカイワイン**の7首長国からなる連邦制国家。
- 1892年、**イギリスの保護領に**。1971年、アブダビとドバイを中心とする6首長国の**連邦制国家**として独立（翌年2月に、ラス・アル・ハイマ首長国が参加）。
- 主要産業は**石油**。特にアブダビは石油収入を背景に、対外投資に注力。
- 経済発展を優先した結果、ドバイは地域の**経済ハブ**の役割を果たしています。
- ドバイは新たな**起業家・イノベーションのハブ**としても注目を集めています。
- **フジャイラ**のパイプラインは、アブダビの原油をホルムズ海峡を通らず輸出できると注目されています。
- **日本は石油輸入量の4分の1を輸入**。国別ではサウジアラビアに次ぐ第2位。
- ドバイの**ブルジュ・ハリファ**の高さは828m、は世界一高い建築物として有名です。
- 故**ザーイド大統領**はオイルマネーをインフラ整備などに費やし、アブダビ国家の繁栄に尽くし、本人も石油収入により世界有数の大富豪になりました。
- ドバイにある**パーム・ジュメイラ**は世界最大の人工島。
- 世界遺産に**アル・アインの文化的遺跡群**があります。

ブルジュ・ハリファ

イエメン共和国

Republic of Yemen

南北統一後の1994年、旧南側が再度の分離・独立を求めて戦争に。現在も、5年近くに及ぶ戦争によって、国内は“世界最悪の人道危機”と呼ばれている状態に陥っています。

基本データ

国土：約55万5,000㎢
人口：約2,892万人
首都：サヌア
民族：アラブ人が大半
言語：アラビア語（公用語）
宗教：イスラム教（スンニー派、ザイド派）
政体：共和制
GDP：298億ドル（1人当たり943ドル）
貿易総額：輸出25億ドル、輸入83億ドル
在留邦人数：8人
在日当該国人数：116人

これだけは知っておこう！

- かつては、貿易の中継地として繁栄。古代ギリシャ人、ローマ人から**“アラビア・フェリックス（幸福のアラビア）”**と呼ばれていました。
- 1839年、イギリスが**アデン**を占領し、以後南部を植民地に。1967年、南イエメン人民共和国として独立。1969年に社会主義政権が誕生し、翌年**イエメン民主人民共和国**へと改名。
- 1918年北部は、第一次世界大戦にてオスマン帝国が弱体化したのに乗じて、イマーム王国として独立。1962年、王政が廃止され**イエメン・アラブ共和国**に。
- 1990年、南北イエメン統合により現在の**イエメン共和国**が成立します。
- 統一後も**1994年、2015年と内戦が勃発**。後者に関しては現在もまだ進行中。
- 北部には**イスラム教のザイド派**（シーア派の一派）が、南部には**スンニー派**が多く、全体ではスンニー派が過半数を占めています。
- モカは**コーヒー発祥の地**。
- **ソコトラ島**は、“インド洋のガラパゴス”と呼ばれる貴重な動植物の宝庫。特に、竜血樹は血のように赤い樹液が出ることで有名です。
- 世界遺産に世界最古の都市とも言われている、**サヌア旧市街**などがあります。しかし、紛争による遺産の破壊などから**危機遺産リスト**に加えられました。

ソコトラ島の竜血樹

イスラエル国

State of Israel

AI、IoT、自動運転などに力を入れた結果、世界トップクラスの技術大国に。多くのスタートアップが集まることから、"中東のシリコンバレー"とも呼ばれています。

基本データ

国土：約2万2,000㎢
人口：約888万人
首都：エルサレム（日本を含め国際社会は未承認）
民族：ユダヤ人（約75%）、アラブ人など
言語：ヘブライ語、アラビア語（共に公用語）
宗教：ユダヤ教（約75%）、イスラム教など
政体：共和制
GDP：3,506億ドル（1人当たり4万258ドル）
貿易総額：輸出600億ドル、輸入691億ドル
在留邦人数：997人
在日当該国人数：520人

これだけは知っておこう！

- 1948年に**ユダヤ人国家**、イスラエルを建国。同時に多くの**アラブ人**が故郷を追われ、現在のヨルダン川西岸やガザ地区、ヨルダン、レバノンなどに逃れました。
- 1948〜49年、56年、67年、73年と4回の**中東戦争**などを経て、領土を拡大します。
- 1993年、パレスチナ解放機構（PLO）との間で結ばれた**オスロ合意**により、94年にヨルダン川西岸地区とガザ地区はパレスチナ自治区に。しかし、現在は同国が軍事封鎖をしています。
- 1979年3月、**エジプト・イスラエル平和条約**に調印。エジプトは同国を最初に承認したアラブ国家に。1994年には、**イスラエル・ヨルダン平和条約**を締結しました。
- **エルサレム**を自国の首都と主張していますが、国際社会は認めていません。
- 1949年には、**国連**に加盟しています。
- **ダイヤモンド研磨加工**の世界三大市場の一つ。
- 約30%と通常より高い塩分濃度を有する**死海**は、沈まない湖として有名。
- 最新テクノロジーの導入などにより、**世界有数の軍事力**を誇っています。
- **マイクロソフト、フェイスブック、アップル**など世界の名だたるテック企業が進出しています。
- 世界遺産に**テルアビブの白い都市**などがあります。

死海

イラク共和国

Republic of Iraq

産油国であるがために、クウェート侵攻、湾岸戦争などさまざまな争いが勃発。サッダーム・フセイン元大統領の処刑の様子はネット配信されるなど異常な事態を巻き起こしました。

基本データ

国土：約43万8,000㎢
人口：約3,887万人
首都：バグダッド
民族：アラブ人、クルド人など
言語：アラビア語、クルド語（共に公用語）など
宗教：イスラム教（スンニー派、シーア派）など
政体：共和制
GDP：2,341億ドル（1人当たり5,841ドル）
貿易総額：輸出903億ドル、輸入354億ドル
在留邦人数：安全上の理由から非公開
在日当該国人数：167人

これだけは知っておこう！

- 同地域は、古代史では**メソポタミア**と呼ばれていました。
- バグダッドは**"平安の都"**と呼ばれイスラム文明の中心地として繁栄しました。
- 1258年にバグダッドの戦いにてモンゴル軍に攻略され、その後**オスマン帝国**の支配下に。
- 1920年以降、イギリスの委任統治を受け、1921年に**イラク王国**を建国。1932年イギリスから独立しました。
- 1958年、軍事クーデターにより共和制に。しかし1979年、バース党の**サッダーム・フセイン**が大統領に就任し、独裁国家への道を歩み始めます。
- 石油資源独占のため1990年**クウェートへ侵攻**。これをきっかけに、湾岸戦争が勃発。
- 2003年、アメリカのブッシュ（子）大統領は、同国が大量破壊兵器を所持しているという理由で**イラク戦争を開始**。
- 2006年、サッダーム・フセインが絞首刑となった後は、シーア派が政権を樹立するも、新政権は安定せず、**ISIL（イスラム国）**の台頭を許します（現在は縮小）。
- 2017年、キルクークの油田を同国軍が制圧したことで、**クルド自治政府**の独立を阻止。
- 世界遺産に**サーマッラー**などがあります。

サーマッラー

イラン・イスラム共和国

Islamic Republic of Iran

ペルシャ絨毯、ペルシャ猫などで有名な、ペルシャ帝国繁栄の地。核兵器開発疑惑で話題になることが多いですが、原子力発電など“平和利用目的”での核開発を主張しています。

基本データ

国土：約164万8,000㎢
人口：約8,280万人
首都：テヘラン
民族：ペルシャ人、アゼルバイジャン人など
言語：ペルシャ語、トルコ語、クルド語など
宗教：イスラム教（主にシーア派）など
政体：イスラム共和制
GDP：4,585億ドル（1人当たり5,506ドル）
貿易総額：輸出981億ドル、輸入755億ドル
在留邦人数：714人
在日当該国人数：4,188人

これだけは知っておこう！

- 226～651年のササン朝ペルシャ時代は、**ゾロアスター教**の国家。シルクロードを経由して、日本とのつながりもありました。
- 1501年にイスラム教シーア派を国教とする**サファヴィー朝**が成立。
- 1925年、パフラヴィ朝を開いた**レザー・ハーン**は、脱イスラム化を通じて、イランの近代化を推進。
- 1979年、イラン革命を通じて、**ホメイニ師**がイスラム共和国の樹立を宣言。
- 隠れイマームの代わりに共同体を教え導く存在・**最高指導者**（国家元首）には任期もなく、大統領を超える権限を持っています（現在はハメネイ師が就任）。
- 2015年、**イラン核合意**に同意しましたが、2018年、アメリカのトランプ大統領は一方的に離脱を表明。以来、アメリカは再度同国に対して経済制裁を発動しています。
- 1979年のアメリカ大使館占拠事件以来、アメリカとの関係は悪化。2020年1月、イラン革命防衛隊のソレイマニ司令官をアメリカが殺害し、**両国の対立はさらに深まっています。**
- 経済は**石油・天然ガス**の輸出に強く依存。
- **ペルセポリス、イスファハンのイマーム広場、ペルシャのカナート**などの世界遺産があります。

ペルシャ猫

中東 イラン

オマーン国

Sultanate of Oman

中東は戦争が多いイメージですが、常に周辺国の紛争から距離を置き、"中東のスイス"と呼ばれています。親米国でありながら、アメリカと反目するイランとも仲が良いです。

基本データ

国土：約30万9,000㎢
人口：約448万人
首都：マスカット
民族：オマーン人が約半数
言語：アラビア語（公用語）、英語
宗教：イスラム教（イバード派が主流）
政体：君主制
GDP：793億ドル（1人当たり1万8,970ドル）
貿易総額：輸出348億ドル、輸入234億ドル
在留邦人数：169人
在日当該国人数：31人

これだけは知っておこう！

- 海がすぐ近くのマスカットは、古くから**アラビア半島**の玄関口として繁栄。
- 1507年、マスカットをポルトガルに占領されるも、1650年には奪回。1749年には**サイード王朝**が成立します。
- 1891年に**イギリス**の保護国となるも、1971年に独立。
- 1970年、**カブース**は父である前国王を追放して、国王に即位。鎖国政策を転換し、石油収入を基盤とした経済体制を作りました。
- 一帯一路構想の下、**ドゥクム港**周辺を一大工業地域にする巨大プロジェクトが進行中。
- 国家歳入の約7割を**石油・天然ガス**に依存。
- 2019年、**オマーン湾**では日本関係の荷物が積まれていたタンカーが攻撃を受け、炎上する事件が発生しました。
- 2020年、50年近く国王を務めたカブースは逝去。いとこの**ハイサム殿下**が新たな国王になりました。
- 乳香を用いた**アムアージュの香水**は世界でも大人気。
- **バハラ城塞**、**乳香の土地**などが世界遺産。1994年にアラビアオリックスの保護区も自然遺産に登録されましたが、その後保護区域が90％縮小され、**世界初の登録抹消**となりました。

乳香

カタール国

State of Qatar

サッカーワールドカップの“ドーハの悲劇”で有名。2022年には、22回目のFIFAワールドカップが開催される予定です。森保監督はじめ日本代表は出場を目指し、日々奮闘しています。

基本データ

国土：約1万1,000㎢
人口：約280万人
首都：ドーハ
民族：アラブ人（約40%）
言語：アラビア語（公用語）
宗教：イスラム教（スンニー派が多数）
政体：首長制
GDP：1,919億ドル（1人当たり6万9,000ドル）
貿易総額：輸出726億ドル、輸入313億ドル
在留邦人数：979人
在日当該国人数：48人

これだけは知っておこう！

- 古くから海洋交易の中継地点で、かつては**真珠産業**で栄えました。
- 1871年、**オスマン帝国**の影響下に入るものの、オスマン帝国が同国に派遣した軍隊を撃退。第2代首長ジャーシムはサーニー家の支配を確たるものに。
- 1916年、**イギリス**の保護下に。1971年、バーレーンに続き、独立を宣言。
- 1972年、**ハリーファ**が首長に就任。石油収入を利用し、工業化を促進します。
- 1995年、息子の**ハマド**が首長に。観光産業の育成などにも力を入れ、さまざまな娯楽施設などが建設されるようになりました。
- 2017年、サウジアラビア、エジプト、バーレーン、アラブ首長国連邦（UAE）、イエメンなどの国々は、同国がイスラム主義組織などテロ集団を支援しているからと**国交断絶**を表明。
- 中東の有力な天然ガス産出国。ペルシャ湾の領海内にある世界最大級のガス田・**ノースフィールドガス田**の開発が再開されました。
- 9月末でも日中の気温が40度を超えるため、2019年の陸上の世界選手権の女子マラソンでは、4割を超える28人が**途中棄権**しました。
- **東日本大震災**時、1億ドルの資金提供及び天然ガスの追加供給で日本を支援してくれました。
- 世界遺産に**アル・ズバラ考古遺跡**があります。

アル・ズバラ

クウェート国

State of Kuwait

エネルギーを軸に、日本とも長年、友好関係を構築。東日本大震災のときは原油500万バーレル（400億円相当）を無償供与し、三陸鉄道の全面復旧などに協力してくれました。

基本データ

国土：約1万7,000㎢
人口：約475万人
首都：クウェート
民族：アラブ人
言語：アラビア語（公用語）
宗教：イスラム教
政体：首長制
GDP：1,201億ドル（1人当たり3万1,430ドル）
貿易総額：輸出719億ドル、輸入358億ドル
在留邦人数：297人
在日当該国人数：45人

これだけは知っておこう！

- 18世紀以降、**サバーハ**首長家が統治。当時の首長であるアブドゥッラー1世は貿易と造船業活性化のため、イギリス人を厚遇。イギリス東インド会社との関係を構築しました。
- 1899年、**イギリス**の保護国に。1961年、独立を果たします。
- 1938年に世界最大級の**ブルガン油田**を発見。以来、"石油に浮かぶ国"と呼ばれ、石油産業に依存。現在は、石油経済からの脱却を目指しています。
- 1990年、イラク軍の侵攻により、**湾岸戦争**が勃発。同国はアメリカを主力とした多国籍軍を味方につけ、イラクから解放されました。
- 湾岸戦争後、135億ドルという莫大な資金援助を行ったにも関わらず**日本の国名が感謝広告に記されなかった**ことが話題に。
- クウェートでは、石油発見前の一大産業であった真珠貿易の伝統を守るため、毎年、**真珠**採り大会を開催。
- **アラビア石油**は1958年、同国政府とペルシャ湾上の海底油田の採掘権協定に調印（2003年まで）。
- ファストフードが好きなこともあり、**肥満率が高い**です。
- 1979年竣工のクウェート国際空港は**丹下健三**が設計。
- **自動車**好きが多く、日本の車も輸入しています。

油田

サウジアラビア王国

Kingdom of Saudi Arabia

世界屈指の金持ち国家。2017 年、サルマン国王が 1,000 人以上のお供を連れて、来日したことが話題に。特にスデイリー・セブンと呼ばれるスデイリ家の血を引く王族が権力を握っています。

基本データ

国土：約215万㎢
人口：約3,370万人
首都：リヤド
民族：アラブ人
言語：アラビア語（公用語）
宗教：イスラム教（スンニー派）
政体：君主制
GDP：7,793億ドル（1人当たり2万2,870ドル）
貿易総額：輸出2,954億ドル、輸入1,266億ドル
在留邦人数：947人
在日当該国人数：657人

これだけは知っておこう！

- 15世紀、**サウード家**の先祖がリヤド付近にて勢力を拡大。18世紀半ばにイスラム教のワッハーブ派と手を結び、第1次ワッハーブ王国を樹立。19世紀の初頭に一度滅ぼされるものの、半ばには再建。
- 再び滅びるものの、20世紀初頭に後の初代サウジアラビア国王になるアブドルアジーズ・イブン・サウードが立て直し、1932年に**サウジアラビア王国**を建国。
- 世界最大の**ガワール油田**など、多くの油田を有しています。
- イスラム教最大の聖地である**メッカ**の方角に向かって、イスラム教徒は祈りを捧げます。
- **ハッジ**は年に1回、イスラム教徒がメッカを訪れる聖地巡礼。数百万人規模のイスラム教徒が集まります。
- 聖地メッカに到達した巡礼者はまず、**カーバ神殿**を訪れて、その周囲を7回、回ります。このとき、可能であれば、要石の黒石に手を触れます。
- 2019年、生産量の約半分を生産する石油施設が攻撃を受けました。対立関係にある**イランの犯行**ではないかとアメリカと共に疑っています。
- **メッカの玄関にあたる歴史都市ジッダ**や**ハーイル地方の岩絵**などの世界遺産があります。

カーバ神殿

シリア・アラブ共和国

Syrian Arab Republic

2011 年以降、アラブの春をきっかけに内戦が勃発。アメリカ・サウジアラビア、ロシア・イランなどの大国も巻き込み、今なお出口が見えない状態が続いています。

基本データ

国土：約18万5,000km²
人口：約1,690万人
首都：ダマスカス
民族：アラブ人、クルド人、アルメニア人など
言語：アラビア語（公用語）
宗教：イスラム教（約90%）、キリスト教
政体：共和制
GDP：341億ドル（1人当たり1,821ドル）
貿易総額：輸出20億ドル、輸入64億ドル
在留邦人数：安全上の理由から非公開
在日当該国人数：785人

これだけは知っておこう！

- 紀元前3000年紀に都市国家群が成立。紀元前2250年頃、**アッカド帝国**が攻略。
- 16世紀以降、オスマン帝国がその支配下に。1918年、**オスマン帝国**より独立。
- 1920年、フランスの委託統治領に。1946年、**フランス**より独立を果たします。
- 1970〜71年に起こったクーデターにより、**アサド政権**が成立。以来、40年以上にわたってアサド一家による独裁政治が続いています。
- アラブの春をきっかけに民主化運動が拡大。軍・治安部隊がこれを激しく弾圧する中、2011年、**シリア内戦**が勃発。以来、内戦は現在も進行中。
- 内戦で国民の約半数が家を追われ、約560万人が**難民**として周辺諸国に流出。
- 一時は**ISIL（イスラム国）**が国内のラッカを首都と宣言。2015年5月頃には同国内の過半を制圧するほどに（現在は縮小）。
- アサド政権を支援する**ロシアやイラン**対、打倒アサド政権の**アメリカやサウジアラビア**などといった大国間同士の代理戦争の体もなしています。
- 約3,000年前に建造されたヒッタイト帝国時代の**古代遺跡アインダラの神殿**も空爆により破壊。
- **古代都市ダマスカス**や**パルミラ遺跡**などの世界遺産があります。

パルミラ

トルコ共和国

Republic of Turkey

かつてオスマン帝国として広域を支配。現在はエルドアン大統領の下、イスラム原理主義に。クルド人武装勢力との軍事問題も発生しています。親日国で、日本とは良好な関係です。

基本データ

国土：約78万㎢
人口：約8,200万人
首都：アンカラ
民族：トルコ人、クルド人、アルメニア人など
言語：トルコ語（公用語）
宗教：主にイスラム教
政体：共和制
GDP：7,841億ドル（1人当たり9,632ドル）
貿易総額：輸出1,680億ドル、輸入2,230億ドル
在留邦人数：1,791人
在日当該国人数：6,349人

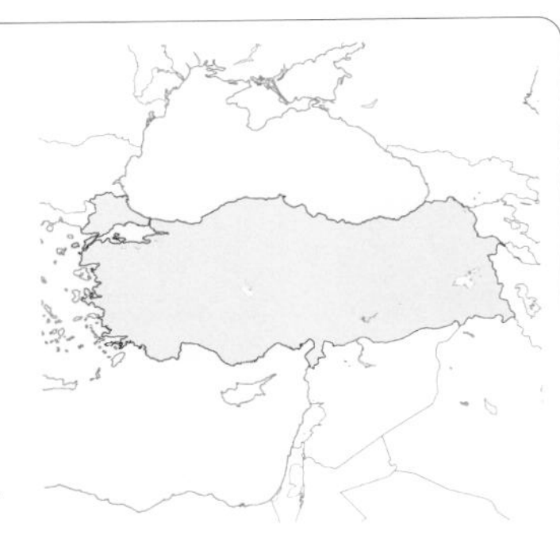

これだけは知っておこう！

- 13世紀以降、**オスマン帝国**として発展。第一次世界大戦での敗戦を機に滅亡。
- 首都イスタンブールの15世紀以前の呼称は**コンスタンティノープル**。
- 1890年、オスマン帝国の軍艦**エルトゥールル号**が遭難し、日本人によって救助された事件以来、親日国に。
- 第一次世界大戦時はドイツ、オーストリアなどと共に**同盟国**側として参戦。
- 第一次世界大戦後、国土の大半はイギリス、フランスなどの連合国などが占領。その結果、事実上、領土は**アナトリア**の中央部分のみに。
- オスマン帝国分割後、トルコ共和国建国の父、**ケマル・アタテュルク**を中心にトルコ革命が勃発。ケマルはスルタン制の廃止を宣言し、1923年、トルコは独立を承認されました。
- 初代大統領であるケマル・アタテュルクは西暦やアルファベットを採用するなどして、近代化を推進。また同国の発展のため、政教分離（世俗主義）を断行し、**憲法からイスラム教を国教とする条文を削除**しました。
- トルココーヒーのイメージがあるかもしれませんが、実は**紅茶**が好きな人が多い国第1位。
- 世界遺産に**イスタンブール歴史地域**や**トロイ遺跡**などがあります。

トルココーヒー

中東 トルコ

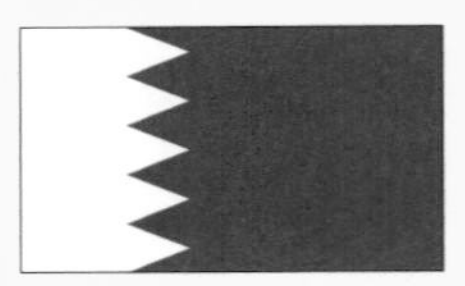

バーレーン王国

Kingdom of Bahrain

真珠の一大産地でしたが、石油採掘に成功後は、石油経済を中心に発展。イスラム国家ですが、戒律が比較的緩やかなこともあり、周囲の国々より自由で安全な空気が流れています。

基本データ

国土：約769㎢
人口：約150万人
首都：マナーマ
民族：アラブ人、インド・パキスタン系
言語：アラビア語（公用語）
宗教：イスラム教（シーア派が多数）
政体：立憲君主制
GDP：383億ドル（1人当たり2万5,851ドル）
貿易総額：輸出182億ドル、輸入129億ドル
在留邦人数：247人
在日当該国人数：37人

これだけは知っておこう！

- 国名は**"2つの海"**を意味しており、島の周りの海と海底から湧き出る真水を指すと言われています。
- 紀元前3000年紀頃まで**ディルムーン**と呼ばれ、有力な貿易中継地でした。
- 現在、王国を統治する**ハリーファ家**が、18世紀にアラビア半島から移住し、同国の基礎をつくりました。
- 1850年代から1930年まで、**真珠産業**で繁栄。衰退後は、石油経済で発展。
- 1861年、**イギリス**の保護国に。1971年に独立します。
- 1986年にサウジアラビアの全額出資により建設された25kmの橋である**キング・ファハド・コーズウェイ**を通って、周辺諸国から多くの観光客が訪れます。
- 2011年、**大規模な民主化運動**が発生。政府は激しく弾圧し、多数の犠牲者が出ました。
- **イスラム教**が国教。王室はスンニー派ですが、国民の多数はシーア派。
- 人口の**半分近く**は外国人。
- 真水のおかげで緑が豊かなため、**エデンの園**だったという説があります。
- 世界遺産に**バーレーン要塞ーディルムンの古代の港と首都**などがあります。

エデンの園

ヨルダン・ハシェミット王国

Hashemite Kingdom of Jordan

中東地域に属しながらも、国内情勢は安定。しかし、多数の難民を受け入れたことで、財政はひっ迫。現在、国民の7割近くはもともとパレスチナ難民と言われています。

基本データ

国土：約8万9,000㎢
人口：約995万人
首都：アンマン
民族：アラブ人
言語：アラビア語（公用語）、英語
宗教：イスラム教（約93%）、キリスト教など
政体：立憲（世襲）君主制
GDP：422億ドル（1人当たり4,247ドル）
貿易総額：輸出77億ドル、輸入202億ドル
在留邦人数：312人
在日当該国人数：290人

これだけは知っておこう！

- イスラム教の開祖・ムハンマドの子孫である**ハーシム家**を王家としています。
- 16世紀以降、オスマン帝国の支配下にあり、1919年、第一次世界大戦にて勝利した**イギリス**の委任統治領に。
- 第二次世界大戦後、イギリスは委任統治を放棄。1946年、**トランスヨルダン王国**として独立します。
- 1950年、現在の**ヨルダン・ハシェミット王国**に改称しました。
- 2011年のシリア危機以降、約65万人の**シリア難民**が流入。その数は当時の同国の人口の約10%に相当するといわれています。
- 難民の受け入れで**財政が圧迫**されており、日本はじめ多くの国々が支援を行っています。
- アラブ諸国では例外的に**イスラエル**と国交を締結。
- **天然資源**が少なく、対外援助に大きく依存しています。
- 紅海の北奥に位置している**アカバ湾**は、世界でも有数のダイビングスポット。
- 世界遺産に**ペトラ遺跡**などがあります。ペトラ遺跡は、シリアのパルミラ遺跡、レバノンのバールベックと合わせて中東三大遺跡と呼ばれています。

ペトラ

レバノン共和国

Lebanese Republic

宗教・民族対立が激化し、1975 年から 15 年間内戦が続きます。終了後も、2011 年に始まったシリア内戦にて逃れた難民を 100 万人以上受け入れており、紛争とは縁が切れません。

基本データ

国土：約1万㎢
人口：約610万人
首都：ベイルート
民族：アラブ人（約95％）、アルメニア人（約4％）
言語：アラビア語（公用語）、フランス語、英語
宗教：イスラム教、キリスト教など18宗派
政体：共和制
GDP：533億ドル（1人当たり9,654ドル）
貿易総額：輸出40億ドル、輸入201億ドル
在留邦人数：96人
在日当該国人数：207人

これだけは知っておこう！

- 首都ベイルートは **"中東のパリ"** と言われたほど美しい街。
- 約3000年前、**フェニキア文明**が発祥。交易を通じて、地中海全域に勢力を拡大しました。
- 16世紀、オスマン帝国の支配下に入り、1920年、**フランス**の委託統治領に。1943年、独立を果たします。
- 中東の政治闘争や**宗派対立のるつぼ**。社会の中核となっている宗教組織は、イスラム教のスンニー派とシーア派、マロン派を中心としたキリスト教各派の3つ。
- 大統領はキリスト教マロン派、首相はスンニー派、国会議長はシーア派と、**一つの宗教に権力が偏らないような仕組み**ができています。
- 近年、シーア派組織"**ヒズボラ**"が影響力を拡大。
- 1975～90年の**レバノン内戦**では、国内のさまざまな宗派グループが抗争。1982年のイスラエル軍侵攻によるパレスチナ難民の虐殺事件もあり、多くの人が命を落としました。
- 2020年、ベイルート港の倉庫が**大爆発**。硝酸アンモニウムが原因と見られています。
- 日産自動車元会長、**カルロス・ゴーン**被告が逃亡中。
- レバノン杉が群生している**カディーシャ渓谷**や**バールベック**などの世界遺産があります。

レバノン杉

中東 レバノン

パレスチナ自治政府

Palestinian Authority

聖地をめぐり、イスラエルと60年以上紛争が続いています。アメリカのトランプ大統領がエルサレムはイスラエルの首都と発言したことから、抗争が再燃しています。

基本データ

国土：約6,020㎢
人口：約495万人
本部：ラマッラ
民族：アラブ系パレスチナ人、ユダヤ人
言語：アラビア語（公用語）
宗教：イスラム教（約92%）、キリスト教など
政体：自治政府
GDP：145億ドル（1人当たり3,664ドル）
貿易総額：輸出約25億ドル、輸入約79億ドル
在留邦人数：55人
在日当該国人数：73人

これだけは知っておこう！

- **ヨルダン川西岸地区**と**ガザ地区**に分かれています。
- **東エルサレム**を将来の首都と主張しています。
- 1948年、ユダヤ人国家・イスラエルの建国により**第一次中東戦争**が勃発。パレスチナに住んでいた多くのアラブ人が難民に。
- 1993年、アメリカのクリントン大統領の仲介により、イスラエルとの間で“**パレスチナ暫定自治宣言（オスロ合意）**”を締結。パレスチナ側が暫定自治を行うことなどにイスラエルが合意しました。
- 2006年の立法評議会選挙で、イスラム過激派組織のハマスが圧勝。それまで政権を運営してきた**アッバース**大統領率いるファタハとの対立が激化します。
- 2011年、アッバース大統領は国連加盟を申請。2012年、ローマ教皇庁（バチカン市国）と共に**オブザーバー国家**として承認されました（正式加盟ではありません）。
- ベツレヘムは**イエス・キリスト生誕の地**とされています。
- 日本も**国連パレスチナ難民救済事業機関（UNRWA）**を通じて、難民支援を実施。
- 世界遺産に、**イエス生誕の地：ベツレヘムの聖誕教会と巡礼路**などがあります。

聖誕教会

中東 パレスチナ

コラム 10

考えよう! 日本の気候変動

～今、社会が変わらないと、生態系は崩れてしまう !?

POINT

① グレタ・トゥンベリさんを中心に環境保護の訴えが世界中で広まっている。
② 経済成長よりも環境保護を優先すべきだ、とグレタさんは訴えている。
③ 私たちの社会が変わらなければ、生態系は崩壊し、絶滅する可能性もある。

地球環境が破壊されてしまうと、私たちの生活も脅かされる

スウェーデンの環境活動家グレタ・トゥンベリさんの活動が話題になっています。グレタさんは2003年生まれ。15歳のときに「気候のための学校ストライキ」という看板を掲げ、スウェーデン議会の外で気候変動対策の強化をたった一人で訴え始めたことで有名になりました。彼女の活動は国内外に広まり、世界で多くの若者が彼女の影響を受けて、同じような抗議活動を始めています。2019年9月23日の気候行動サミットでは、以下のような演説を行いました。

「私たちはあなたたちを注意深く見ている。それが、私のメッセージだ。（中略）あなたたちは空っぽの言葉で、私の夢と子ども時代を奪い去った。でも私は運が良い方だ。人々は苦しみ、死にかけ、生態系全体が崩壊しかけている。私たちは絶滅に差し掛かっているのに、あなたたちが話すのは金のことと、永遠の経済成長というおとぎ話だけ。何ということだ。」（東京新聞 2019 年 9 月 25 日朝刊より引用）

彼女の言動を受けて、多くの科学者や環境活動家、一般市民までもが気候変動に立ち向かおうとしています。

グレタさんは演説の中でこうも話しています。

「10 年間で（温室効果ガスの）排出量を半減するというよくある考え方では、（気温上昇を）1.5 度に抑えられる可能性が 50％しかなく、人類が制御できない不可逆的な連鎖反応を引き起こす恐れがある。」

「地球の気温上昇を 1.5 度に抑える確率を 67％にするには、気候変動に関する政府間パネル（IPCC）の最善の見立てでは、2018 年 1 月 1 日時点で世界に残された CO_2 排出許容量は 4,200 億トンだった。現在では 3,500 億トンを下回った。よくも従来通りの取り組みと技術的な解決策で何とかなるなんて装うことができたものだ。現状の排出レベルでは、残された CO_2 排出許容量に 8 年半もたたずに達してしまう。」

グレタさんのいう通り、**私たちは経済優先の考え方を尊重しすぎて、かけがえのない地球という名の資源を失いつつあるのかもしれません。**青く美しい地球に人類、いや生物はいつまで住み続けることができるのか。持続可能な社会を構築するためにも、一人ひとりの行動を変えることが求められています。

データを見ながら考えよう！

日本と世界の気候変動問題

①下の表は二酸化炭素排出量の多い国トップ10（2017年）です。
どのような国の排出量が多いですか？

国名	排出量	国名	排出量
中国	93億200万t	ドイツ	7億1,880万t
アメリカ	47億6,130万t	韓国	6億t
インド	21億6,160万t	イラン	5億6,710万t
ロシア	15億3,690万t	カナダ	5億4,780万t
日本	11億3,240万t	サウジアラビア	5億3,220万t

（外務省ホームページ「（キッズ外務省）二酸化炭素（CO_2）排出量の多い国」より）

二酸化炭素はなぜ増えている？

二酸化炭素は主に石炭、石油、天然ガスなどの化石燃料を燃やしたときに発生します。また、自動車からも二酸化炭素は排出されます。さらに、農地の拡大により、二酸化炭素を吸収してくれる熱帯雨林などはどんどん伐採され、失われています。そのほかにも、ごみを運んだり、燃やしたりするときも多くの二酸化炭素が排出されます。

二酸化炭素の排出を減らすためには世界中の人たちの行動を変える必要がある！

②下の表は、国別の二酸化炭素の排出量比と1人当たりの排出量です。日本の二酸化炭素排出量は世界に比べてどうですか？

	国別排出量比	一人当たり排出量		国別排出量比	一人当たり排出量
中国	28%	6.6t	日本	3.5%	9.0t
アメリカ	15%	14.9t	ドイツ	2.3%	8.9t
インド	6.4%	1.6t	韓国	1.8%	11.5t
ロシア	4.5%	10.0t	アフリカ合計	3.6%	0.95t

（EDMC/エネルギー・経済統計要覧2019年版「世界の二酸化炭素排出量に占める主要国の排出割合と各国の一人当たりの排出量の比較(2016年)」より）

二酸化炭素を減らすためには？

二酸化炭素を減らすには、冷暖房器具の使用を控える、または温度を上げ過ぎたり下げ過ぎたりしない、電源をつけっぱなしにしない、プラグをこまめに抜くなどの方法があります。そのほかにも、車を利用しない、節水やごみを削減することなども効果的です。

ヨーロッパ

Europe

アイスランド共和国

Republic of Iceland

北極圏の国の一つ。夏には一日中太陽が沈まない“白夜”を体験できます。氷河やオーロラなどを日常的に見られることもあり、世界中から多くの観光客が訪れています。

基本データ

国土：約10万3,000㎢
人口：約34万8,500人
首都：レイキャビク
民族：アイスランド人（約90%）
言語：アイスランド語
宗教：人口の約8割が福音ルーテル派（国教）
政体：共和制
GDP：229億ドル（1人当たり6万7,570ドル）
貿易総額：輸出55億ドル、輸入76億ドル
在留邦人数：125人
在日当該国人数：119人

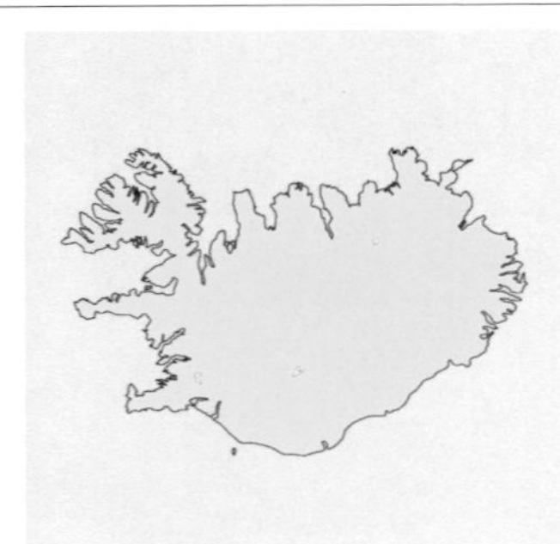

これだけは知っておこう！

- 10世紀頃からキリスト教への改宗を迫る**ノルウェー**の政治的圧力が高まり、1262年ノルウェーの統治下に。そして1397年、**デンマーク王**に支配されます。
- 当時から統一の指導者はなく、**アルシング**と呼ばれる全島民による民会で物事を決めていました。
- 1918年、デンマークとの同君連合として独立。しかし、1940年、デンマークがナチス・ドイツに占領される中、**1944年にアイスランド共和国**として、デンマークから分離独立しました。
- 1986年、レイキャビクでは**東西冷戦終結**を宣言するレーガン大統領とゴルバチョフ書記長による平和会談が行われました。
- **漁業**が主要産業で、伝統的にニシンやタラの漁獲量が豊富。
- 温泉大国で、**ブルーラグーン**は世界最大の露天風呂。
- 日本で流通している**シシャモ**の多くはアイスランド産です。
- 自国の電力需要は**地熱発電**などの自然エネルギーだけで賄える再生可能エネルギー大国。
- 世界遺産であるシンクヴェトリル国立公園内の**シルフラ**は地球の裂け目と呼ばれており、北米大陸プレートとユーラシア大陸プレートの境目になっています。

シルフラ

アイルランド

Ireland

ブレグジット問題に揺れ動く、イギリスの隣国。プロテスタント系住民が多くを占める北アイルランドとは、同じ島内にありながらも、宗教や思想の違いなどを抱えています。

基本データ

国土：約7万㎢
人口：約492万人
首都：ダブリン
民族：アイルランド人など
言語：アイルランド語、英語
宗教：約78%がカトリック教徒
政体：共和制
GDP：3,849億ドル（1人当たり7万7,771ドル）
貿易総額：輸出1,698億ドル、輸入985億ドル
在留邦人数：2,596人
在日当該国人数：1,225人

これだけは知っておこう！

- 1919〜21年に行われた**アイルランド独立戦争**により、**南アイルランド地域は独立**。北アイルランドはイギリス統治下に留まったため、同じ島内で2つの国が存在することになりました。
- 19世紀に起きた**ジャガイモ飢饉**（当時のアイルランドではジャガイモが主食だった）によって、多くの国民が命を落とし、また多数の国民がアメリカを中心に国外へと逃亡しました。このとき、のちに**アメリカ大統領になるケネディの祖先もアメリカへと渡りました。**
- 1990年代以降、**“ケルトの虎”**と呼ばれる急速な経済成長を遂げましたが、2008年のリーマンショックを機に経済危機に。その後、EU/IMFの財政支援プログラムを受け入れた結果、経済は大きく回復。2014年から4年続けて**欧州一の経済成長率**を達成しています。
- 200m以上の断崖絶壁が8kmも続く**モハーの断崖**は“破滅の崖（がけ）”と呼ばれるほどの絶景。
- セント・パトリック・デイ（同国にキリスト教を広めた聖パトリックの命日）は、テーマカラーである緑の衣装を身につけるため**グリーン・デイ**とも呼ばれています。
- 世界遺産として、先史時代に造られた**ブルー・ナ・ボーニャ－ボイン渓谷の遺跡群**などがあります。

モハーの断崖

アゼルバイジャン共和国

Republic of Azerbaijan

潤沢なオイルマネーによる投資から首都バクーは“第二のドバイ”と呼ばれるように。完成後は世界一の高さ（1,050m）になるアゼルバイジャンタワーの建設も進行しています。

基本データ

国土：約8万6,000㎢
人口：約1,000万人
首都：バクー
民族：アゼルバイジャン系（約91%）など
言語：アゼルバイジャン語（公用語）
宗教：主にイスラム教シーア派
政体：共和制
GDP：472億ドル（1人当たり4,689ドル）
貿易総額：輸出183億ドル、輸入123億ドル
在留邦人数：63人
在日当該国人数：122人

これだけは知っておこう！

- 16世紀、サファヴィー朝の支配下に入り、**シーア派**が広まります。
- 1813〜28年のロシア・イラン戦争の結果、北アゼルバイジャンが**ロシア**に併合。
- 1918年に独立。初の**イスラム教徒**による共和国に。
- 1936年、ソ連の一部になったものの、1991年の**ソ連**崩壊に伴い、独立します。
- 同国は**ナゴルノ・カラバフ自治州**を巡ってアルメニアと衝突。1994年に停戦協定を締結したものの、2016年戦闘が再開。4日後、再度停戦に合意しました。
- 2018年、**イルハム・アリエフ**が4選を決め、計22年にわたる長期支配が可能に。父ヘイダル・アリエフから事実上世襲し、親子で政権を握り続けています。
- バクーはペルシア語で**“風の街”**という意味。
- 輸出額の約9割は**石油・ガス・石油製品**。石油生産が経済を牽引しています。
- ノーベル兄弟は同国にて1879年、**ノーベル兄弟石油開発会社**を設立。
- イスラム教が普及する前は**ゾロアスター教（拝火教）**の信者が多く、バクーには炎の形をした**フレイム・タワーズ**がそびえ立っています。
- 原油の街ナフタランでは**原油風呂**に入れます。
- 世界遺産に**城壁都市バクー、シルヴァンシャー宮殿、及び乙女の塔**などがあります。

フレイム・タワーズ

アゼルバイジャン

アルバニア共和国

Republic of Albania

1990年代まで鎖国状態だったこともあり、ヨーロッパの最貧国ともいわれていました。しかし現在はEU加盟を目指し、汚職や組織犯罪を失くすなど国内改革に取り組んでいます。

基本データ

国土：約2万8,700㎢
人口：約286万人
首都：ティラナ
民族：アルバニア人
言語：アルバニア語（公用語）
宗教：イスラム（約57%）、カトリックなど
政体：共和制
GDP：158億ドル（1人当たり5,372ドル）
貿易総額：輸出28億ドル、輸入59億ドル
在留邦人数：27人
在日当該国人数：115人

これだけは知っておこう！

- 4世紀末には**東ローマ帝国**、15世紀以降は**オスマン帝国**が支配。
- 1912年、オスマン帝国から独立。しかし1939年、イタリアが併合。1943年、イタリアが連合国に降伏後、ドイツに占領されるものの、共産党を中心とする**パルチザン勢力によってほぼ独力で国土を解放**しました。
- 1961年にソ連と断交し、親中国路線に。しかし1972年、中国がアメリカとの国交回復を進め、近代化路線をとると中国とも断交。以降、**鎖国状態**に。
- 1990年以降、市場主義経済に移行するものも、1997年に**ねずみ講問題**を発端とする暴動が発生。治安回復のため多国籍軍が派遣される結果となりました。
- 隣国イタリアとの関係は緊密で、**イタリアへ出稼ぎ**に行く若者も多いです。
- **クロム、ニッケル、銅**などの資源国だが、資金不足などにより生産は低調。
- 東欧諸国の一つですが、イタリアの真向かいにあり**気候は温暖**。ドゥラスといったリゾート地など観光資源に恵まれています。
- サランダの**“ブルーアイ”**では真っ青な水が湧き出ています。
- 世界遺産にオスマン帝国時代の建造物が残る**ベラトとジロカストラの歴史地区群**などがあります。

ジロカストラ城

アルメニア共和国

Republic of Armenia

301年にキリスト教を世界で初めて国教に定めた国。しかしキリスト教が原因で、第一次世界大戦中、オスマン帝国の迫害に遭い、150万人ものアルメニア人が虐殺で亡くなりました。

基本データ

国土：約2万9,000㎢
人口：約290万人
首都：エレバン
民族：アルメニア系（約98%）など
言語：アルメニア語（公用語）
宗教：主にキリスト教（アルメニア正教）
政体：共和制
GDP：134億ドル（1人当たり4,528ドル）
貿易総額：輸出24億ドル、輸入49億ドル
在留邦人数：30人
在日当該国人数：66人

これだけは知っておこう！

- 紀元前9世紀の**ウラルトゥ王国**にて、初の統一国家に。
- 19世紀には国土の一部が**ロシア帝国**領に。1918年、独立するも、1920年ソ連邦構成共和国の一つに。1991年、ソ連崩壊に伴い、再度独立を宣言します。
- 1915年、オスマン帝国は少数民族であるアルメニア人の**迫害**を開始。
- ソ連時代から、**アゼルバイジャン**とはナゴルノ・カラバフ自治州を巡り抗争。1994年に停戦協定を結んだものの、2016年に戦闘が再開。同年、停戦で合意しましたが緊張関係が続いています。
- 2008年、大統領に選出された**サルキシャン**は10年間の長期政権を維持。憲法改正などにより独裁を続けようとしましたが、2018年の抗議デモにより辞職に追い込まれました。
- エルサレムの旧市街の一角にはユダヤ人地区、イスラム教徒（アラブ人）地区、キリスト教徒地区同様、**アルメニア人地区**があります。
- アララト山は**ノアの方舟**伝説で有名。
- **IT先進国**で、世界初となるIT教育機関“TUMOセンター”を建設。
- 世界遺産に**ゲガルド修道院とアザト川上流域**などがあります。

アララト山

アンドラ公国

Principality of Andorra

フランスとスペインの間に挟まれた小国。ピレネー山脈の中にある国です。自然豊かで、夏はハイキング、冬はスキーなどウィンタースポーツを楽しむことができます。

基本データ

国土：約468㎢
人口：約7万6,000人
首都：アンドララベリャ
民族：アンドラ人とスペイン人が約3割ずつ
言語：カタルニア語（公用語）
宗教：国民の大多数がカトリック
政体：共同元首を擁する議会制
GDP：32億ドル（1人当たり4万2,081ドル）
貿易総額：輸出1億ドル、輸入13億ドル
在留邦人数：11人
在日当該国人数：データなし

これだけは知っておこう！

- 1278年、フランスとスペインの共同主権の下、自治が決められるように。**偶数年にスペイン、奇数年にはフランスに税金**を納めていました。
- **1993年**、住民投票により正式に独立しました。
- フランス大統領とスペインのウルヘル司教が共同で今も**元首**を務めています。
- 2011年まで**タックス・ヘイヴン**でしたが、法人税および非居住者への直接税、付加価値税、個人に対する所得税などを課すようになり、グレー・リストからも削除されました。
- **免税大国**として有名で、フランスやスペインから多数の買い物客が訪れます。
- EUには加盟していませんが、通貨は**ユーロ**。
- 空港も鉄道もないため、スペインかフランスから**バス**を使ってアクセスします。
- 首都アンドララベリャは**標高1,000m以上**の場所に存在します。
- 長寿の国で、**平均寿命**の長さで世界一になったことも。
- 国土の面積は**金沢市**とほぼ同じ。
- **ワイン**の産地でもあり、1人当たりの消費量は小国ながら世界一に輝いたことも。
- 欧州最大規模の温泉遊園地・**カルデア**があります。
- 世界遺産に**マドリウ=ペラフィタ=クラロ渓谷**があります。

スキー

イギリス（グレートブリテン及び北アイルランド連合王国）

United Kingdom of Great Britain and Northern Ireland

18 世紀末、産業革命が起こり、以来世界の近代化をリードしてきました。ロンドンは現在でも世界有数の国際金融都市であり、経済の中心を担っています。

基本データ

国土：約24万3,000㎢
人口：約6,600万人
首都：ロンドン
民族：イングランド人が大半
言語：英語（公用語）
宗教：英国国教会など
政体：立憲君主制
GDP：2兆8,288億ドル（1人当たり4万2,579ドル）
貿易総額：輸出4,868億ドル、輸入6,739億ドル
在留邦人数：6万620人
在日当該国人数：1万7,943人

これだけは知っておこう！

- 18世紀後半、鉄工業、石炭業といった**産業革命**が起こりました。
- 産業革命の中、**蒸気機関**が出現し、鉄道や蒸気船が発明されました。
- 1905年の日本海海戦でも活躍した**戦艦三笠**も、同国の会社によって造られました。
- 明治時代の日本にとって同国は、**近代化**や**民主化**の手本でありました。
- **世界の海を制覇**していましたが、ヨーロッパが主戦場となった第二次世界大戦をきっかけに国力を弱めていきました。
- シティ・オブ・ロンドンは世界でも有数の**金融街**です。
- **北海油田**があるため、産油国でもあります。
- 自然科学研究団体のロンドン王立協会には、科学革命の代表である**ニュートン**などが所属していました。
- 紅茶好きの国として有名。ちなみに、同国では**紅茶にレモンを入れて飲む習慣はありません。**
- **ウスターソース**発祥の地。煮込み料理の隠し味として使われています。
- **ラグビー**が生まれた国。また近代サッカーのルールもこの地で確立されました。
- 世界遺産に**アイアンブリッジ峡谷**などがあります。

産業革命（蒸気機関車）

イタリア共和国

Italian Republic

14～16世紀のルネサンスに始まり、ミラノ、ヴェネツィア、ジェノヴァなど世界でも華麗なる文化都市を形成。絵画や彫刻など多数の芸術作品を生み出した国でもあります。

基本データ

国土：約30万1,000㎢
人口：約6,046万人
首都：ローマ
民族：イタリア人が大半
言語：イタリア語（公用語）
宗教：カトリック（約80%）など
政体：共和制
GDP：2兆759億ドル（1人当たり3万4,321ドル）
貿易総額：輸出5,290億ドル、輸入4,887億ドル
在留邦人数：1万4,600人
在日当該国人数：4,654人

これだけは知っておこう！

- 双子のロムルスとレムスの神話によると、紀元前8世紀**ローマが建国**されます。
- 紀元前3世紀、ローマが**イタリア半島を統一**。ローマ帝国はさらに領土を広げるも、395年東西に分裂。476年にイタリア半島を含む西ローマ帝国は消滅します（東ローマ帝国は1453年まで存続）。
- 中世以降、小国家に分裂。しかし19世紀、フランス革命の影響を受け、イタリア再興運動（リソルジメント）が発生。この流れにより1861年、イタリアは統一され、**イタリア王国**が成立します。
- 1922年、ファシスト党の**ムッソリーニ**が政権を掌握。1943年まで、一党独裁を行います。
- 1946年に王政が廃止され、現在の**イタリア共和国**に。以後、急速な復興を果たします。
- ピサの斜塔の実験や地動説で有名な**ガリレオ・ガリレイ**は同国の天文・物理学者。
- **ミラノ**はプラダ、ヴェルサーチなど有名ファッションブランドの聖地。
- **ドゥオーモ**は135本の尖塔を持つミラノの巨大な大聖堂。
- 世界遺産に、**ポンペイ遺跡**などがあります。

ピサの斜塔

ウクライナ

Ukraine

親ロシア派VS親EU派の争いが続いています。2014年にはロシアがクリミア半島を併合。以降、ロシアとの関係は急速に悪化し、ガス供給の条件などを巡って対立しています。

基本データ

- 国土：約60万3,000㎢
- 人口：約4,205万人
- 首都：キエフ
- 民族：ウクライナ人（約78%）、ロシア人など
- 言語：ウクライナ語（公用語）、ロシア語
- 宗教：ウクライナ正教、東方カトリック教など
- 政体：共和制
- GDP：1,308億ドル（1人当たり3,095ドル）
- 貿易総額：輸出500億ドル、輸入607億ドル
- 在留邦人数：223人
- 在日当該国人数：1,876人

これだけは知っておこう！

- 9世紀に成立した**キエフ大公国**は、現在のロシア、ウクライナ、ベラルーシに相当する土地に広く勢力を伸ばした統一国家。
- 1240年、モンゴル軍がキエフを攻略。その後も**ポーランド**や**リトアニア**に征服されます。
- 18世紀後半、ロシア帝国に。1991年、**ソ連**から独立します。
- 独立以降も、親ロシア派と親EU派が対立。2004年には不正選挙に対する抗議デモが発生。再投票が行われ、1回目と異なり、親EU派が勝利を収めました（**オレンジ革命**）。
- 1986年、**チェルノブイリ**では大規模な原子力発電所の爆発事故が発生。
- 2019年、**クリミア半島**とロシアを結ぶ鉄道橋が開通。同国は非難しています。
- **チェルノーゼム**と呼ばれる肥沃な黒土が広がっています。
- **ドニエプル川**沿いには遊泳できるスポットがありますが、安全性や汚染が心配されています。
- **キエフ・バレエ**は名門バレエ団として知られています。
- 世界遺産に、**キエフの聖ソフィア大聖堂と関連する修道院群及びキエフ・ペチェールシク大修道院**などがあります。

キエフ・バレエ

ウズベキスタン共和国

Republic of Uzbekistan

シルクロードの要衝であることから、地下鉄の駅名も“シルクロード駅”に。タシケントやサマルカンドなど一部の都市は、2,500年にもわたる交易都市としての歴史があります。

基本データ

国土：約44万7,000㎢
人口：約3,280万人
首都：タシケント
民族：ウズベク系（約84%）、タジク系など
言語：公用語はウズベク語、ほかロシア語
宗教：主にイスラム教スンニー派
政体：共和制
GDP：604億ドル（1人当たり1,832ドル）
貿易総額：輸出174億ドル、輸入242億ドル
在留邦人数：127人
在日当該国人数：3,665人

これだけは知っておこう！

- 紀元前からイラン系のソグド人が活躍。**ソグド人**は、商人として活動する傍ら、宗教、文字などの文化の伝達者としての役割も果たしていました。
- 13世紀、**チンギス・ハン**率いるモンゴル軍が侵攻。その後、ティムールが14～15世紀にティムール帝国を建国。モンゴル軍に破壊されたサマルカンドをティムールが復興します。
- サマルカンドは**トルコ＝イスラム文化**の中心地として繁栄。
- 1860～70年代、**ロシア帝国**が征服。1991年ソ連崩壊と共に、独立。
- 国土の大半は砂漠・半乾燥地帯。**キジルクム砂漠**が多くを占め、北部のアラル海は乾燥化しています。
- 海に行くために2回国境を通過しなければならない、世界で2つしかない**二重内陸国**の一つ。
- **サマルカンド・ブルー**と呼ばれる、独自の青い建物たちは息をのむほどの美しさ。
- 隣国のアフガニスタンやキルギスなどに比べて**治安は良好**。
- 世界遺産に、**サマルカンド-文化交差路**や、**ブハラ歴史地区**、**ヒヴァのイチャン・カラ**（城塞都市）などがあります。

ヒヴァの城塞

エストニア共和国

Republic of Estonia

世界有数のIT立国。電子政府、電子IDカード、ネットバンキングなどが普及。個人情報のオンライン閲覧も可能です。サイバー防衛においても先進的な対策に取り組んでいます。

基本データ

国土：約4万5,000㎢
人口：約132万人
首都：タリン
民族：エストニア人（約70%）、ロシア人
言語：エストニア語（フィン・ウゴル語派）
宗教：半数以上が無宗教。ほか、ロシア正教など
政体：共和制
GDP：303億ドル（1人当たり2万2,990ドル）
貿易総額：輸出170億ドル、輸入191億ドル
在留邦人数：166人
在日当該国人数：206人

これだけは知っておこう！

- **バルト三国**の北端の国。1219年、デンマーク人が進出し、**タリン**を築きました。しかし言語は**フィンランド系**に近いです。
- 14世紀にドイツ騎士団が進出・領有。その後もスウェーデン領やロシア領になり、1991年に**ソ連の構成国**から独立しました。
- IT先進国として、選挙投票、確定申告、会社の設立、納税、電子署名などがオンラインでできます。2007年に**世界初の国政選挙での電子投票**を導入しました。
- **電子居住権（e-Residency）**の制度を導入。取得することで、エストニア国民以外でも、**電子政府が利用できます。**
- 電子居住者には**ドイツのメルケル首相**や日本の**安倍晋三首相**、**ローマ法王**などがいます。
- 小学校からの**プログラミング教育**に力を入れています。
- 伝統的に**ロシア**への警戒感が強く、ウクライナ危機を受けたEUの対露制裁の継続を強く支持しています。
- おとぎ話の世界のような街並みなどが美しく、**年間500万人もの観光客**が訪れています。
- 世界遺産に**タリン歴史地区（旧市街）**などがあります。

IT立国

オーストリア共和国

Republic of Austria

ベートーベン、モーツァルト、ヨハン・シュトラウスなど著名な音楽家が大成した国。首都ウィーンは「世界で最も住みやすい都市」に２年連続で１位を獲得しました（2018年と2019年）。

基本データ

国土：約8万4,000㎢
人口：約880万人
首都：ウィーン
民族：ゲルマン民族など
言語：ドイツ語
宗教：カトリック（約64%）、プロテスタント
政体：連邦共和制
GDP：4,561億ドル（1人当たり5万1,343ドル）
貿易総額：輸出1,848億ドル、輸入1,937億ドル
在留邦人数：3,024人
在日当該国人数：631人

これだけは知っておこう！

- 1273年、**ハプスブルク家**のルドルフ1世が神聖ローマ帝国の皇帝に選出されてから、ハプスブルク家はその名をヨーロッパ中に轟かせていきます。
- 傍若無人な振る舞いで有名な**マリー・アントワネット**もハプスブルク家からフランス国王ルイ16世の元に嫁ぎました。
- 1867年にハンガリーを二重国家とし、**オーストリア=ハンガリー帝国**が成立。
- 1914年、皇位継承者である**フランツ・フェルディナント大公夫妻**が暗殺された事件（サラエボ事件）がきっかけで**第一次世界大戦**が勃発しました。
- 1918年、第一次世界大戦の敗戦と革命により、オーストリア=ハンガリー帝国は崩壊。**共和制**となりました。
- 1938〜45年、ナチス・ドイツによって併合。その後も米英仏ソに支配されますが、1955年、独立を回復。**永世中立**を宣言しました。
- メンデルの法則と呼ばれる遺伝の法則を発見した**メンデル**も同国出身。
- **ウィーン少年合唱団**は世界有数の少年合唱団。
- 世界遺産として、**ザルツブルク市街の歴史地区**や世界初の山岳鉄道である**ゼメリング鉄道**などがあります。

ウィーン少年合唱団

オランダ王国

Kingdom of the Netherlands

北海に面した低地にあり、国土の４分の１が海抜ゼロメートル地帯であるため、風車によって土地を干拓。その結果、"風車"で有名な国として知られるようになりました。

基本データ

国土：約4万1,000㎢
人口：約1,738万人
首都：アムステルダム
民族：オランダ人（約80%）、移民（約15%）
言語：オランダ語
宗教：カトリック（約24%）、プロテスタントなど
政体：立憲君主制
GDP：9,145億ドル（1人当たり5万3,228ドル）
貿易総額：輸出7,237億ドル、輸入6,446億ドル
在留邦人数：9,223人
在日当該国人数：1,459人

これだけは知っておこう！

- 1609年、長崎県**平戸**に商館を設け、日本と交易を行っていました。ポルトガル船の来航がキリスト教の取り締まりによって禁止された後は、**日本の西洋貿易を一手に収めました。**
- 1815年、ナポレオン没落後、フランスに併合されていたオランダは**ベルギー、ルクセンブルクを含めオランダ王国**として復活しました（以後、ベルギー、ルクセンブルクは分離独立）。
- 現在でも、ベルギー、ルクセンブルクと合わせて、**ベネルクス三国**と呼ばれます。
- **首都アムステルダムは国際的な金融や商業の街**として栄えています。
- ライン川の河口にあり、現在も欧州の物流の要です。特に**ロッテルダム港**は欧州最大の規模を誇っています。
- **チューリップ畑**で有名。世界最大規模の花市場があり欧州全域に輸出しています。
- **フェルメール、レンブラント**など世界的な画家たちの出身地でもあります。
- "コーヒーショップ"と称する店では、**大麻**を購入できることもあります（麻薬を認可しているわけではない）。
- 世界遺産に、**キンデルダイクの風車群**などがあります。

風車

カザフスタン共和国

Republic of Kazakhstan

かつては羊やラクダを飼い遊牧生活をしていましたが、ソ連の構成共和国となり一転。現在は建築家の黒川紀章がデザインした首都が未来都市のようだ、と話題になっています。

基本データ

国土：約272万㎢
人口：約1,860万人
首都：ヌルスルタン（旧アスタナ）
民族：カザフ系（約67%）、ロシア系など
言語：公用語はカザフ語とロシア語
宗教：イスラム教（約70%）
政体：共和制
GDP：1,703億ドル（1人当たり9,139ドル）
貿易総額：輸出573億ドル、輸入377億ドル
在留邦人数：174人
在日当該国人数：415人

これだけは知っておこう！

- 1820年代にはロシア帝国が支配（南部を除く）。1850～60年代には、南部も**ロシア帝国**に併合。ロシア人農民が大量に入植します。
- 1920年、ソ連の構成下でキルギス自治ソビエト社会主義共和国が成立。1925年、カザフ自治ソビエト社会主義共和国に改称。1936年、**カザフ・ソビエト社会主義共和国**に昇格します。
- 1991年、ソ連崩壊に伴い、独立。以来、約30年間、**ナザルバエフ**大統領が絶対的権力を握ります（2019年に辞職）。
- 石油、天然ガス、石炭、ウランなど様々な**天然資源**に恵まれています。
- 中央アジア（カザフスタン、ウズベキスタン、キルギス、タジキスタン、トルクメニスタン）の中で、日本の約7倍という**最大の国土面積**を誇っています。
- セミパラチンスクでは、ソ連によって**核実験**が繰り返されていました。
- **カザフステップ**と呼ばれる大草原が広がっています。
- **バイコヌール宇宙基地**から、1957年に人類初の人工衛星スプートニク1号、1961年には人類初の宇宙飛行士ガガーリンが打ち上げられました。
- 世界遺産に**ホージャ・アフマド・ヤサヴィー廟**などがあります。

ヌルスルタン

コラム 11

考えよう! 日本のグローバル企業

～日本企業は世界でどのように戦っている?

POINT

① かつて日本や欧米諸国は製造業を中心に産業を発展させてきた。
② 戦後、日本は製造業を中心に高い経済成長を遂げてきた。
③ しかし近年はグローバルに活躍する新興企業が少ないなど成長に陰りが見えている。

日本企業の国際競争力は高い? 低い?

産業革命以後、人々は「モノづくり」に邁進してきました。19世紀の「鉄は国家なり」というドイツのビスマルク宰相の演説や第一次世界大戦時にフランスのクレマンソー首相が記した「石油の一滴は血の一滴」といった言葉の下、鉄鋼や機械類などあらゆる製造業が発展しました。20世紀前半までは主にヨーロッパ諸国が産業革命の拠点でしたが、第二次世界大戦以降はアメリカが中心地に。そんななか日本も健闘し、一時は「ジャパン・アズ・ナンバーワン」と褒めそやされた時期もありました。バブル崩壊以降、日本は「失われた20年」と呼ばれる長い低迷期に入ったものの、いまだその実力は健在。毎年スイスにて行われるダボス会議にて発表された「世界で最も持続可能な企業100社」の中にも、積水化学工業（12位）、武田薬品工業（68位）、コニカミノルタ（72位）、花王（86位）、パナソニック（89位）、トヨタ自動車（92位）の計6社がランクインしていました（2020年版）。また世界経済フォーラム（WEF）が発表した2019年版の「世界競争力報告」では6位。昨年の5位から一つ順位を下げたものの、まだ世界に存在感を放っているといえそうです。

しかし、アメリカの経済誌「Fortune」が発表しているグローバル企業を対象とした収益ランキング「Fortune Global 500」の2020年版で20位以内にランクインしている日本企業は、10位のトヨタ自動車のみ。そのほか本田技研工業（39位）、三菱（42位）、日本郵政（60位）、NTT（62位）など53社がランクインしましたが、アマゾン（9位）、アップル（12位）、グーグルの親会社であるアルファベット（29位）のような新興のIT企業の姿は見かけず、ほとんどが老舗といわれるような製造業や電力会社などです。

なぜこのような新興企業の台頭が見られないのか。**日本はIT化に対応した企業・組織が少ない、他国と比べて人材に対する投資の水準が低い、新規事業を興す起業家の割合が少ないことなどが挙げられています。**現在はまだ世界をリードする存在である日本ですが、このままグローバルな新興企業が現れないままでは、**他国に追い抜かれてしまい、優秀な外国人材を獲得できず、日本人の人材さえ流出してしまう可能性があります。**そのような未来を防ぐためにも、より多くのグローバル企業が国内から生まれるよう、政府を中心に環境整備や支援を行うことが大切です。

データを見ながら考えよう！

日本と世界の企業競争力

①下の表は、「世界で最も持続可能な企業100社」にランクインしている社数の国別の表です。どのような国に持続可能な企業が多いと思いますか？

合計社数の順位はアメリカ、カナダ、フランスに続いて日本は第4位（フィンランドが同率4位）

	合計社数	ランクインしている主な会社
日本	6社	積水化学工業、武田薬品工業、コニカミノルタなど
アメリカ	17社	シスコシステムズ、HP、アルファベットなど
カナダ	12社	テラス、ボンバルディア、モントリオール銀行など
フランス	9社	ケリング、サノフィ、BNPパリバなど

（Corporate Knights社「2020 Global 100 results」を基に編集部にて作成）

持続可能な企業とは？

「持続可能な企業」とはどのような企業なのでしょうか。ランキングは、さまざまな項目を総合的に鑑みて作成されていますが、重要視されているのが持続可能な開発目標（SDGs）です。SDGsでは、貧困がなくなり、地球環境を保護し、すべての人が平和や豊かさを享受できることを目指しています。そのような取り組みを実施している企業が、ランキングの上位に入っています。

②下の表は1989年と2018年の世界の時価総額ランキングです。
約30年間でどのような変化があったのでしょうか？

かつては日本企業の独壇場だったのに、今はアメリカ企業が中心となっている！

1989年			2018年		
	企業名	国名		企業名	国名
1位	NTT	日本	1位	アップル	アメリカ
2位	日本興業銀行	日本	2位	アマゾン・ドット・コム	アメリカ
3位	住友銀行	日本	3位	アルファベット	アメリカ
4位	富士銀行	日本	4位	マイクロソフト	アメリカ
5位	第一勧業銀行	日本	5位	フェイスブック	アメリカ

（『週刊ダイヤモンド』2018年8月25日号より）

なぜ日本の国際競争力は低下している？

上の表が示す通り、日本の国際競争力は低下しているといえます。原因は多々ありますが、その一つがイノベーションの競争力の低さです。弱点を克服するためにも、国際的なオープンイノベーションの促進や硬直化した組織体制の見直し、起業の促進、時代の変化に対応した規則・制度などの迅速な変更などが求められています。

北マケドニア共和国

Republic of North Macedonia

独立後、ギリシャと国名問題をめぐって争っていましたが、2018年6月に北マケドニア共和国で合意。2019年2月には憲法上の国名も変わり、新たな一歩を踏み出しています。

基本データ

国土：約2万5,000㎢
人口：約208万人
首都：スコピエ
民族：マケドニア人とアルバニア人が60%以上
言語：マケドニア語（公用語）
宗教：マケドニア正教（約70%）など
政体：共和制
GDP：126億ドル（1人当たり6,100ドル）
貿易総額：輸出71億ドル、輸入94億ドル
在留邦人数：23人
在日当該国人数：48人

これだけは知っておこう！

- 紀元前4世紀に**アレクサンドロス大王は東方遠征**を行い、ギリシャからオリエントにまたがる大帝国を形成。
- アレクサンドロス大王の家庭教師は、古代ギリシャの哲学者である**アリストテレス**。
- 古代マケドニア王国には多くのギリシャ人が住んでいましたが、6〜7世紀頃に**スラブ人**が定住。15世紀以降は**オスマン帝国**の支配下に入り、1913年の第二次バルカン戦争後に**ギリシャとセルビアに分割**されました。
- 第二次世界大戦時はブルガリアが併合。その後ユーゴスラビアがマケドニア北西部を支配し、1945年には**旧ユーゴ構成共和国**の一つとして発足。1991年に**旧ユーゴより独立**しました。
- 独立時の国名は**マケドニア**でしたが、「マケドニア地域の南部はギリシャ領である」との理由でギリシャに経済制裁を課されたことから**北マケドニア**へと改称。
- **マザー・テレサ**は主にインドで活動していましたが、同国出身のアルバニア人です。
- 現在のスコピエ駅は、日本人建築家・**丹下健三**が設計。
- 世界遺産に**オフリド地域の自然・文化遺産**があります。

オフリド地域

キプロス共和国

Republic of Cyprus

北部のトルコ系と南部のギリシャ系に分断されている国家。しかし、分断状態のなかでも経済発展を遂げ、EU加盟も果たしています。

基本データ

国土：約9,251㎢
人口：約119万人
首都：ニコシア
民族：ギリシャ系、トルコ系など
言語：南はギリシャ語、北はトルコ語
宗教：南はギリシャ正教、北はイスラム教
政体：共和制
GDP：244億ドル（1人当たり2万8,341ドル）
貿易総額：輸出32億ドル、輸入90億ドル
在留邦人数：55人
在日当該国人数：44人

これだけは知っておこう！

- 1974年、トルコ軍による軍事侵攻が行われて以降、北部はトルコ系、南部はギリシャ系と**南北で分裂状態**にあります。
- 1983年、北部のトルコ占領地域は、一方的に**北キプロス・トルコ共和国**の独立を宣言しています（トルコのみ承認）。
- 南北の衝突を抑止するため国連が引いた緩衝地帯（停戦ライン）は**グリーンライン**と呼ばれています。
- 2004年、南北に分かれた状態のまま**EU加盟**を果たしました。
- 2013年、ギリシャの債務危機に際して、キプロスでも大きな**金融危機**が発生しました。
- 観光業も盛んで、2016年以降、**毎年300万人を超える旅行者**が訪れています。
- 2018年、教会から44年前に略奪された1,600年前の**モザイク画**が返還されたことが話題になりました。
- シェイクスピアの悲劇**「オセロ」**の主人公は、同国の軍隊の指揮官です。
- 世界遺産にパフォスなどがあります。パフォスにあるペトラ・トゥ・ロミウ海岸はローマ神話の美の女神である**ヴィーナス生誕の地**として有名です。

ヴィーナスの誕生

ギリシャ共和国

Hellenic Republic

神話の舞台としても知られる、ヨーロッパ文明発祥の地。オリンピックが生まれた場所でもあり、近代オリンピックの第1回大会は1896年、ギリシャのアテネで開催されました。

基本データ

国土：約13万1,000㎢
人口：約1,074万人
首都：アテネ
民族：ギリシャ人など
言語：現代ギリシャ語（公用語）
宗教：ギリシャ正教
政体：共和制
GDP：2,182億ドル（1人当たり2万317ドル）
貿易総額：輸出394億ドル、輸入638億ドル
在留邦人数：662人
在日当該国人数：592人

これだけは知っておこう！

- **観光業**が主要産業であり、エーゲ海やサントリーニ島、クレタ島、ミコノス島、メテオラ修道院、パルテノン神殿、ゼウス神殿など数多くの観光名所が存在しています。
- ギリシャ正教と呼ばれる東方正教会は、カトリック、プロテスタントと並び、**キリスト教の三大教派の一つ。**
- 古代ギリシャはポリスと呼ばれる都市国家間で争っていましたが、紀元前7世紀、**マケドニア王国**として統一されます。マケドニア王国の有名な王が、東方遠征を行った**アレクサンドロス大王**です。
- ローマ帝国の属国となりますが、その後**オスマン帝国**に支配されます。
- 1821年、オスマン帝国からの独立戦争を起こし、1832年には**ギリシャ王国**が成立しました。
- 1924年、共和制を選ぶものの、世界恐慌などの影響で1935年**王政復古**が決定。そして1974年、再度**共和制**に移行しています。
- 近代五輪の父、**ピエール・ド・クーベルタン**の心臓はギリシャの古代競技場のそばに埋められました。
- 世界遺産として、**オリンピアの考古遺跡**、**アトス山**、**アテネのアクロポリス**などがあります。

パルテノン神殿

キルギス共和国

Kyrgyz Republic

国土の大半が高地にあり、豊かな自然が魅力。幻の湖と呼ばれ、ソ連時代は外国人は立ち入り禁止だったイシク・クル湖や野生のチューリップなど珍しい自然に出合うことができます。

基本データ

国土：約19万8,000㎢
人口：約620万人
首都：ビシュケク
民族：キルギス系（約73%）など80もの民族
言語：国語はキルギス語、公用語はロシア語
宗教：主としてイスラム教スンニー派
政体：共和制
GDP：82億ドル（1人当たり1,293ドル）
貿易総額：輸出19億ドル、輸入49億ドル
在留邦人数：145人
在日当該国人数：552人

これだけは知っておこう！

- 18〜19世紀前半、**コーカンド・ハン国**による支配を受けます。
- 1855〜76年、ロシア帝国が併合。その後、**ソ連の構成共和国**の一つに。
- 1991年、ソ連の崩壊により、**キルギスタン共和国**として独立を果たします（1993年、国名を現在のキルギス共和国に変更）。
- 独立後、**アカーエフ**大統領は民主主義と市場の経済化を強く推進。しかし独裁体制を批判され、2005年に辞任（チューリップ革命）。
- 2011年、中央アジアでは珍しく、**民主的な選挙**によって大統領が交代。ソ連崩壊以降、初だと言われています。
- 雨の降る日が少なく、年間平均322日は晴天。冬は**マイナス20度**になることも。
- 現在もユルタ（遊牧民が暮らすテント）に住む**遊牧民**の姿を見られます。
- 「大昔、キルギス人と日本人は兄弟だった。肉が好きな人はキルギス人となり、魚を好きな人は日本人となった」と言われるほど、**日本人と顔が似ています**。
- 遊牧文化のもと無形文化が発展。有名なのが、**マナス**と呼ばれる口承による数十万行に及ぶ英雄叙事詩。
- アラトー広場には以前、**レーニン像**が建っていました（現在は伝説の王であるマナス像に）。
- 世界遺産に**聖なる山スライマン=トー**などがあります。

遊牧民

クロアチア共和国

Republic of Croatia

さまざまな国によって支配される中、強いクロアチア人としての民族意識が芽生えるように。クロアチア紛争では、約20万人ものセルビア系住民が難民として国外に流出しました。

基本データ

国土：約5万6,000㎢
人口：約406万8,000人
首都：ザグレブ
民族：クロアチア人（約90%）、セルビア人（約4%）
言語：クロアチア語（公用語）
宗教：カトリック、セルビア正教など
政体：共和制
GDP：608億ドル（1人当たり1万4,869ドル）
貿易総額：輸出174億ドル、輸入282億ドル
在留邦人数：151人
在日当該国人数：150人

これだけは知っておこう！

- 10世紀前半にクロアチア王国が建国されますが、その後、**ハンガリー、オスマン帝国**などの支配下に。
- 1918年に**セルビア人・クロアチア人・スロベニア人王国**（後のユーゴスラビア王国）を建国するも、セルビアの集権に反発し、1939年**クロアチア自治州**を設立。
- 第二次世界大戦中、ナチス・ドイツの傀儡国・**クロアチア独立国**の樹立を宣言。民族主義団体・ウスタシャは、セルビア人などの大量虐殺を実施しました。
- 1945年、旧ユーゴ構成共和国の一つになるも、1991年、スロベニアと共に独立を宣言。しかしこれに反発した**セルビア人との間に民族紛争**が勃発。その結果、国内にいるクロアチア人は75%→90%、セルビア人は12.2%→4%と民族構成が大きく変わりました。
- 世界遺産としてドブロヴニク旧市街などがあります。ここは"**アドリア海の真珠**"と呼ばれるほどの風光明媚な景色を楽しめます。
- 近年、**日本からの観光客が増加**しており、2009年には15万人近くにまで膨れ上がりました。
- クロアチアでは**サッカー**が盛ん。熱狂的なサポーターがしばしば暴動を起こすこともあります。

ドブロヴニク

コソボ共和国

Republic of Kosovo

1999年、セルビアとの紛争により数十万のアルバニア系住民が難民化。そのような困難を乗り越え2008年に独立した、ヨーロッパで一番若い国です。

基本データ

国土：約1万㎢
人口：約180万5,000人
首都：プリシュティナ
民族：アルバニア人（約92%）、セルビア人（約5%）
言語：アルバニア語、セルビア語（共に公用語）
宗教：イスラム教、セルビア正教など
政体：共和制
GDP：79億ドル（1人当たり4,442ドル）
貿易総額：データなし
在留邦人数：7人
在日当該国人数：12人

これだけは知っておこう！

- 6〜7世紀以前には、現在のアルバニア人の先祖である**イリュリア人**が定住していたと言われています。
- 13〜14世紀には、**セルビア王国**の中心地でしたが、1389年のコソボの戦いでセルビアが**オスマン帝国**に敗退。以降、イスラム教に改宗した**アルバニア人**が入植を開始します。
- 1945年、**ユーゴスラビア社会主義連邦共和国**が建国。セルビア共和国の一部としてコソボ・メトヒヤ自治区（1963年、**コソボ自治州**に改称）が加入しました。
- 1990年、アルバニア系住民が**コソボ共和国の樹立とセルビアからの独立を宣言**。しかしセルビアは直接統治を開始。アルバニア系住民がこれに反抗し、**内戦**となりました。
- 1990年、NATOが軍事介入を行い、コソボを含むセルビア全域を攻撃。コソボ紛争終結後、国連がコソボの暫定統治を開始するなど支援した結果、**2008年にセルビアから独立**しました。
- NATOの軍事介入によって独立できたことから、**アメリカに深い恩義**を感じています。
- 世界遺産に**コソボの中世建造物群**があります（同国は世界遺産条約未締約であるため、セルビアの世界遺産に分類されています）。

中世建造物群

サンマリノ共和国

Republic of San Marino

イタリアに囲まれた小国。4世紀初頭、石工・マリーノがローマ皇帝によるキリスト教迫害から逃れ、この地にキリスト教徒の共同体を作ったことが始まりと言われています。

基本データ

国土：約61㎢
人口：約3万3,000人
首都：サンマリノ
民族：サンマリノ人（約80%）、イタリア人
言語：イタリア語
宗教：カトリック
政体：共和制
GDP：16億ドル（1人当たり4万8,948ドル）
貿易総額：データなし
在留邦人数：7人
在日当該国人数：1人

これだけは知っておこう！

- イタリア半島の中部に位置しており、周囲もすべて**イタリア**です。
- 1631年、ローマ法王が独立を承認。世界最古の**独立共和国**となりました。
- 1862年、**イタリアと友好善隣条約**を締結。通信や郵便などの運営を通じて、密接な協力関係にあります。
- 近隣の都市国家から自国を守るため**要塞化**。ティターノ山頂にはグアイタ、チェスタ、モンターレと3つの塔があります。これらの塔は国旗にも描かれており、国のシンボルになっています。
- 国名は建国者の**マリーノ**（聖マリヌス）から付けられています。
- EU非加盟国ですが、イタリアとの取り決めにより、通貨は**ユーロ**を使用。
- サッカークラブチーム**“サンマリノ・カルチョ”**は同国に拠点を置く唯一のプロチーム。しかし、大部分の選手は**イタリア国籍**。
- 2018年時点で、すでに**5Gネットワーク**が運用されています。
- **平均寿命が長く**、世界首位になったことも。
- **免税大国**であるため、多くの観光客が訪れるも、その大半はイタリア人。
- 世界遺産に**サンマリノの歴史地区とティターノ山**があります。

ティターノ山

ジョージア

Georgia

クレオパトラやスターリンも愛した8,000年もの伝統をもつワインが有名。2015年、グルジアからジョージアに呼び名を変える法律が日本で成立し、話題になりました。

基本データ

国土：約6万9,000㎢
人口：約390万人
首都：トビリシ
民族：ジョージア系（約87%）など
言語：公用語はジョージア語
宗教：主にキリスト教（ジョージア正教）
政体：共和制
GDP：159億ドル（1人当たり4,289ドル）
貿易総額：輸出33億ドル、輸入91億ドル
在留邦人数：63人
在日当該国人数：63人

これだけは知っておこう！

- 975年、バグラト朝が成立。タマラ女王の下、最盛期には**南コーカサス全域**（現在のアゼルバイジャン、アルメニア、同国）を領有します。
- 19世紀になると、**ロシア帝国**に併合されます。
- 1918年、ジョージア共和国として独立するも、1921年には**ソ連構成共和国**の一つに。1991年、ソ連崩壊に伴い、再度独立を宣言します。
- **南オセチア自治州**、**アブハジア自治共和国**を巡って2008年にロシアと戦争。両地域共、同国からの分離独立を求めています。
- 2019年、大統領府や政府、報道機関などが大規模な**サイバー攻撃**を受けました（同国はロシアの関与を疑念）。
- トビリシはかつて『東方見聞録』を執筆した**マルコ・ポーロ**も「絵のように美しい」と称えた街です。
- トビリシは**温泉**の街としても有名。トビリシの名も現地語で「温かい」を意味するトリビが起源と言われています。
- ソ連の指導者、**スターリン**も同国出身。
- **クヴェヴリ**と呼ばれる甕（かめ）を使った独特の製法でワインを製造しています。
- 世界遺産に**ムツヘタの歴史的建造物群**などがあります。

クヴェヴリ

スイス連邦

Swiss Confederation

時計など精密機械工業やチューリヒの金融業などで発展した国。ネスレなど世界的な企業が集まり、世界経済フォーラム発表のグローバル競争力指数でも1位に輝いたことがあります。

基本データ

国土：約4万1,000㎢
人口：約854万人
首都：ベルン
民族：主としてゲルマン民族（外国人約25%）
言語：ドイツ語、フランス語、イタリア語など
宗教：カトリック、プロテスタントなど
政体：連邦共和制
GDP：7,055億ドル（1人当たり8万3,161ドル）
貿易総額：輸出3,107億ドル、輸入2,795億ドル
在留邦人数：1万982人
在日当該国人数：2,830人

これだけは知っておこう！

- 国土は主に、**ジュラ山地地域、中央平原地域、アルプス山地地域**の3つに分けられます。
- 11世紀にはスイス全域が**神聖ローマ帝国**の支配下に。
- 15～18世紀には、スイス傭兵はヨーロッパ各国のさまざまな戦争に参加。現在も、バチカン市国でローマ教皇を警護する**スイス衛兵**がいます。
- 17世紀の三十年戦争のときに"武装中立"の立場を宣言。1815年、**永世中立国**であることを欧州列強から認められました。
- ジュネーブの**国際連合欧州本部**など、多くの国際機関が集まっています。
- **ダボス会議**には、世界各国の政治家やビジネスリーダーが集まります。
- **スイス連邦工科大学チューリッヒ校**は、QS世界大学ランキングにて欧州本土トップになったことも。
- ベルンには相対性理論で有名な**アインシュタイン**の家があります。
- 伝説の英雄**ウィリアム・テル**は実在が確認されていないながらも絶大なる人気を誇り、スイスの5フラン硬貨にも肖像が使われています。
- 世界遺産に**ラ・ショー=ド=フォンとル・ロックル、時計製造業の都市計画**などがあります。

アルプス

スウェーデン王国

Kingdom of Sweden

グレタ・トゥンベリさんといった著名な環境保護活動家を輩出している環境保護大国。近年は北極地域の気候変動・環境問題の対応などにも積極的に取り組んでいます。

基本データ

国土：約45万㎢
人口：約1,022万人
首都：ストックホルム
民族：スウェーデン人、サーミ人など
言語：スウェーデン語
宗教：福音ルーテル派が多数
政体：立憲君主制
GDP：5,511億ドル（1人当たり5万3,873ドル）
貿易総額：輸出1,659億ドル、輸入1,701億ドル
在留邦人数：4,217人
在日当該国人数：1,739人

これだけは知っておこう！

- 1397年、**カルマル同盟**により、デンマークが同国を事実上支配。1523年にグスタフ1世が即位したのをきっかけにデンマークから独立します。
- 19世紀、ナポレオン戦争後は、ナポレオンの部下であった**フランスのカール14世ヨハンが国王に即位**。現在のベルナドッテ王家の始まりでもあります。
- 福祉国家として知られており、**教育費は大学まで無料。医療費も18歳以下は無料です。**
- 消費税は25%（軽減税率あり）ですが、相続税は2004年に廃止。**国への所得税も高収入の人にしか課税されません。**
- 福祉国家であるがゆえ、公務員の数が多く、**3人に1人以上は公務員**です。
- 決済のキャッシュレス化が進んでおり、中央銀行が電子通貨の発行を検討しているほどの**キャッシュレス先進国**です。
- ファッションブランド“**H&M**”、音楽ストリーミングサービス“**Spotify**”もスウェーデンで誕生しました。
- ダイナマイトを発明したスウェーデン人、アルフレッド・ノーベルの遺言に基づいて、**ノーベル賞**は創設されました。
- 世界遺産に**ラポニア（ラップ人）地域**などがあります。

ノーベル賞メダル

スペイン王国

Kingdom of Spain

100年以上にわたり建設中の世界遺産サグラダ・ファミリアや、ピカソ、ダリといった世界的な芸術家を生み出した国。情熱的なお国柄で、牛追い祭りなどダイナミックな祭典も有名です。

基本データ

国土：約50万6,000㎢
人口：約4,693万人
首都：マドリード
民族：スペイン人が約半数
言語：スペイン語（公用語）
宗教：カトリックが多数、ほかにイスラム教
政体：議会君主制
GDP：1兆4,258億ドル（1人当たり3万733ドル）
貿易総額：輸出3,451億ドル、輸入3,880億ドル
在留邦人数：8,192人
在日当該国人数：3,368人

これだけは知っておこう！

- ローマ帝国、西ゴート王国に支配された後、イスラム勢力が上陸。約800年にわたって、**レコンキスタ（再征服）**と呼ばれる、キリスト教徒のイスラム教徒からの国土奪回が続きます。
- 16世紀には、**アメリカ大陸**を中心に植民地を増やしていきますが、17世紀後半にはイギリスに世界制覇の座を譲っていきます。
- 1931年、第二次共和制が開始。しかし政治は混乱し、1936年に**スペイン内戦**が勃発。1939年、フランコ将軍率いる反乱軍が勝利し、1975年までフランコによる独裁体制が続きました。
- 1975年、フアン・カルロス1世が国王に即位。2014年には**フェリペ6世**が王位を継承しました。
- 現在、カタルーニャ地域では**分離独立**を求める動きが出ています。
- ピカソの名作**ゲルニカ**は、スペイン内戦下のゲルニカの市民空爆の残酷さを描いたものです。
- 世界遺産に**アルタミラ洞窟、サンティアゴ・デ・コンポステーラの巡礼路、アルハンブラ宮殿、ヘラクレスの塔**などがあります。

アルハンブラ宮殿

スロバキア共和国

Slovak Republic

チェコスロバキアが2つに分離してできた国。近年はウィンタースポーツのメッカとしても有名で、多くのスキー観光客が訪れます。

基本データ

国土：約4万9,000㎢
人口：約545万人
首都：ブラチスラバ
民族：スロバキア人（約81%）など
言語：スロバキア語（公用語）
宗教：カトリック（約62%）、プロテスタントなど
政体：共和制
GDP：1,066億ドル（1人当たり1万9,579ドル）
貿易総額：輸出942億ドル、輸入938億ドル
在留邦人数：256人
在日当該国人数：402人

これだけは知っておこう！

- 10世紀、大モラヴィア国滅亡後、ハンガリー王国の支配下に。その後長きにわたって、**ハンガリーなど他国の統治下に置かれました。**
- 1918年、第一次世界大戦後のオーストリア＝ハンガリー帝国崩壊後、**チェコスロバキア共和国**を建国しました。
- 1939年にスロバキア国は独立しますが、実際はナチス・ドイツの傀儡政権。第二次世界大戦末期の1944年、スロバキアの真ん中にある町、**バンスカー・ビストリツァ**を中心に反ナチスの**スロバキア民族蜂起（SNP）**を起こしました。その結果、ナチス・ドイツの支配下から抜け出し、戦勝国として認められるように。
- 1945年、**チェコスロバキア共和国**が独立回復。しかし1948年には共産党一党独裁の共産主義国に。
- 1968年、**プラハの春**と呼ばれる民主化運動が勃発。
- 1989年、ビロード革命と呼ばれる民主革命により、共産主義体制が終了。1993年には平和的にチェコと分離し、**スロバキア共和国**として独立しました。
- **チェコ語とスロバキア語**は近く、チェコ語とスロバキア語で話しても会話が成立するといわれるほど。
- 世界遺産に**レヴォチャ歴史地区、スピシュスキー城及びその関連する文化財**などがあります。

スピシュスキー城

ヨーロッパ
スロバキア

スロベニア共和国

Republic of Slovenia

旧ユーゴスラビアの中でも随一の工業国。現在でも、日本の安川電機が産業用ロボットの欧州製造拠点を設置するなど、投資が増加しています。

基本データ

国土：約2万㎢
人口：約206万人
首都：リュブリャナ
民族：スロベニア人が多数
言語：スロベニア語（公用語）
宗教：カトリック（約58%）、イスラム教など
政体：共和制
GDP：488億ドル（1人当たり2万3,597ドル）
貿易総額：輸出442億ドル、輸入422億ドル
在留邦人数：157人
在日当該国人数：202人

これだけは知っておこう！

- 1918年、**セルビア人・クロアチア人・スロベニア人王国**を建国。その後、同国はユーゴスラビア王国に改称。
- 1945年、**旧ユーゴ構成共和国**の一つとして発足。
- チトー大統領の死後、民主化運動が活発になり、**1991年に独立を宣言**。
- ユーゴスラビアの中では最先端の工業地域であったため、国内の工業水準は高いです。約1,300機の小型航空機を輸出してきたピピストレル社は**世界初の実用レベルの電動飛行機を開発**し、NASAから表彰されました。
- スラブ人の国でありながらも、生活スタイルは西欧に近く、また外国語が特別に達者な人が多いです。国民の**9割が少なくとも1カ国、6割近くが2カ国**の外国語を話せます。
- カルスト地形という地理学用語はクラス地方が発祥。ここには、**シュコツィアン洞窟群**をはじめ数多くの鍾乳洞があります。
- スキー、サッカー、アイスホッケー、ハンドボールなどが盛んな**スポーツ大国**でもあります。
- “エメラルドの美しさ”と称される**ソチャ川**はカヤックやラフティング、渓流釣りの名所です。
- 世界遺産に、水銀鉱山である**水銀の遺産アルマデンとイドリヤ**などがあります。

シュコツィアン洞窟群

セルビア共和国

Republic of Serbia

紛争地帯でありつつも、現在は製造業などの産業も活性化。しかし2008年に行われたコソボの独立は今もなお承認しておらず、対立の火種はまだくすぶっています。

基本データ

国土：約7万7,000㎢
人口：約712万人
首都：ベオグラード
民族：セルビア人（約83%）など
言語：セルビア語（公用語）、ハンガリー語など
宗教：セルビア正教、カトリックなど
政体：共和制
GDP：505億ドル（1人当たり7,397ドル）
貿易総額：輸出192億ドル、輸入258億ドル
在留邦人数：159人
在日当該国人数：242人

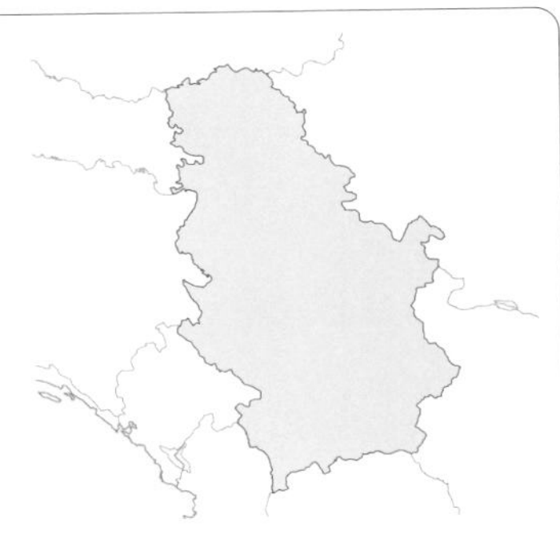

これだけは知っておこう！

- 12世紀後半、東ローマ帝国が衰退する中、**セルビア王国**を建国。しかし、14世紀には**オスマン帝国**の支配下に。その後、1878年に**セルビア王国**として再び独立しました。
- 1918年、第一次世界大戦後に、**セルビア人・クロアチア人・スロベニア人王国**（のちのユーゴスラビア王国）を建国。
- 1945年には**旧ユーゴ構成共和国**の一つになります。
- 1992年、ユーゴ解体の中で、モンテネグロと共に**ユーゴスラビア連邦共和国**を建国。2006年6月、モンテネグロの独立により**セルビア共和国**に。
- 2008年に**コソボが同国からの独立を宣言**しますが、いまだ**未承認の立場**。
- 東日本大震災のときは、一時は**ヨーロッパで最高額の義援金**を寄せてくれました。
- ベオグラードは、**白い街**という意味。白い漆喰の建物が多いことから名づけられました。
- 同国出身のプロテニス選手の**ジョコビッチ**は、男子史上3人目のグランドスラム4大会連続優勝者。
- セルビア人の**ニコラ・テスラ**は直流による電力事業を展開するエジソンに対抗して、交流による電力事業を推進。
- 世界遺産に**スタリ・ラスとソポチャニ**などがあります。

スタリ・ラスとソポチャニ

コラム 12

考えよう! 日本の仮想通貨

～なぜ仮想通貨が注目を集めている？

POINT

① 世界で初めての通貨は、紀元前７世紀ごろに造られたエレクトロン貨。
② 日本では８世紀の和同開珎（わどうかいちん）の流通を皮切りに、貨幣は今もなお進化を遂げている。
③ 近年はデジタルマネーを軸に世界における貨幣の概念は変わりつつある。

2,500年以上、進化を続けている世界の貨幣

現在発見されている中で世界最古の鋳造貨幣（硬貨）は、紀元前7世紀ごろにリディア（現在のトルコ西部）にて造られた「エレクトロン貨」。日本では古代は物々交換で必要な品々を手に入れていましたが、7世紀の飛鳥時代から中国の開元通宝をモデルとした「富本銭」が造られ、8世紀には日本で初めて流通したといわれる「和同開珎」と呼ばれる貨幣が使用されるようになりました。その後も世界各国で貨幣が造られ、日本でも2024年度をめどに新紙幣が発行されることが発表されるなど、貨幣の歴史は今なお刻まれています。

そんななか、21世紀に入って新たな通貨（デジタルマネー）が誕生しました。仮想通貨（別名、暗号資産）です。仮想通貨とは、インターネット上でやり取りできる財産的価値のことで、代表的なものにビットコインやイーサリウムなどがあります。2017年、ビットコインが高騰し、1億円以上の資産を築く「億り人」と呼ばれる人が多数誕生したことも記憶に新しいのではないでしょうか。

仮想通貨はなぜ現在、注目を集めるのか。仮想通貨には以下の性質があります。

(1) 代金の支払いなどに使用でき、法定通貨（日本円やアメリカドルなど）と相互交換ができる。
(2) 電子的に記録され、移転ができる。
(3) 法定通貨または法定通貨建ての資産（プリペイドカードなど）ではない。

仮想通貨は通常、交換所や取引所と呼ばれる事業者を通じて、入金・換金できます。国家や中央銀行が発行した通貨でないにも関わらず、多くの人たちから信用を集めた理由の一つがブロックチェーンと呼ばれる技術です。ブロックチェーンは分散型台帳技術と呼ばれ、データベースの一部を共通化し、誰もがリアルタイムで情報を閲覧できる状態にします。**世界中の人たちがトランザクションと呼ばれる仮想通貨の取引記録をいつでも見られることで不正を防止する。この技術をもって、仮想通貨の信頼性は向上しているのです。**

さまざまなメリットがある仮想通貨ですが、価格変動の大きさやセキュリティ問題など注意点も多いです。近年はフェイスブックが独自の仮想通貨であるリブラの発行を発表するなど、通貨の既成概念を変えるような動きが起きています。今後数十年の間に、私たちが今使用している通貨を見かけることがなくなるかもしれません。

データを見ながら考えよう！

日本と世界の通貨の状況

①日本と世界の通貨の歴史です。通貨は今後、どのような変遷を遂げると思いますか？

年代	内容
紀元前7世紀	リディアにて世界初の硬貨であるエレクトロン貨が造られる
708年	日本で初の流通した硬貨・和同開珎が造られる
10世紀	世界初の本格的な紙幣・交子が中国にて造られる
14〜15世紀	日本は中国から銅銭を輸入。特に永楽通宝は関東を中心に、広く使われるように
17世紀	日本で初めて貨幣制度が統一。全国で同じ硬貨が使用される

年代	内容
19世紀	日本では造幣局が建設され、貨幣の大量発行が可能に
20世紀	世界で金本位制が廃止。現在の管理通貨制へ移行
21世紀	世界各国でデジタルマネーが普及
2019年	フェイスブックが仮想通貨・リブラの発行を発表

通貨の形態は
変化し
続けている！

通貨のメリットとは？

通貨が誕生する前、人々は物々交換で欲しいものを手に入れていました。しかし、物々交換では欲しいものが見つからなかったり、品物の貯蔵が利かなかったりして必要な物が必要なときに入手できない問題がありました。現在、通貨が発行されるようになり、私たちの生活はだいぶ快適になりました。しかし、世界にはインフレによって貨幣価値がなくなったり、偽札が横行したりなどの問題で、通貨が本来の機能を果たせていない国や地域もあります。

②各国のキャッシュレス決済比率の状況（2015年）です。自分の感想を述べてみましょう

（経済産業省「キャッシュレス・ビジョン」より）

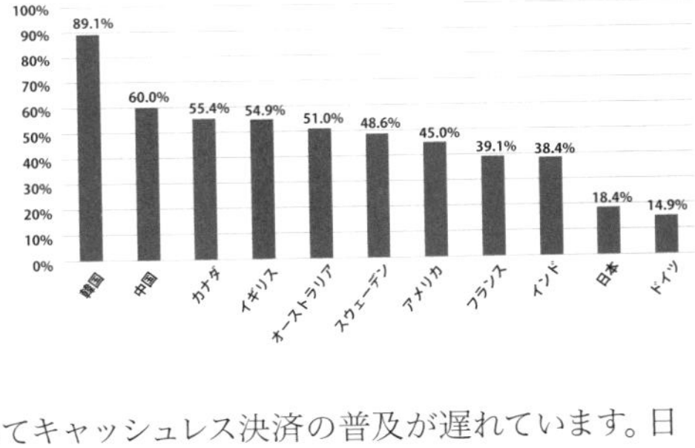

国	キャッシュレス決済比率
韓国	89.1%
中国	60.0%
カナダ	55.4%
イギリス	54.9%
オーストラリア	51.0%
スウェーデン	48.6%
アメリカ	45.0%
フランス	39.1%
インド	38.4%
日本	18.4%
ドイツ	14.9%

なぜ日本ではキャッシュレス決済の普及が遅れている？

右のグラフの通り、日本は諸外国に比べてキャッシュレス決済の普及が遅れています。日本の現金はキレイで、偽札も少ないです。現金の信頼性の高さが、キャッシュレスが浸透しない理由の一つといわれています。

国は2025年までに
キャッシュレス決済の比率を
約4割まで
引き上げようとしている！

タジキスタン共和国

Republic of Tajikistan

大自然の絶景を満喫でき、パミールハイウェイは世界中のサイクリストを魅了。中央アジア最貧国ですが、近年は中国の援助によりインフラ整備が進みつつあります。

基本データ

国土：約14万3,000㎢
人口：約930万人
首都：ドゥシャンベ
民族：タジク系（約84%）、ウズベク系など
言語：公用語はタジク語、ほかロシア語
宗教：イスラム教スンニー派が最も優勢
政体：共和制
GDP：82億ドル（1人当たり877ドル）
貿易総額：輸出11億ドル、輸入31億ドル
在留邦人数：38人
在日当該国人数：176人

これだけは知っておこう！

- 19世紀、**ロシア帝国**の支配下に。1991年、ソ連からの独立を宣言します。
- 独立の翌年から、5年間、政権側の共産主義者とイスラム勢力を含む反政府勢力との間で**内戦が勃発**。多くの犠牲者が発生しました。
- 1998年、**日本人の国連職員**含む4名がPKO活動中に武装勢力に殺害される事件が発生。
- 1994年以降、ラフモン大統領が25年以上にわたり大統領に。2016年の憲法改正により、ラフモン大統領の**大統領職任期制限は撤廃**されました。
- 中国の一帯一路構想に賛同。**政府庁舎**と**国会議事堂**は中国の援助により建て替えられることになりました。
- 豊富な水資源を有する水資源国家であることから、**水力発電**の開発を実施。
- **"太陽のふもとの国"**と呼ばれるほど、国土の大半が山地に覆われています。
- 中央アジアの中で、唯一**イラン系**の民族（タジク人）を主体とする国家。
- 2011年、独立20周年を記念し、**世界一高い国旗掲揚台**を造り、ギネスブックに登録されました。
- 絶滅危惧種である**ユキヒョウ**の生息圏。
- 世界遺産に**タジキスタン国立公園-パミールの山々**などがあります。

ユキヒョウ

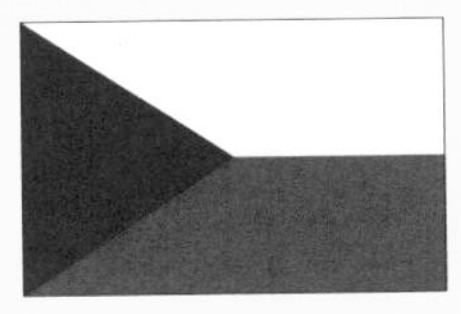

チェコ共和国

Czech Republic

プラハといった中世の面影を残す美しい街並みが特徴。ビールが大好きな国民性で、1人当たりの消費量は26年連続で1位を獲得しています。

基本データ

国土：約7万8,000㎢
人口：約1,069万人
首都：プラハ
民族：チェコ人（約69%）など
言語：チェコ語（公用語）
宗教：無宗教（約34%）、カトリック（約10%）など
政体：共和制
GDP：2,470億ドル（1人当たり2万3,213ドル）
貿易総額：輸出1,780億ドル、輸入1,599億ドル
在留邦人数：2,471人
在日当該国人数：417人

これだけは知っておこう！

- 現在のチェコ共和国の前身となった**ボヘミア王国**は12〜20世紀まで中央ヨーロッパに存在。19世紀には**オーストリア帝国の支配下**に置かれました。
- 第一次世界大戦後の1918年、**チェコスロバキア共和国**として独立。その後、ドイツに併合されるも、1945年独立を回復。
- ソ連の影響力の下、社会主義体制となるも、1968年の**プラハの春**、1989年の**ビロード革命**といった民主化運動により、共産党政権は解体。1993年、スロバキアと平和的に分かれ、チェコ共和国として独立します。
- **スメタナ**や**ドヴォルザーク**といった著名な作曲家を輩出しています。
- 科学者であるウィフテルレは**コンタクトレンズの発明者**です。
- 建築家のヤン・レッツェルは**原爆ドーム（当時は広島県産業推奨館）を設計**した。
- モラヴィア生まれの経済学者・シュンペーターは、**企業者の“イノベーション（不断の革新）”が経済成長には欠かせない**という概念を生み出しました。
- 陸上選手の**エミール・ザトペック**やテニス選手の**マルチナ・ナブラチロワ**といった有名なスポーツ選手も数多く輩出しています。
- **人形アニメーション**の製作大国としても有名。
- 世界遺産に**プラハ歴史地区**などがあります。

ビール

デンマーク王国

Kingdom of Denmark

「世界幸福度ランキング2019」で2位に輝く、福祉国家。所得格差も小さく、環境にも優しい国です。ハイテク農業や酪農も盛んであり、日本にも豚肉などを輸出しています。

基本データ

国土：約4万3,000㎢
人口：約581万人
首都：コペンハーゲン
民族：デンマーク人など
言語：デンマーク語
宗教：福音ルーテル派（国教）
政体：立憲君主制
GDP：3,509億ドル（1人当たり6万692ドル）
貿易総額：輸出1,079億ドル、輸入1,014億ドル
在留邦人数：1,569人
在日当該国人数：761人

これだけは知っておこう！

- 10世紀半ばから1,000年以上続く欧州最古の王室を持つ国。ヨーロッパ大陸北部の**ユトランド半島とデンマーク諸島**に位置します。
- **フェロー諸島及びグリーンランド**を自治領としています。
- デンマークとは“**デーン人の国**”という意味。
- **ヴァイキング**（8〜11世紀に西欧を襲った北欧の海賊）の故郷の一つ。
- 11世紀前半、クヌート王が**北海帝国**を建設。
- 14世紀には、マルグレーテ1世の下、北欧三国による**カルマル連合**を成立。1523年のスウェーデンの離脱まで続きました。
- 以後、ス**ウェーデン**とはバルト海の支配権を巡って抗争。しかし戦争の度にスコーネやシュレスヴィヒなどの要所を失い、19世紀には小国に転落しました。
- 内村鑑三は『デンマルク国の話』にて、同国を**国家建設の模範**と見なしました。
- **食料自給率は生産額ベースで300%**と高く、国内で生産されている農産物の約3分の2は輸出されています。
- 日本には**医薬品**も多く輸出しています。
- 世界遺産、**クロンボー城**はシェイクスピアの代表作である「ハムレット」の舞台です。

クロンボー城

ドイツ連邦共和国

Federal Republic of Germany

メルセデス・ベンツやフォルクスワーゲンなど世界をリードする自動車製造会社を輩出してきた工業国。第1回のノーベル賞はドイツ人の物理学者・レントゲンが受賞しました。

基本データ

国土：約35万7000㎢
人口：約8,315万人
首都：ベルリン
民族：ゲルマン系を主体とするドイツ民族
言語：ドイツ語
宗教：カトリックとプロテスタントが約3割ずつ
政体：連邦共和制
GDP：4兆ドル（1人当たり4万7,803ドル）
貿易総額：輸出1兆5,606億ドル、
　　　　　輸入1兆2,857億ドル
在留邦人数：4万5,784人　在日当該国人数：7,301人

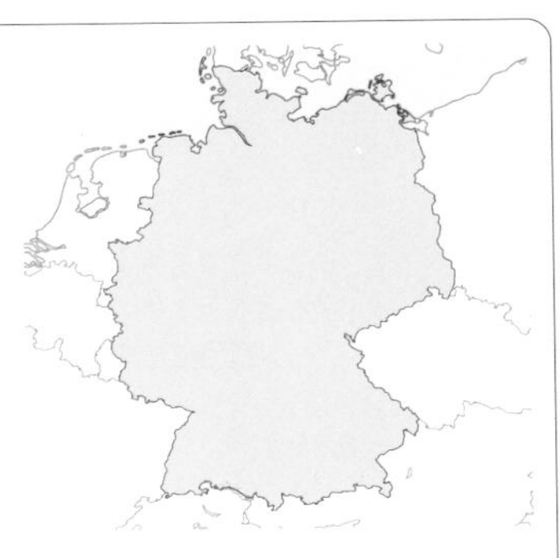

これだけは知っておこう！

- 16世紀、ルターらによる**宗教改革**が行われました。これにより、キリスト教世界には**カトリック**と**プロテスタント**という異なる宗派が生まれました。
- 1871年、**ビスマルク宰相**はヴィルヘルム1世を皇帝として戴冠させ、ドイツ帝国を成立させました。
- 論文「プロテスタンティズムの倫理と資本主義の精神」を執筆した**マックス・ヴェーバー**は、西洋の近代資本主義の発展の原動力には宗教倫理があると説いています。
- 戦前の大日本帝国憲法は、**ドイツの憲法**を手本としていました。
- ナチ党の党首である**アドルフ・ヒトラー**は、1939年、ポーランドに侵攻し、**第二次世界大戦**を引き起こしました。
- 第二次世界大戦後、**東西ドイツは分断**。しかし1990年10月3日、41年の年月を経て**ドイツは再び統一**されました。
- **メルセデス・ベンツ**などの自動車、医療技術、精密機械など製造業の分野で多くの有名企業を輩出しています。
- **フェルクリンゲン製鉄所、エッセンのツォルフェアアイン炭鉱業遺産群、アルフェルトのファグス工場**などの世界遺産があります。

メルセデス・ベンツ

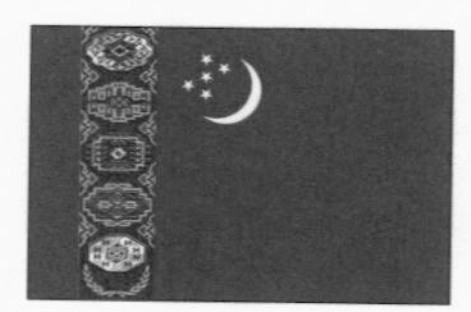

トルクメニスタン

Turkmenistan

“中央アジアの北朝鮮”とも呼ばれている独裁国家。2017年、これまで一定量まで無料だった公共料金の支払いも有料となり、国民の生活は苦しくなっています。

基本データ

国土：約48万8,000㎢
人口：約590万人
首都：アシガバット
民族：トルクメン系（約77%）など
言語：公用語はトルクメン語、ほかロシア語
宗教：主にイスラム教スンニー派
政体：共和制
GDP：466億ドル（1人当たり7,816ドル）
貿易総額：輸出116億ドル、輸入53億ドル
在留邦人数：71人
在日当該国人数：74人

これだけは知っておこう！

- 19世紀、ロシア帝国の支配下に置かれ、1924年、**ソ連の構成共和国**の一つに。
- 1991年、**ソ連**から独立。石油や天然ガスなど豊富な天然資源に支えられてきたものの、2014年以降、原油価格の低迷などの影響により、経済的苦境に立たされています。
- スイス、オーストリアに次ぐ3番目の**永世中立国**。
- 1971年、カラクム砂漠の天然ガス調査の際、陥没事故が発生。直径50m以上もの穴からは現在も危険なメタンガスが絶え間なく燃え続け“**地獄の門**”と呼ばれています。
- 近年は、鉄道、パイプライン、電力といったインフラ整備・開発にも取り組んでおり、**日本企業も進出**。
- アシガバットは、世界一の“**白亜の大理石建造物の凝集度の高さ**”という理由で、ギネスブックに掲載されているほど白い都市。
- **写真撮影禁止**の建物が多く、報道の自由度ランキングでもワースト3にランクイン。
- 世界最大の観覧車、世界最長の絨毯など4つの**世界一**があります。
- 世界遺産に**国立歴史文化公園“古代メルフ”**などがあります。

アシガバット

ノルウェー王国

Kingdom of Norway

氷河による浸食でできたフィヨルドで有名。指折りの漁業大国であり、漁師の年収は日本の約3倍。今や多くの若者が志望する人気職種で、水産物が国の経済を支えています。

基本データ

国土：約38万6,000㎢
人口：約532万8,000人
首都：オスロ
民族：ノルウェー人（約80%）
言語：ノルウェー語
宗教：福音ルーテル派が大多数を占める
政体：立憲君主制
GDP：3,988億ドル（1人当たり7万5,389ドル）
貿易総額：輸出1,160億ドル、輸入830億ドル
在留邦人数：1,156人
在日当該国人数：445人

これだけは知っておこう！

- 8世紀には**ヴァイキング**が存在。9世紀に、最初の統一王国が成立しました。
- 13〜17世紀のハンザ同盟（中世の北ドイツの経済的同盟体）時代、**ベルゲン**は以北の魚輸出を独占していました。
- 14世紀以降、デンマークの支配下に。19世紀には、**スウェーデン**に割譲。
- 1905年にスウェーデンとの同君連合を解消し、**独立**しました。
- 1994年、EU加盟を決める国民投票が行われ、**否決**。現在もEU非加盟国です。
- 1960年代に**北海油田**が開発されて以来、ヨーロッパの中では資源国の一つ。
- 1970〜80年代に大胆な漁業改革を行った結果、**漁師の所得が増え、水産輸出額も増加**。
- 国際的に反捕鯨が広まる中、日本同様、**商業捕鯨**を行っています。
- ノルウェー語で"入江"を意味する**フィヨルド**が大小さまざまあります。
- ノーベルはスウェーデンとノルウェーの和解と平和を祈って、平和賞の授与式を同国の**オスロ**で開催。
- **福祉国家**。平均寿命も長く、世界の長寿国の一つです。
- 世界遺産に**レーロースの鉱山街とその周辺**や、ハンザ同盟時代の港町である**ブリッゲン**などがあります。

フィヨルド

バチカン市国

Vatican City State

東京の皇居の3分の1ほどの面積しかなく、主権国家の中では最小。しかし、国そのものが世界遺産に指定されており、カトリック最大の聖地に世界中から人々が訪れています。

基本データ

国土：約0.44㎢
人口：約615人
首都：バチカン
民族：イタリア人聖職者が大多数
言語：ラテン語（公用語）
宗教：カトリック
政体：非世襲の首長公選制
GDP：データなし
貿易総額：データなし
在留邦人数：0人
在日当該国人数：データなし

これだけは知っておこう！

- 1506年、**サン=ピエトロ大聖堂**の大改築がスタート。この費用を捻出するため、ローマ教皇はドイツでの**贖宥状（免罪符）**の販売を開始。それに反対する**ルターの宗教改革**が始まりました。
- 1861年、**イタリア王国**の成立に伴い、教皇領の大部分を占める北部地域が接収され1870年には完全にイタリア領に。
- 1929年にイタリアとローマ教皇庁との間に**ラテラノ条約**が締結され、イタリアは独立を認めました。
- 約13億人ともいわれる**カトリックの最高機関**でもあります。
- 約180の国・地域と外交関係を持っていますが、**中国やサウジアラビア**などとは国交を結んでいません（2020年6月時点）。
- 通常の業務では**イタリア語**が話され、外交用語としては**フランス語**が使われています。
- イタリアからの入出国は**ビザなし**で可能。
- 国連には**オブザーバー**（投票権は行使しない立場）として参加。
- 軍は存在せず、**スイス衛兵**が教皇身辺と教皇宮殿の警備を担当。
- 教皇も**ツイッター**を使ってメッセージを発信しています。

ローマ教皇

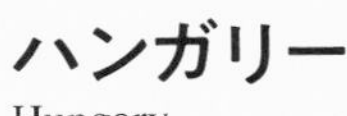

ハンガリー

Hungary

首都ブダペストは“ドナウの真珠”と呼ばれるほどの美しさ。またブダペストは、ヨーロッパ随一の温泉町。浴槽でチェスをしたり、ワインを飲んだりするなど社交の場にもなっています。

基本データ

国土：約9万3,000㎢
人口：約980万人
首都：ブダペスト
民族：ハンガリー人（約86%）など
言語：ハンガリー語（公用語）
宗教：カトリック（約39%）など
政体：共和制
GDP：1,612億ドル（1人当たり1万6,484ドル）
貿易総額：輸出1,257億ドル、輸入1,216億ドル
在留邦人数：1,716人
在日当該国人数：729人

これだけは知っておこう！

- 9世紀に**マジャール人**が定住し、10世紀末に即位したイシュトヴァーン1世が1000年に**ハンガリー王国**を建国。しかし16世紀からオスマン帝国に占領され始め、1699年以降はオーストリア公国のハプスブルク家が統治を開始します。
- 1867年、**オーストリア=ハンガリー二重帝国**に。第一次大戦後、オーストリアから分離し共和国となりました。
- 第二次世界大戦後はソ連の占領下に。1949年、社会主義国家の**ハンガリー人民共和国**が誕生。
- ハンガリー民主化運動が起こり、1989年、共和国体制に転換。しかし近年は反移民、反自由主義を掲げる**オルバーン首相**が再選を果たすなど、民主主義の後退が見られています。
- 反移民を推進するため、移民支援活動のため外国から資金を受け取っている団体に法外な税金を課す“**ストップ・ソロス**”法案の導入を発表。ジョージ・ソロス氏が設立した中央ヨーロッパ大学はブダペストからウィーンへの移転を余儀なくされました。
- 世界遺産に**トカイのワイン産地の歴史的・文化的景観**などがあります。

温泉

フィンランド共和国

Republic of Finland

サンタクロースの故郷として、また人気キャラクター・ムーミン生誕の地としても有名な北欧の国。オーロラを見られることなどから、観光客も世界中からたくさん訪れています。

基本データ

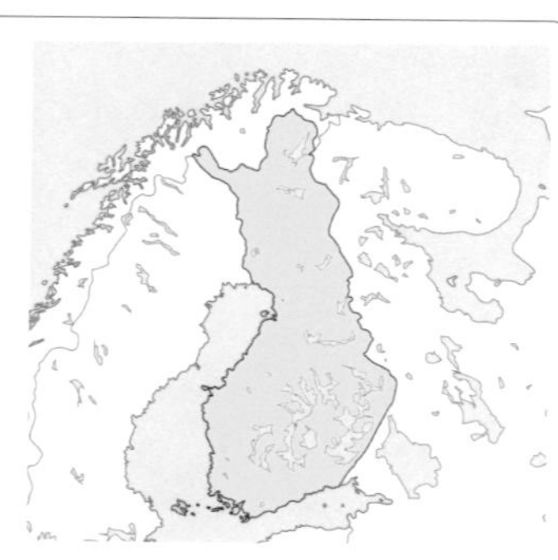

国土：約33万8,000㎢
人口：約551万人
首都：ヘルシンキ
民族：フィンランド人、サーミ人など
言語：フィンランド語、スウェーデン語
宗教：キリスト教（福音ルーテル派、正教会）
政体：共和制
GDP：2,753億ドル（1人当たり4万9,845ドル）
貿易総額：輸出758億ドル、輸入786億ドル
在留邦人数：2,005人
在日当該国人数：769人

これだけは知っておこう！

- 1世紀頃からフィンランド人が定住していましたが、12世紀以降、**スウェーデンの支配下に**。1809年、ロシアへ割譲され、その後1917年に**フィンランド独立宣言**がされました。
- 1939年、ソ連がフィンランドに侵攻し、**冬戦争**が始まります。この戦争は3カ月で終わったものの、1941年またも**継続戦争**としてソ連と戦うことになります。第二次世界大戦ではドイツと手を組んでおり、**敗戦国**となりました。
- 世界で初めて女性に完全参政権を付与した、**男女平等**の国でもあります。
- 「世界幸福度ランキング」では**3年連続で1位を獲得**（2018年〜）。
- **教育熱心**な国としても知られ、PISA調査（主に15歳を対象とした国際学習到達度調査）ではトップクラスの成績を誇っています。
- 携帯電話で有名な**ノキア**は同国の企業。
- **サウナ**発祥の地でもあり、国内に200万カ所以上あるといわれています。
- ラップランドには**サンタクロース村**があり、ここに住んでいる遊牧民族・**サーミ人**の主な職業はトナカイを飼育することです。
- 世界遺産に**ヴェルラ砕木・板紙工場**などがあります。

サンタクロース

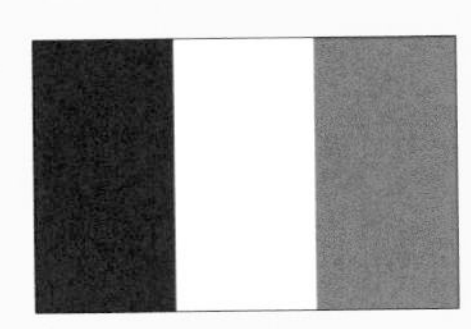

フランス共和国

French Republic

日本文化が人気で、特に日本のマンガは大人気！『NARUTO - ナルト -』がマンガの売上ランキング1位を獲得したことも。ジャパンエキスポにも多くの日本ファンが訪れています。

基本データ

国土：約54万4,000㎢
人口：約6,706万人
首都：パリ
民族：フランス人など
言語：フランス語（公用語）
宗教：カトリック、プロテスタントなど
政体：共和制
GDP：2兆7,070億ドル（1人当たり4万1,760ドル）
貿易総額：輸出5,818億ドル、輸入6,725億ドル
在留邦人数：4万4,261人
在日当該国人数：1万3,950人

これだけは知っておこう！

- 1789年、市民革命運動・**フランス革命**が起こり、1792年に世界に先駆けて**共和政**が始まりました（第一共和政は1804年まで）。
- フランス革命終了後、1804年からは**ナポレオン1世**が皇帝に即位し、イギリス・スウェーデンを除くヨーロッパを制圧しました。
- 1815年、**ワーテルローの戦い**にて英蘭連合軍とプロイセン軍に敗れたナポレオン1世は、セントヘレナ島に流されました。
- 1852年に即位した、**ナポレオン3世**（ナポレオン1世の甥）の下、パリの街並みは改造され、**フランスの産業革命**が完成しました。
- 1799年、エジプト遠征の際、ナポレオン1世が発見した**ロゼッタ・ストーン**はイギリスの大英博物館にて収蔵されています。
- 18世紀末、世界で使える共通の単位として**メートル法**が制定されました。
- **カルノーサイクル**を考察し、熱力学の基礎を築いたのは、ナポレオン1世に仕えていた大カルノーの子息です。
- 首都パリは人気の観光地。**ルーヴル美術館、エッフェル塔**などを目当てに世界中から観光客が訪れています。
- 有名な世界遺産として、**モン・サン＝ミシェル**や**ヴェルサイユ宮殿**などがあります。

エッフェル塔

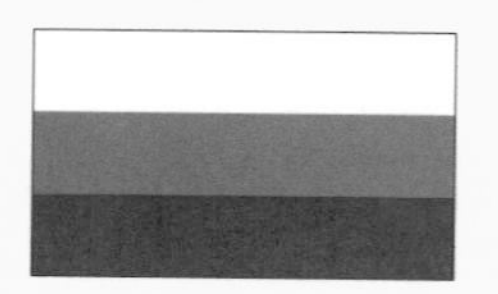

ブルガリア共和国

Republic of Bulgaria

ヨーグルトで有名な国。また、バラの谷と呼ばれる一帯があり、カザンラクのバラ祭りは100年以上続く伝統的なイベント。ローズオイルの世界的な産地としても注目を浴びています。

基本データ

国土：約11万㎢
人口：約708万人
首都：ソフィア
民族：ブルガリア人（約80%）、トルコ系など
言語：ブルガリア語（公用語）
宗教：大多数はブルガリア正教
政体：共和制
GDP：649億ドル（1人当たり9,270ドル）
貿易総額：輸出331億ドル、輸入378億ドル
在留邦人数：138人
在日当該国人数：438人

これだけは知っておこう！

- ブルガール人とスラブ人が、7世紀に**第一次ブルガリア帝国**を建国しました。
- 8世紀には東ローマ帝国と戦うまで強大になりましたが、11世紀初めに併合・滅亡。12世紀終わりに再度**第二次ブルガリア帝国**が成立します。
- 14世紀末から約500年間、**オスマン帝国**の支配下に置かれます。
- 19世紀末、露土戦争にてロシア側につき勝利に貢献した結果、**ブルガリア自治公国**（のちの**ブルガリア王国**）が成立します。
- 第二次世界大戦後、1946年に**ブルガリア人民共和国**が成立。1955年には、ワルシャワ条約機構に加盟し、**ソ連の衛星国家**の一つに。1991年のソ連崩壊により、民主的な新憲法が採択されました。
- ブルガリア語は**キリル文字**で表記されます。
- **バルカン半島**の北東部に位置する交通の要所でもあります。
- 国立考古学研究所付属博物館にある**トラキア王の黄金のマスク**は21世紀最大の発見ともいわれています。
- 琴欧洲はブルガリア出身の元力士。
- **ヨーグルト**の一大消費国。
- 世界遺産として**リラ修道院**などがあります。

ヨーグルト

ベラルーシ共和国

Republic of Belarus

ヨーロッパ最後の独裁国家。ソ連から独立して以来、アレクサンドル・ルカシェンコ大統領が長期政権を続けています。しかし2020年8月、退陣を求めるデモが起こり、国内は混乱しています。

基本データ

国土：約20万7,000㎢
人口：約940万人
首都：ミンスク
民族：ベラルーシ人（約84%）、ロシア人（約8%）
言語：公用語はベラルーシ語とロシア語
宗教：ロシア正教（約84%）、カトリックなど
政体：共和制
GDP：596億ドル（1人当たり6,283ドル）
貿易総額：輸出332億ドル、輸入359億ドル
在留邦人数：53人
在日当該国人数：451人

これだけは知っておこう！

- 9〜10世紀は**ポロツク公国**。10〜12世紀はキエフ大公国の支配下に。13〜14世紀には、リトアニア大公国の構成地域となります。
- 1569年、ポーランドの支配下に。18世紀末、3回のポーランド分割により、ほぼ全域が**ロシア領**となります。
- 1919年、**白**（はく）**ロシア・ソビエト社会主義共和国**が成立（白ロシアとはベラルーシのこと）。
- 1941年、独ソ戦争が始まるとドイツ軍の支配下に。しかし、第二次世界大戦でのドイツの敗戦により再びソ連が併合。ソ連崩壊に伴い、1991年に**独立**を宣言します（同年、現在の国名に変更）。
- ベラルーシ語とロシア語が公用語であるものの、国民の半分以上は**ロシア語**を日常的に使用しています。
- **ヨーロッパバイソン**はベラヴェシュスカヤ・プーシャとビャウォヴィエジャ原生林のシンボルともいえる存在。
- 聖シモン・聖エレーナ教会には長崎の教会から贈られた、**長崎の鐘**があります。また鐘の下には広島・長崎・福島の土が収められたカプセルが置かれています。
- 世界遺産に**ネスヴィジにあるラジヴィウ家の建築的・居住的・文化的複合体**などがあります。

ヨーロッパバイソン

コラム 13

考えよう！ 日本の軍事 ～世界の軍備拡張傾向はなぜ？

POINT

① 古代から世界各国ではさまざまな戦争が行われてきた。
② 第二次世界大戦後は、アメリカが軍事大国としてトップを走り続けている。
③ 近年は中国が世界2位の軍事大国として軍備拡張し続けている。

世界の軍事費は膨張傾向にある !?

国家の強大さを指し示す指標の一つとして「軍事力」があります。戦は古代から世界各国で行われており、今なお形を変えつつも世界ではさまざまな争いが起こっています。

軍事力の筆頭に挙がるのがアメリカ。2018年にはトランプ大統領は、**2019年度の国防費を過去最大の79兆円**規模とする法律を制定。**日本の2019年度の防衛予算が約5兆2,000億円**であることからも、この数字が圧倒的であることは火を見るよりも明らかです。そんななか近年台頭が見られるのが中国です。中国の2019年予算案の国防費は約19兆8,000億円。これはアメリカに次いで世界第2位の規模となっています。

では、なぜ各国は軍備に力を入れているのか。特に近年、アメリカ、中国、日本と軍事費が膨張する傾向が高まっています。その一つの要因として、米中の覇権争いが挙げられます。アメリカと中国は大陸同士が接していないため、主戦場は海洋となります。そのためシーレーンの確保や大陸間弾道ミサイルなどの開発に力を注いでいます。そして、それらの操作のためには高度なIT技術が不可欠。現代は情報戦、テクノロジー技術が軍事においても重要な位置を占めており、サイバー戦に打ち勝つためにも両国とも多大なる軍事費を投入しているのです。

また、**サイバー攻撃で欧米から敵国視されているのがロシアです。ロシアはイギリス、オランダ、アメリカ、カナダなどさまざまな国からサイバー攻撃の疑惑をかけられています**（ロシアは疑惑を否定）。ロシアのハッカー集団は東京オリンピック2020に対しても、選手情報をインターネット上に流出させるなど攻撃を行っている、と報道されています。

日本の軍事力はアメリカとの連携によって保たれています。日米安全保障条約を結んでいる現在は、アメリカの下、強大な軍事力を保有していますが、条約に対してトランプ大統領が「不平等」と不満を述べているのは周知の通り。条約破棄は検討していないと宣言したものの、一時日米同盟に緊張が走りました。

このように形態は変化しても、各国間での争いはなくなっていません。それどころか戦前の状態に現代は近づいているという見方もあります。しかし、日本は憲法第9条に記されている通り、平和の実現を願っている国です。平和憲法、非核三原則の下、緊張感が高まっている世界情勢の中、どのような振る舞いをすべきか、試されているときともいえます。

データを見ながら考えよう！

2018年の日本の
軍事支出は世界9位。
上位にはアメリカ、
中国、サウジアラビア
などがランクイン

日本と世界の軍備と平和

①世界の軍事支出の推移です。世界の軍事力拡大傾向が続いたら、
どのような社会になると思いますか？

	2003年	2008年	2013年	2018年
アメリカ	4,152億ドル	6,211億ドル	6,397億ドル	6,487億ドル
中国	351億ドル	863億ドル	1,798億ドル	2,499億ドル
日本	424億ドル	463億ドル	490億ドル	466億ドル
フランス	459億ドル	660億ドル	624億ドル	637億ドル
ドイツ	350億ドル	480億ドル	459億ドル	494億ドル

（ストックホルム国際平和研究所「SIPRI Military Expenditure Database」より）

なぜ世界の軍事支出が増えている？

ストックホルム国際平和研究所（SIPRI）によると、2018年の世界の軍事費の総額は1兆8,000億ドル。世界の軍事費は近年増大傾向にあり、1988年の調査開始以来最高額を記録。中国とアメリカの軍事支出の増大が、世界全体の軍事費を増額させていると見られています。日本は前年から1つ順位を落としたものの、アメリカからの防衛予算の増額要請などを踏まえると、2020年度予算の防衛費は過去最高を更新。アメリカからの高額な装備品などが総額を押し上げています。

②下の表は世界平和度指数です。世界で平和な国はどんな国だと思いますか？
また平和を実現するためには何が重要だと感じますか？

日本は世界の中でも平和な国と
いわれているけれども、
さらにランクアップするには
どうすればいい？

	国名		国名
1位	アイスランド	6位	カナダ
2位	ニュージーランド	7位	シンガポール
3位	ポルトガル	8位	スロベニア
4位	オーストリア	9位	日本
5位	デンマーク	10位	チェコ

（エコノミスト「GLOBAL PEACE INDEX 2019」より）

平和の条件とは？

何をもって「平和な国」というのでしょうか？「GLOBAL PEACE INDEX」では、特に「安全性とセキュリティ」「紛争の状況」「軍事化の度合い」を重視しています。日本は「安全性とセキュリティ」の分野において高く評価され、世界5位にランクインしました。

ベルギー王国

Kingdom of Belgium

美食の国として有名で、特にチョコレートやワッフルは絶品！世界各国のグルメな人たちが訪れています。また、フランダース地方のレース編みも著名な伝統工芸品です。

基本データ

国土：約3万㎢
人口：約1,149万2,000人
首都：ブリュッセル
民族：オランダ系（約60%）、フランス系など
言語：オランダ語、フランス語、ドイツ語
宗教：カトリック（約60%）など
政体：立憲君主制
GDP：5,331億ドル（1人当たり4万6,724ドル）
貿易総額：輸出4,667億ドル、輸入4,500億ドル
在留邦人数：5,896人
在日当該国人数：874人

これだけは知っておこう！

- 1830年、フランスで起きた**七月革命**の影響を受け、オランダから独立しました。
- 首都ブリュッセルには、**欧州連合（EU）や北大西洋条約機構（NATO）などの本部**が置かれています。ちなみに、ブリュッセルの語源は"沼地の館"です。
- 北部はオランダ語系（ゲルマン民族）、南部はフランス語系（ラテン民族）に分かれており、言語対立が生まれています。言語圏ごとに高度な自治権があることからも、**国としての結束は比較的弱い**といわれています。
- 移民においても寛容で、**海外から多数の人材が移動**してきています。
- **ベルギービールの数は約1,500種類**。地域ごとの多様な文化を象徴しています。
- ナポレオン最後の戦いの地として有名な**ワーテルロー**も、ベルギーにあります。
- 毛織物工業で栄えたアントワープは**『フランダースの犬』**の舞台としても有名です。
- またアントワープは、ダイヤモンドの聖地としても有名で、ベルギーの**ダイヤモンド**は"宝石の王様"とも称されています。
- ゴディバなどのチョコレートでも有名。近年は、カカオ生産者を支援する"**カカオ・トレース**"といった取り組みも盛んに。
- 世界遺産として、**ブルージュ歴史地区**や**ワロン地方の主要な鉱山遺跡群**などがあります。

ワッフル

ベルギー
ヨーロッパ

ポーランド共和国

Republic of Poland

東欧で初めて非社会主義政権を樹立した国。第二次世界大戦下、ユダヤ人大量虐殺を行ったことで有名なアウシュビッツ強制収容所の跡もポーランドにあります。

基本データ

国土：約32万2,000㎢
人口：約3,839万人
首都：ワルシャワ
民族：ポーランド人（約97%）
言語：ポーランド語（公用語）
宗教：カトリック（約88%）
政体：共和制
GDP：5,858億ドル（1人当たり1万5,425ドル）
貿易総額：輸出2,606億ドル、輸入2,665億ドル
在留邦人数：1,761人
在日当該国人数：1,626人

これだけは知っておこう！

- 11世紀ポーランド王国は広大な領土を支配するも、13世紀に**モンゴル**が侵攻。
- 16世紀には**ポーランド＝リトアニア共和国**として発展するも、大北方戦争にてスウェーデンに敗戦。18世紀には**3度のポーランド分割**が行われ、消滅しました。
- 19世紀、ナポレオン1世により**ワルシャワ公国**が成立。しかしナポレオン1世がロシアに敗れたあとは、ロシアの統治下に。
- 1918年に**ポーランド共和国**として独立しますが、1939年にドイツとソ連の侵攻を受け、占領されます。国土の東部を失い、残された領土も第二次世界大戦後はソ連の影響を受けるも、その後労働者主導での民主化運動が起こり、1989年に**非社会主義政権（現在のポーランド共和国）**が成立。
- 世界の**琥珀**の約8割が同国産。
- 天文学者の**コペルニクス**は地動説を提唱。
- ショパンは「**ノクターン第2番**」や「**別れの曲**」などを作曲しました。
- **キュリー夫人**は放射線の研究で2度のノーベル賞を受賞しています。
- 世界遺産に**ヴィエリチカとボフニャの王立岩塩坑**などがあります。

琥珀

ボスニア・ヘルツェゴビナ

Bosnia and Herzegovina

3年半以上にわたり民族同士の紛争が続いたものの、現在は平和への道を歩んでいます。日本からも「世界絶対平和万歳」と刻まれた鐘が贈られました。

基本データ

国土：約5万1,000㎢
人口：約332万3,000人
首都：サラエボ
民族：ボスニア人、セルビア人、クロアチア人
言語：ボスニア語、セルビア語、クロアチア語
宗教：イスラム教、セルビア正教、カトリック
政体：共和制
GDP：201億ドル（1人当たり5,740ドル）
貿易総額：輸出71億ドル、輸入116億ドル
在留邦人数：39人
在日当該国人数：53人

これだけは知っておこう！

- クロアチア系住民中心の**ボスニア・ヘルツェゴビナ連邦**とセルビア系住民中心の**スルプスカ共和国**という2つの構成体からなる連邦国家。
- 1463年、**オスマン帝国**が支配。1878年、**オーストリア=ハンガリー帝国**の一州になるも、1918年、オーストリア=ハンガリー帝国の崩壊により、**セルビア人・クロアチア人・スロベニア人王国**を建国。
- 同国のサラエボにて、オーストリア=ハンガリー帝国の皇太子夫妻が暗殺されたことをきっかけに**第一次世界大戦**が始まりました（サラエボ事件）。
- 第二次世界大戦後は、**旧ユーゴ**の一国に。1992年、ユーゴ解体によって独立を問う住民投票を実施するも、民族間で紛争が勃発。**3年半以上にわたり各民族が国内全土で争いました。**
- NATOによる軍事介入などの結果、1995年に**デイトン和平合意**が成立。紛争は終結しました。
- **サラエボ市電**はヨーロッパ初の終日運転が行われた路面電車。
- 多民族多宗教がそれぞれ暦を持っているため、**カレンダーには祝祭日の記載がないもの**もあります。
- 世界遺産に**モスタル旧市街の古橋地区**などがあります。

サラエボ市電

ポルトガル共和国

Portuguese Republic

大航海時代、欧州からアフリカやアジアへの道を切り開いたポルトガル。エンリケ航海王子、バルトロメウ・ディアス、ヴァスコ・ダ・ガマなどの重要人物を生み出しました。

基本データ

国土：約9万1,000㎢
人口：約1,027万人
首都：リスボン
民族：ポルトガル人
言語：ポルトガル語（公用語）
宗教：カトリック教徒が圧倒的多数
政体：共和制
GDP：2,015億ドル（1人当たり2万3,186ドル）
貿易総額：輸出684億ドル、輸入885億ドル
在留邦人数：728人
在日当該国人数：590人

これだけは知っておこう！

- 1143年に**ポルトガル王国**が成立。キリスト教徒が**レコンキスタ**を進めます。
- 1488年、ポルトガル人の**バルトロメウ・ディアス**がアフリカの**喜望峰**に到達。これが**大航海時代の幕開け**となります。
- 探検家である**ヴァスコ・ダ・ガマ**は、インド航路を開拓。**香辛料貿易**をすることで、巨万の富を築きました。
- 日本にも、多くの貿易商人が訪れ、1543年には、種子島に到着したポルトガル人が日本に**鉄砲**を伝えました。
- ポルトガルからは多くの製品、文化が流入し、**ボタン、マント、カッパ、パン**などはポルトガル語が日本語化したものです。
- しかし、**キリスト教の布教**を試みるポルトガルに不信感を抱いた幕府は、1639年、ポルトガルとの関係を断絶。
- 1580年、**スペインがポルトガルを併合**。スペイン王フェリペ2世がポルトガル王となります。1640年、王政復古戦争が起き独立。1910年、共和制となります。
- 世界遺産として、**リスボンのジェロニモス修道院とベレンの塔**などがあります。

ベレンの塔

ヨーロッパ ポルトガル

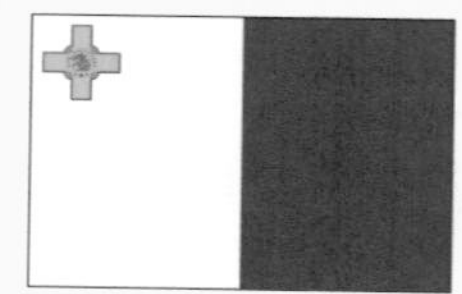

マルタ共和国

Republic of Malta

地中海に浮かぶ小島でありながら、先進的なブロックチェーン技術を有しています。仮想通貨やオンラインカジノに積極的に取り組むも、マネーロンダリングが心配されています。

基本データ

国土：約316㎢
人口：約43万人
首都：バレッタ
民族：マルタ人が多数
言語：マルタ語及び英語が公用語
宗教：カトリック
政体：共和制
GDP：145億ドル（1人当たり3万608ドル）
貿易総額：輸出30億ドル、輸入63億ドル
在留邦人数：167人
在日当該国人数：17人

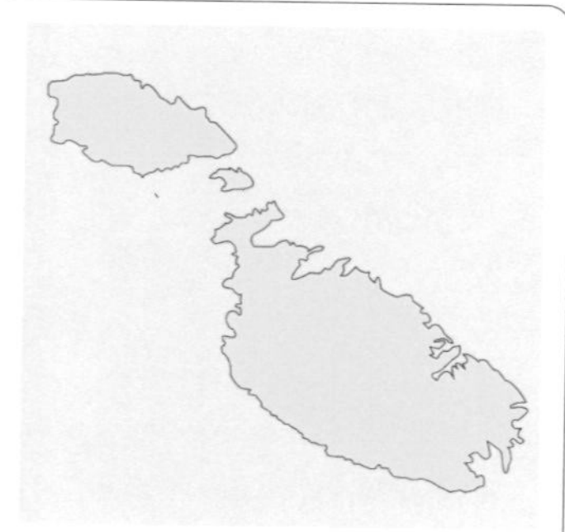

これだけは知っておこう！

- 地中海上に浮かぶ小島。北には**イタリアのシチリア島**があります。
- 16世紀、**マルタ騎士団**の所領になるも、18世紀にナポレオンが占領。1814年には、**イギリスが支配**。1947年に自治政府ができ、1964年に独立しました。
- 年間約190万人が訪れる**観光立国**。近年は**英語を勉強するための留学先**としての人気も高まっています。
- 1989年、アメリカのブッシュ大統領とソ連のゴルバチョフ最高会議議長兼党書記長がマルタ会談にて**東西冷戦終結**を宣言しました。
- **ブロックチェーン島**として、国家レベルでブロックチェーンの推進に取り組んでいます。
- 仮想通貨関連の企業が続々と進出しており、バイナンスやオーケーイーエックスなど**大手仮想取引所**も拠点を置いています。しかし同時に仮想通貨を使ったマネーロンダリング（資金洗浄）も心配されています。
- キンドレッド・グループなど**オンラインカジノ**を手がけている企業も多く拠点登録を行っています。
- **マグロ漁業**を行っており、日本にも多く輸出しています。
- 犬種の一つである、**マルチーズ**発祥の地でもあります。
- 世界遺産に**マルタの巨石神殿群**などがあります。

マルチーズ

モナコ公国

Principality of Monaco

世界のお金持ちが住んでいる国として有名。カジノ・ド・モンテカルロなどカジノ施設でも知られており、各国のセレブリティが毎夜楽しんでいます。

基本データ

国土：約2㎢
人口：約3万8,000人
首都：モナコ
民族：約8割が外国からの移住者
言語：フランス語（公用語）
宗教：カトリック（国教）
政体：立憲君主制
GDP：72億ドル（1人当たり18万5,829ドル）
貿易総額：データなし
在留邦人数：124人
在日当該国人数：1人

これだけは知っておこう！

- “**地中海の宝石**”ともいわれるほど美しいリゾート地。
- 紀元前10世紀、フェニキア人が入植。13世紀以降は**グリマルディ家**が占拠。
- 1512年、フランスによって独立が認められますが、1793年にフランスに主権を奪われます。その後、サルデーニャ王国の保護領となり、1861年に**フランスの保護下にて独立**します。
- 2005年の**フランス・モナコ友好協力条約**により、外国との国交を結ぶ際、事前にフランスの同意を得る必要がなくなりました。
- 同国の防衛は基本、**フランス軍**が行っています。
- 同国では**個人所得税**が一部のフランス国籍の人を除き課税されません。
- 国策として**富裕層**を集めるため、社会インフラや税制を整えています。
- 現在のアルベール2世公は経済発展のため、**金融業や環境、バイオテクノロジー、医療研究**などに力を入れています。
- 住民の8割近くは外国籍で、純粋なモナコ人は**2割程度**。
- 元公妃の**グレース・ケリー**はアメリカの女優でした。
- 移住者の増加により、現在、大規模な**埋め立て工事**が行われています。
- 不動産の面積当たりの単価が高く、**ワンルームマンションを購入するのに約1億円かかる**といわれています。

カジノ・ド・モンテカルロ

モルドバ共和国

Republic of Moldova

世界最古のワイン産地の一つとして有名。プーチン大統領やメルケル首相の保管庫もあります。『恋のマイアヒ』がヒットした３人組の男性ユニット、O-ZONE（オゾン）も同国の出身です。

基本データ

国土：約3万3,000㎢
人口：約268万2,000人
首都：キシニョフ（ルーマニア語読みではキシナウ）
民族：モルドバ人（約75%）など
言語：公用語はモルドバ語、ほかロシア語
宗教：キリスト教（モルドバ正教）など
政体：共和制
GDP：114億ドル（1人当たり3,220ドル）
貿易総額：輸出24億ドル、輸入48億ドル
在留邦人数：25人
在日当該国人数：165人

これだけは知っておこう！

- 1349年、のちの**モルダビア公国**の前身であるボグダニア公国が建国されます。
- 16世紀、オスマン帝国の支配下に。19世紀にはロシア領に編入。第一次世界大戦後、独立するもルーマニアと統合。第二次世界大戦にて、ソ連が占領し、**モルダビア・ソビエト社会主義共和国**となります。
- 1991年のソ連崩壊により**モルドバ共和国**として独立を宣言。
- 1992年、ロシア系住民が**トランスニストリア地域**の独立を宣言したことから本格的な武力紛争が発生（現在は停戦中）。
- 政治汚職が大きな一つの問題となっており、2014年には、金融機関から**GDPの約1割に当たる10億ドル（約1,100億円）**が消える事件も発生しました。
- 同国との統一運動があるルーマニアでは、モルドバ人は**ルーマニア国籍**が他国の人より取得しやすいです。
- ブドウ栽培に適した環境で、紀元前3000年からワインを製造。モルドバの国営企業ミレスチ・ミーチは**世界最大のワインセラー**としてギネスにも登録されています。
- クリコバにも巨大な地下貯蔵庫があり、**ロシアのプーチン大統領**のワインも保存されています。
- 世界遺産に**シュトルーヴェの測地弧**があります。

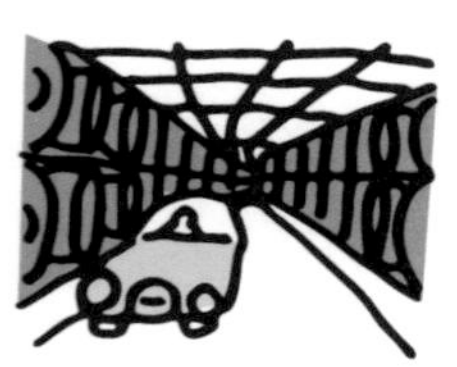

ワイン貯蔵庫

モンテネグロ

Montenegro

アドリア海の沿岸にあり、国土の大半が山岳地帯の緑豊かな国。コトルでは、クロアチアのドブロヴニクのようなオレンジ屋根の美しい街並みを見ることができます。

基本データ

国土：約1万3,000㎢
人口：約62万人
首都：ポドゴリツァ
民族：モンテネグロ人、セルビア人など
言語：モンテネグロ語（公用語）、セルビア語など
宗教：キリスト教（モンテネグロ正教）
政体：共和制
GDP：54億ドル（1人当たり8,762ドル）
貿易総額：輸出4億ドル、輸入30億ドル
在留邦人数：27人
在日当該国人数：11人

これだけは知っておこう！

- 6〜7世紀にモンテネグロ人などのスラブ系民族がバルカン半島に定住。**ビザンツ帝国**に支配されたのち、11世紀には**セルビア王国**の一部になりました。
- 15世紀にはオスマン帝国の領域に入りますが、19世紀には**モンテネグロ公国**として独立。
- 第一次世界大戦後、セルビアに編入。セルビア人・クロアチア人・スロベニア人王国の一部に。第二次世界大戦中の1941年には**イタリア**に占領されます。
- 1944年、ユーゴスラビア社会主義連邦共和国に入りますが、1992年のユーゴ解体の中セルビアと共に**ユーゴスラビア連邦共和国**を設立。
- 2006年6月に**モンテネグロ共和国**として独立を宣言しました（翌年に国名をモンテネグロに改名）。
- 世界遺産のコトルはヴェネツィア共和国の支配下に置かれていた期間が長く、**ヴェネツィア様式**の建築物が多々存在しています。
- **オストログ修道院**では、創設者である聖ヴァシリエの遺体に祈りを捧げると奇跡が起こると信じられています。
- **国歌の演奏中**に起立しない市民に罰金を科す法律が存在します。

コトル

ラトビア共和国

Republic of Latvia

実は隠れた親日国。バルト海随一の港湾都市であるリガは、中世から交易の拠点として重要な役割を果たしてきました。現在はロシアなどへつながる鉄道網も整備されています。

基本データ

国土：約6万5,000㎢
人口：約193万人
首都：リガ
民族：ラトビア人（約60%）、ロシア人（約30%）
言語：ラトビア語（公用語）
宗教：プロテスタント、カトリック、ロシア正教
政体：共和制
GDP：348億ドル（1人当たり1万8,032ドル）
貿易総額：輸出161億ドル、輸入196億ドル
在留邦人数：59人
在日当該国人数：208人

これだけは知っておこう！

- **バルト三国の中央にある**、バルト海に面した平原の国。13世紀初頭からドイツ騎士団が領有していました。
- 18世紀に北方戦争やポーランド分割などの影響を受けて、**ロシア領**に。第一次大戦後、独立を宣言。ところが、第二次世界大戦においてソ連に併合され、ラトビア・ソビエト社会主義共和国に。その後、1990年にふたたび独立回復を宣言し、現在に至ります。
- 国内に多数存在している**ロシア系住民とは潜在的な対立**が現在もあります。
- 首都リガは“**バルト海の真珠**”といわれるほどの美しさ。約71万人の人口を抱えており、**バルト三国の中でも最大の都市**。港町として発展し、13世紀には**ハンザ同盟**に加盟し、現在も政府はリガなどの自由貿易港を使った**中継貿易**を推進しています。
- **リガ国際空港**も航空貨物処理能力の高さで知られています。
- **日本語教育が盛ん**。また寿司などの日本食や村上春樹や村上龍といった日本文学など日本文化を愛好する人が多く、柔道や剣道も人気です。
- **ハチミツ**、ミトンや靴下などの**手編みアイテム**が名産。
- 世界遺産に**リガ歴史地区**などがあります。

ハチミツ

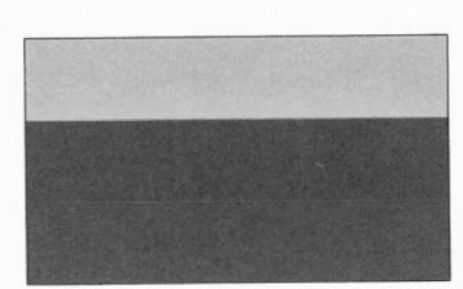

リトアニア共和国

Republic of Lithuania

日本人外交官・杉原千畝（ちうね）がユダヤ系避難民などに日本通過のビザを発給したことから、日本との関係は良好。首都ビリニュスには杉原モニュメントや杉原千畝桜公園があります。

基本データ

国土：約6万5,000㎢
人口：約281万人
首都：ビリニュス
民族：リトアニア人
言語：リトアニア語（公用語）
宗教：主にカトリック
政体：共和制
GDP：533億ドル（1人当たり1万8,994ドル）
貿易総額：輸出333億ドル、輸入365億ドル
在留邦人数：82人
在日当該国人数：643人

これだけは知っておこう！

- バルト三国の中で**最南部**にある国。
- 14世紀のリトアニア大公国は現在と違って大国。しかし1386年には、ポーランド王国と同君連合を行い、16世紀には**ポーランド=リトアニア共和国**に。
- 18世紀にはポーランド分割により大部分がロシア領へ。第一次世界大戦後、**1918年に独立を宣言**します。
- 1940年にソ連に編入。**1990年、ソ連崩壊に伴い、独立回復宣言を行います。**
- ソ連時代の名残で、**カリーニングラード州**と呼ばれるロシアの飛び地がポーランドとの間にあります。
- ロシア依存型の貿易体制からの転換を図っており、2015年以降は**ユーロを導入**しました。
- リトアニア語は現代のヨーロッパの諸言語の中でも**最も古風な言語の一つ。**
- 5万以上もの十字架がたつ**十字架の丘**はリトアニアの歴史を物語る観光名所。
- **琥珀**が名産品。
- ステポーナス・カイリースは日露戦争でロシアを負かした日本に感銘を受けて、『**日本論**』という小冊子をリトアニア語で著しました。
- 世界遺産に**ビリニュスの歴史地区**などがあります。

ビリニュス
（杉原千畝桜公園）

リヒテンシュタイン公国

Principality of Liechtenstein

金融立国として名が知られており、経済的にも豊か。1人当たりのGDPも高く、公的債務はゼロ。法人税率が低く、世界各国の企業が本社の籍を置いています。

基本データ

国土：約160㎢
人口：約3万8,000人
首都：ファドゥーツ
民族：主としてゲルマン民族（外国人約34%）
言語：ドイツ語（公用語）
宗教：カトリック（約80%）、プロテスタントなど
政体：立憲君主制
GDP：67億ドル（1人当たり17万8,107ドル）
貿易総額：データなし
在留邦人数：16人
在日当該国人数：9人

これだけは知っておこう！

- 1719年、神聖ローマ帝国により自治権が付与され、**リヒテンシュタイン公国**に昇格。実質的には1806年、神聖ローマ帝国の崩壊に伴い、**独立**となりました。
- 1866年の普墺戦争をきっかけに、現在も**非武装中立政策**をとっています。
- 第一次世界大戦においても**中立**を宣言。しかしオーストリア=ハンガリー帝国と密接な関係を維持していたことから、経済制裁を受けることに。オーストリアとの関税同盟を解消し、1923年**スイスと関税同盟**を締結しました。
- スイスとの関係が深く、1919年の合意に基づき、領事業務についてはスイスが同国の利益代表を兼務。通貨も**スイスフラン**を導入しています。
- 現在、世界で唯一、**家名が国名**に。
- 金融立国として、経済が大きく発展。2019年には、**リヒテンシュタイン・ブロックチェーン法**が可決されました。
- 高度な印刷技術によって作られた同国の**切手**は美しいと、世界のマニアから注目されています。
- 500年以上にわたってリヒテンシュタイン侯爵家は、ヨーロッパの**美術品を収集**してきたことでも知られています。
- **ドイツのリヒテンシュタイン城**とは、特に関係はありません。

切手

ルーマニア

Romania

吸血鬼ドラキュラのモデルになった人物が15世紀に存在した国。ブラン城はドラキュラのモデルになった城で、外観などから中世ヨーロッパの雰囲気を感じることができます。

基本データ

国土：約23万8,000㎢
人口：約1,941万人
首都：ブカレスト
民族：ルーマニア人（約84%）など
言語：ルーマニア語（公用語）、ハンガリー語
宗教：ルーマニア正教、カトリック
政体：共和制
GDP：2,398億ドル（1人当たり1万2,290ドル）
貿易総額：輸出796億ドル、輸入977億ドル
在留邦人数：344人
在日当該国人数：2,331人

これだけは知っておこう！

- ブルガール人が1000年頃まで支配。13〜14世紀にワラキア、モルダビア両公国が建国され、15世紀末頃にはオスマン帝国の宗主下に。1881年、**ルーマニア王国**になります。
- 第一次世界大戦では連合国側で参戦し、戦勝国になり、トランシルヴァニア公国を併合。第二次世界大戦後は、ソ連軍に制圧されましたが、1947年には**ルーマニア人民共和国**を樹立しました。
- 1965年、ルーマニア社会主義共和国に改名。**チャウシェスク**が大統領に就任し、独裁体制に。工業化を重視して、同国を工業国にすると、年10%台という高い経済成長を遂げるように。しかし1989年、ルーマニア革命が起こり、民主化を成し遂げました。
- 同国の女子体操選手である**コマネチ**は、1976年のモントリオールオリンピックで3個の金メダルを獲得しました。
- 医学者パウレスコは**インスリン**の第一発見者といわれていますが、臨床研究の立ち遅れで認められていません。
- ヨーロッパ有数の**ワイン**の生産地でもあります。
- 2019年、イスラエルと**サイバーセキュリティ分野**で協力していく覚書を交わしました。
- 世界遺産に**ドナウ・デルタ**などがあります。

ドナウ・デルタのペリカン

ルクセンブルク大公国

Grand Duchy of Luxembourg

小国ながらもスイスに並ぶ EU の金融立国。金融業を中心に、近年は、ICT、物流、環境技術、バイオ・医療、宇宙など新たな産業にも乗り出しています。

基本データ

国土：約2,586㎢
人口：約62万6,108人
首都：ルクセンブルク
民族：ルクセンブルク人など
言語：ルクセンブルク語、フランス語、ドイツ語
宗教：大多数はカトリック
政体：立憲君主制
GDP：752億ドル（1人当たり12万1,000ドル）
貿易総額：輸出162億ドル、輸入240億ドル
在留邦人数：661人
在日当該国人数：51人

これだけは知っておこう！

- 国名のルクセンブルクは"**小さな城**"という意味。
- フランス、ベルギー、ドイツに囲まれたところに位置しています。このことから、**ルクセンブルク語、フランス語、ドイツ語と公用語が3カ国語**もあります。
- 国を代表する**ヴィアンデン城**は、市街から離れた小高い丘の上にあります。
- 15世紀以降、他国に統治されていたものの、1815年に独立。現在、唯一の"**大公国**"を名乗る国となりました。
- 1867年、**永世中立国**に。しかし第一次世界大戦ではドイツの侵攻を受け、1949年にはNATO（北大西洋条約機構）に加盟するなど事実上、中立政策を放棄しています。
- 国連創設以来の加盟国でもあり、小規模ながら**国際平和維持活動にも貢献**しています。
- 第二次世界大戦後は、**外国金融機関**を積極的に誘致することで、欧州の金融センターとしての地位を確立。
- 財源が豊富にあるため、**公立学校は無償。**
- **欧州司法裁判所**は同国の首都ルクセンブルクに設置されています。
- 世界遺産に**ルクセンブルクの旧市街**（古い街並みと要塞都市）があります。

金融都市

ロシア連邦

Russian Federation

世界初の社会主義国家を生み出したソビエト連邦の崩壊後に誕生した国。しかし2014年のクリミア併合など、ソ連時代の余波はまだ残っており、さまざまな問題を抱えています。

基本データ

国土：約1,710万km²
人口：約1億4,680万人
首都：モスクワ
民族：ロシア人（約80%）、ほか100以上の民族
言語：公用語はロシア語
宗教：ロシア正教、イスラム教、仏教など
政体：共和制、連邦制
GDP：1兆2,807億ドル（1人当たり1万1,162ドル）
貿易総額：輸出3,519億ドル、輸入2,285億ドル
在留邦人数：2,696人
在日当該国人数：9,109人

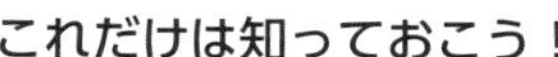

これだけは知っておこう！

- 1480年、“**タタールのくびき**”と呼ばれるモンゴルの支配下にあったモスクワ大公国は、イヴァン3世の下で事実上独立。
- 1700年、ピョートル1世は、スウェーデンと大北方戦争を開始。これにより、バルト海沿岸部分を獲得し、1703年に**サンクトペテルブルク**を建設。1712年に首都を移しました。
- 18世紀よりロシア人が定住していた**アラスカ**は、1867年、植民地経営難と財政補強のためアメリカに売却。
- 1904年、朝鮮および満州の支配権争いをきっかけに**日露戦争**が勃発。日本は勝利し、翌年のポーツマス条約にて領土を大幅に拡張しました。
- 1917年、帝政を倒し世界初の社会主義国家を成立させた**ロシア革命**が勃発。
- 1922年、史上初の社会主義国家である**ソビエト連邦**が成立。1991年に崩壊し、現在のロシア連邦となります。
- 金、銀、プラチナ、エメラルドなどたくさんの貴金属や宝石を産出してきた**ウラル山脈**は工業を発展させ、周辺は国内随一の工業地帯に。
- 2002年、永久凍土から**マンモス**が発掘され話題に。
- 世界遺産に**モスクワのクレムリンと赤の広場**などがあります。

クレムリン

コラム 14

考えよう! 日本の AI・テクノロジー

〜AI・テクノロジーの進化によって私たちの生活はどう変わる？

POINT

① テレワークを中心に各分野においてITを取り入れる動きが活発化している。
② 2017年の調査では日本のテレワークの普及率は低く、言葉の意味を知らない人も多い。
③ 今後ITの発展により失われていく職業もたくさんあると予想されている。

日本のテレワーク普及率はどのくらい？

日々、**最先端テクノロジー、オンラインなどの言葉が飛び交っています。**AIや5Gなどの通信・IT技術は日進月歩の速さで進化を遂げ、私たちの生活を大きく変えています。

近年、教育とテクノロジーを組み合わせたエドテック、金融とテクノロジーを組み合わせるフィンテックなどあらゆる分野においてIT化が進んでいます。私たちの生活には、もはやITは欠かせない存在です。

例えば、2020年現在、コロナ禍における働き方として国を挙げて推奨されているのがテレワーク。コロナ禍以前には働き方改革の一環として推進されてきましたが、以前はその言葉の認知度も低かったようです。例えば、総務省の「令和元年通信利用動向調査ポイント」では日本企業のテレワーク導入率は20.2%。「ICTによるインクルージョンの実現に関する調査研究」（総務省：2018）によるとテレワークについて、「言葉を聞いたことがあり、おおよその意味は知っている」との回答はわずか34.8%（その他65.2%は「言葉を聞いたことがあるが意味は知らなかった」、または「言葉を聞いたことがない」と回答）と、決して普及しているという状況ではありませんでした。しかし現在、コロナ禍の影響もあり、導入率は増加傾向です。また、自宅で授業を受けられるオンライン教育や自宅で医師の診察を受けられる遠隔診療などの整備も進んでいます。

このような**IT技術の進展は、私たちの未来の働き方などにも大きな影響を与えると見られています。**2013年にカール・ベネディクト・フライ氏とマイケル・A・オズボーン氏が著した論文『雇用の未来―コンピューター化によって仕事は失われるのか』では、702の職種について今後コンピューター化によってどのくらい影響を受けるのかが詳述されています。本論文では、テレマーケター（電話を使っての販促活動）などの職業は今後なくなる可能性が高く、マネージャー職、医師、教員などは残るであろう確率が高いと分析しています。

このように私たちの生活は、ITの発展によって大きく左右されています。しかし、ITやAIなどを上手に使いこなし、今はない職業などを生み出すことで新たな未来を開くことも可能となるのです。

データを見ながら考えよう！

日本と世界のテレワークや遠隔診療の状況

①2017年のOECD加盟諸国の就業者1人当たりの労働生産性と各国のテレワークの状況比較です。日本は他国に比べてどのように思いますか？

日本の労働生産性はOECD平均よりも低いのが実情

	1人当たりの労働生産性	テレワーク状況
アメリカ	12万7,075ドル	2015年時点でテレワーク導入企業率は85%
日本	8万4,027ドル	2014年時点でテレワーク導入企業率は11.5%
ノルウェー	12万2,902ドル	2014年時点でテレワーク人口は10.7%
フランス	10万6,998ドル	2014年時点でテレワーク導入企業率は14%
イタリア	10万4,179ドル	2014年時点でテレワーク導入企業率は5.3%
ドイツ	10万940ドル	2014年時点でテレワーク導入企業率は21.9%
韓国	7万3,825ドル	2015年時点でテレワーク導入企業率は14.2%

（総務省「テレワークの最新動向と総務省の政策展開」、総務省ホームページ「テレワーク情報サイト」を基に編集部にて作成）

テレワークのメリットは？

2014年時点ではアメリカやドイツを除いて、テレワーク導入企業率は10%程度ですが、日本を含めテレワークの導入を積極的に進めている国は増えています。その要因の一つが労働生産性の向上です。テレワークを導入することで、離職率が下がったり、労働時間が減少したりすることがあるため、多くの企業が注目しています。

②海外の遠隔診療の動向です。海外の状況を見て思ったことを話し合ってみましょう。

遠隔診療の海外の動向

アメリカ	欧州連合（EU）
2015年時点では、世界の地域別市場規模の比較にて北米は世界最大のシェアを占める。とりわけアメリカのシェアは高い。	2015年の時点では北米に次ぐ第2位。2019年には126億ドルまで市場が拡大することが見込まれている。

（厚生労働省「『情報通信機器を用いた診療に関するルール整備に向けた研究』研究報告」より）

遠隔診療のメリット・デメリット

遠隔診療には医師など医療従事者への感染を防止できたり、受診時の緊張が緩和されたり、手間やコストがかからないといったメリットがあります。しかし、対面診療に比べて情報を得づらく、医師がフォローしづらいといったデメリットもあります。

オセアニア

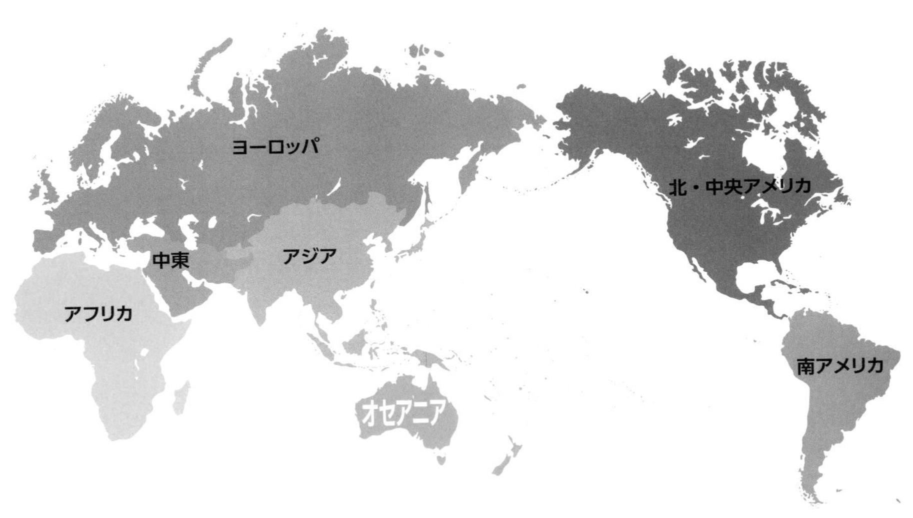

Oceania

オーストラリア連邦

Commonwealth of Australia

コアラやカンガルーなど愛らしい動物たちで有名。観光地としても人気です。しかし、近年は大規模な森林火災の影響で、推定10億以上もの動物が犠牲になっているといわれています。

基本データ

国土：約769万2,000㎢
人口：約2,499万人
首都：キャンベラ
民族：アングロサクソン系など欧州系が中心
言語：英語（公用語）
宗教：キリスト教（約52%）、無宗教（約30%）
政体：立憲君主制
GDP：1兆3,379億ドル（1人当たり5万5,707ドル）
貿易総額：輸出2,571億ドル、輸入2,353億ドル
在留邦人数：9万7,223人
在日当該国人数：1万386人

これだけは知っておこう！

- 1770年、イギリスの**ジェームズ・クック**がオーストラリア東海岸に到達。イギリス領であることを宣言しました。
- 1788年以降、**囚人の流刑地**に。その後1850年代のゴールドラッシュ（金鉱脈の発見）を契機に移民人口が爆発的に増えます。
- 1901年、**オーストラリア連邦**が成立し、イギリスから独立。
- 1970年代まで、ゴールドラッシュによって増えたアジア系移民を排斥するため"**白豪主義**"と呼ばれる政策を採っていました。
- 先住民アボリジニは6万年以上前にオーストラリア大陸に到着。長年、迫害されていましたが、2019年、初めて**先住民族アボリジニの閣僚**が誕生。
- 石炭、鉄鉱石、ボーキサイトなどの**鉱物資源**が豊富にあります。
- 牛肉が特産品。同国産牛肉"**オージービーフ**"は日本でも有名。
- プラごみによる海洋汚染などの影響で、カフェにマイコーヒーカップを持参するなど、**脱・使い捨て**の取り組みが広がっています。
- 世界遺産に**グレート・バリア・リーフ**や**エアーズロック**、**オペラハウス**などがあります。

コアラとエアーズロック

キリバス共和国

Republic of Kiribati

ハワイの約2000km南にあるサンゴ礁に囲まれた島々。世界で最も汚染の少ない海水と言われていますが、近年は水位の上昇により、国外に避難せざるを得ない人も出てきています。

基本データ

国土：約730㎢
人口：約11万6,000人
首都：タラワ
民族：ミクロネシア系（約98%）
言語：キリバス語、英語（共に公用語）
宗教：キリスト教
政体：共和制
GDP：1億9,000万ドル（1人当たり1,574ドル）
貿易総額：輸出2,200万ドル、輸入9,940万ドル
在留邦人数：2人
在日当該国人数：24人

これだけは知っておこう！

- **赤道直下**にあるギルバート諸島やフェニックス諸島など島々によって構成されています。
- 18世紀末に上陸した、イギリス海軍の**トーマス・ギルバート**（現地語の発音でキリバス）が国名の由来。
- 1916年、イギリスの植民地に。1941年、**日本軍**に占領されるも、第二次世界大戦後は再びイギリスの植民地に。1979年、独立します。
- 第二次世界大戦中、**ギルバート諸島**は日米の激戦地に。また終戦後、クリスマス島はイギリスやアメリカの核実験場にもなりました。
- 2019年、**台湾と断交**。代わりに中国と国交を結び、中国主導の一帯一路構想などに協力することにしました。
- かつて**日付変更線**が国内を通っており、同じ国内でも曜日が1日ずれていることがありました（2000年を迎える前に変更）。
- 主要産業は**漁業とコプラ（乾燥ココヤシ）**。しかし就業人口は全体のわずか10%程度。
- **海面の上昇**が深刻な問題。同国が水没する場合、フィジーが全国民を受け入れることを表明しています。
- 世界遺産に、**フェニックス諸島保護地域**があります。

フェニックス諸島

クック諸島

Cook Islands

かつて属領であったことから、ニュージーランドとの結びつきが強い国。通貨もニュージーランドドルを使用し、国民はニュージーランドの市民権やパスポートを持っています。

基本データ

国土：約237㎢
人口：約1万8,000人
首都：アバルア
民族：ポリネシア系（約81%）など
言語：クック諸島マオリ語、英語（共に公用語）
宗教：主にキリスト教
政体：立憲君主制
GDP：3億6,300万ドル（1人当たり2万832ドル）
貿易総額：輸出2,000万ドル、輸入1億ドル
在留邦人数：8人
在日当該国人数：データなし

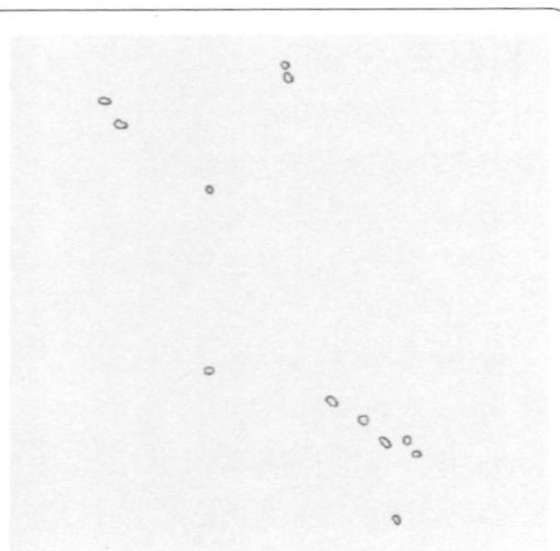

これだけは知っておこう！

- ニュージーランドの北東にある、**15の島からなる島国。**
- 5世紀頃から、**マオリ人**が定住を開始。
- 1773年、イギリスの探検家、**ジェームズ・クック**が同地域の諸島に上陸し調査を開始。そこからこの国名が付けられました。
- 19世紀、ポリネシアの島々を訪れた宣教師たちにより、**キリスト教**が浸透。
- 1888年にイギリスの属領、1901年に**ニュージーランド**の属領に。
- 1964年、ニュージーランド国会により、クック諸島憲法が承認・可決。1965年、**自治政府を樹立。**
- 1973年、"自由連合終了権"を確認。**ニュージーランドの合意なく独立が可能に。**
- 日本とは**2011年**3月に国交を締結。193番目の国として承認されました。
- 国家承認している国が少なく、2019年11月時点で55カ国のみ。
- 多くの国民がニュージーランドなど国外で**出稼ぎ**をしています。
- 日本の市場では同国産の**金目鯛**が出回っています。
- **記念硬貨**の生産国としても知られており、ハロー・キティや銀河鉄道999などの記念硬貨を製造しています。

金目鯛

サモア独立国

Independent State of Samoa

美しい海に浮かぶ島は、ポリネシアの中でも長い歴史を誇っており、独特の文化が根強く残っています。ラグビーワールドカップ2019では、1次リーグにて日本が同国に勝利しました。

基本データ

国土：約2,830㎢
人口：約20万人
首都：アピア
民族：サモア人（約90%）など
言語：サモア語、英語（共に公用語）
宗教：キリスト教
政体：議会が国家元首を選出する制度
GDP：8億6,000万ドル（1人当たり4,500ドル）
貿易総額：輸出4,750万ドル、輸入4億ドル
在留邦人数：65人
在日当該国人数：71人

これだけは知っておこう！

- 紀元前1000年頃には、人々が**ウポル島**にて生活していたと見られています。
- 1722年、オランダ人探険家**ヤーコプ・ロッヘフェーン**が視認。1768年、フランス人航海者の**ブーガンヴィル**が上陸。
- 1860年以降、**アピア**が捕鯨船の寄港地として栄え、ドイツ、イギリス、アメリカが勢力を競い合います。
- 1899年、**ドイツ**が西サモア（現在のサモア独立国）、**アメリカ**が東サモア（現在の米領サモア）を領有。
- 第一次世界大戦後は、**ニュージーランド**の委任・信託統治領に。
- 1962年に独立。1997年に国名を西サモア独立国から**サモア独立国**に変更しました。
- 火のついたナイフを回す"**ファイヤーナイフダンス**"は、戦いでの勝利のジェスチャーをもとにしてできた伝統的な踊り。
- "**ファレ**"という屋根と柱だけの建築や、腰巻きの"**ラバラバ**"などがいまだに多く見られ、昔ながらのポリネシアの伝統や文化が色濃く残っています。
- "太っている人がカッコいい"という価値観がありましたが、近年は改められ、**肥満率が減少**しつつあります。

ファイヤーナイフダンス

ソロモン諸島

Solomon Islands

美しい海、火山、イルカなどさまざまな自然や文化を楽しめる島国。かつては太平洋戦争の激戦地で、日米両軍の死者を祀る慰霊碑や錆びた戦車が戦争の激しさを物語っています。

基本データ

国土：約2万8,000㎢
人口：約65万人
首都：ホニアラ
民族：メラネシア系（約94%）など
言語：英語（公用語）、ピジン英語（共通語）
宗教：主にキリスト教
政体：立憲君主制
GDP：14億ドル（1人当たり2,246ドル）
貿易総額：輸出5億ドル、輸入5億ドル
在留邦人数：113人
在日当該国人数：36人

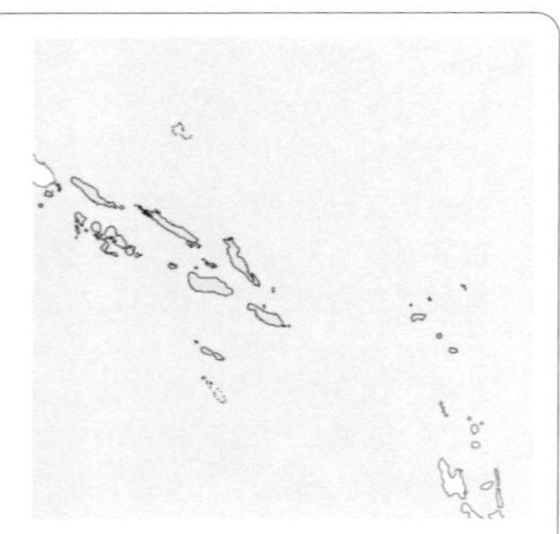

これだけは知っておこう！

- 1568年、スペイン人の探検家**メンダナ**がサンタ・イザベル島に到着。ガダルカナル島で砂金を発見したことから、古代イスラエルのソロモン王の財宝にちなんで、この国名がつけられました。
- 1893年、**イギリス**が南ソロモン諸島の領有を宣言。1900年には、ドイツから北ソロモン諸島も取得します。
- 1942年、日本軍が**ガダルカナル島**を占領。その直後にアメリカ軍が上陸。激しい争奪戦が起こりました。
- 翌年、日本軍が撤退。アメリカ軍は同国を補給基地とし、しばらくの間駐留しましたが、戦後、**イギリス**が再び統治します。
- 1976年、自治政府を樹立。1978年、**イギリス連邦の一員として独立**。
- 主要産業は**木材**輸出。しかし、伐採し過ぎによる森林資源の枯渇が懸念されています。
- **生きたイルカ**を輸出したことで世界各国から非難を浴びました。
- **東レンネル**が世界遺産。レンネルオオコウモリなど、ここにしかいない固有種が生息しています。

レンネルオオコウモリ

ツバル

Tuvalu

ポリネシアの最西端に位置する、9つの環礁で構成されている島国。美しい海に囲まれているものの、地球温暖化によって海面が上昇。国そのものが水没の危機に瀕しています。

基本データ

国土：約25km²
人口：約1万1,000人
首都：フナフティ
民族：ポリネシア系（若干ミクロネシア系が混合）
言語：英語、ツバル語（共に公用語）
宗教：キリスト教
政体：立憲君主制
GDP：4,000万ドル（1人当たり3,834ドル）
貿易総額：輸出1,040万ドル、輸入4,140万ドル
在留邦人数：1人
在日当該国人数：3人

これだけは知っておこう！

- ポリネシアで最も小さく、**人口密度の高い国。**
- 紀元前、西ポリネシアから来た**ポリネシア人**あるいは**ラピタ人**が最初の居住者。
- 1568年、スペイン人の**メンダナ**がエリス諸島（同国の旧名）のヌイ島を発見。
- 1915年、**ギルバート・エリス諸島**としてイギリスの植民地になります。
- 1975年、ギルバート諸島（現在キリバス共和国）と分離し、**ツバル**に改名。1978年、イギリスから独立。2000年に国連に加盟。
- 農業と漁業が主な産業であるものの、輸出目的ではなく、**自給自足**の側面が大きいです。
- 主に、入漁料と海外出稼ぎ労働者からの送金や国外の資金援助によって**国家財政**が支えられています。
- 1999年からは、アメリカのインターネット関連会社に貸与したドメインコード“**.tv**”の使用権の契約料を受け取れるようになりました。
- オークランド大学の研究チームによると、海面上昇が進んでいるのにも関わらず、8つの環礁と約4分の3の岩礁で**面積が広くなっていること**が判明しました。
- 海面上昇などで地下水に塩水が混ざってしまい、真水を得る手段は**雨水**しかありません。

水没の危機

トンガ王国

Kingdom of Tonga

日本にも輸出しているかぼちゃ栽培で有名。ラグビーが盛んで、多くの選手が来日しており、ラグビーワールドカップでもトンガ出身の選手が日本代表として活躍しています。

基本データ

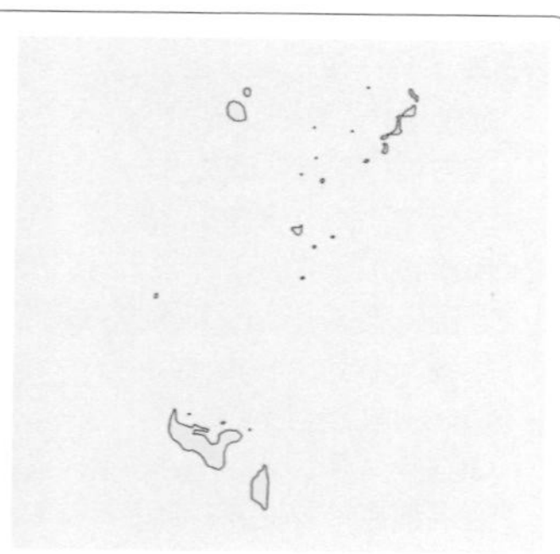

国土：約720㎢
人口：約10万3,000人
首都：ヌクアロファ
民族：ポリネシア系（若干ミクロネシア系が混合）
言語：トンガ語、英語（共に公用語）
宗教：キリスト教（カトリック、モルモン教など）
政体：立憲君主制
GDP：4億5,000万ドル（1人当たり4,862ドル）
貿易総額：輸出1,910万ドル、輸入2億ドル
在留邦人数：66人
在日当該国人数：159人

これだけは知っておこう！

- 大小172余りの島から成る**4つの諸島**（トンガタプ、ハアパイ、ババウ、ニウアス）で構成されています。
- 紀元前850年ごろ、**ラピタ文化**を持つ人々が入植したのが始まり。
- 1616年、ヨーロッパ人として初めて、オランダ人の探検隊がニウアス諸島を発見。1643年、同じくオランダ人船乗りの**アベル・タスマン**が上陸。
- 18世紀、イギリスのキリスト教宣教使節団が**キリスト教の布教**を開始。
- 1845年、キリスト教徒の**トゥポウ1世**が国内を統一。
- 1900年、**イギリス**の保護領に。1970年、イギリスから独立。
- 1998年に台湾と断交。現在は**中国**から多額の融資を受けています。
- 国民の多くが体格のいいポリネシア系住民であり、**ラグビー強豪国**として有名。
- ザトウクジラで知られており、観光客向けの**ホエールスイミング**も実施しています。
- 肥満問題が深刻で、事態を解決するため、首相が島しょ国間での**1年間のダイエット競争**を提案しました。
- **『ガリバー旅行記』**の巨人国のモデルといわれるほど大柄な民族。
- ババウ島は**ヨットマン**の憧れの地。またサンゴが生息する海も息をのむ美しさで、多くのダイバーを惹きつけています。

かぼちゃ

ナウル共和国

Republic of Nauru

かつてはリン鉱石の採掘により、世界トップクラスの経済大国に。しかし資源の枯渇により国民の失業率は90%以上。再採掘を検討しているものの、先行きは不透明なままです。

基本データ

国土：約21㎢
人口：約1万3,000人
首都：ヤレン
民族：ミクロネシア系
言語：英語（公用語）、ナウル語
宗教：主にキリスト教
政体：共和制
GDP：1億3,000万ドル（1人当たり8,270ドル）
貿易総額：輸出3,960万ドル、輸入9,970万ドル
在留邦人数：0人
在日当該国人数：4人

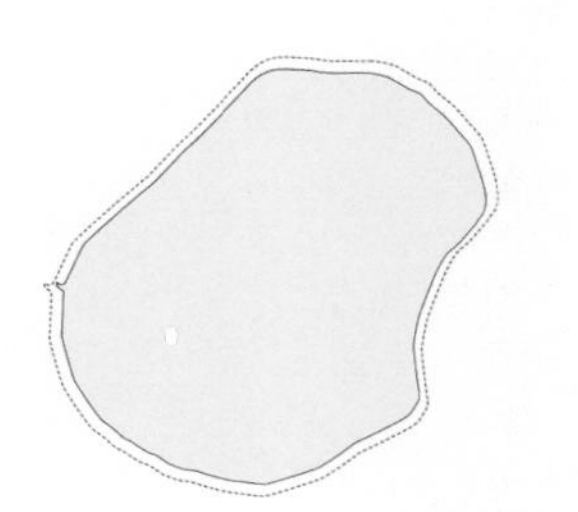

これだけは知っておこう！

- バチカン、モナコに続いて、**世界で3番目に面積の小さな国。**
- 1798年、**イギリス**の捕鯨船が西洋人として初めて同国に到達。
- 1888年、ドイツの保護領に。1914年、オーストラリアがナウル島を占領。戦後の1920年には、国際連盟の委任統治領として**イギリス、オーストラリア、ニュージーランド**の3国が統治。
- 第二次世界大戦中、**日本**が占領。1947年より再び上記3国の信託統治領に。
- 1968年、**イギリス連邦**の一員として独立しました。
- 国家の主要財源は**リン鉱石**でしたが、現在はほぼ枯渇。
- リン鉱石は鳥の糞や死骸などによってできるため、**"鳥の糞でできた島"**とも言われています。
- 1980年代、国民1人当たりのGNP（国民総生産）はアメリカよりも高く、**世界トップクラスの経済大国**に。教育費、医療費も無料になりました。
- リン鉱石の過剰な採掘により90%近い地表の石灰石がむき出しになり、**農業や産業を営めません。**
- オーストラリアは**難民**を同国にボートで移送。しかし難民環境は悪く、2003年、難民はハンガーストライキを行いました。

グアノ(鳥の糞)

ニウエ

Niue

南太平洋に浮かぶ、世界最大規模のサンゴ礁の島。熱帯にあるにも関わらず、裾礁（きょうしょう）のほとんど無い孤島のため“ポリネシアの岩”とも呼ばれています。

基本データ

国土：約259㎢
人口：約1,520人
首都：アロフィ
民族：ニウエ人（ポリネシア系）が大半
言語：ニウエ語（ポリネシア語系）、英語
宗教：キリスト教（約90%）
政体：立憲君主制
GDP：2,500万ドル（1人当たり5,800ドル）
貿易総額：輸出140万ドル、輸入1,500万ドル
在留邦人数：8人
在日当該国人数：データなし

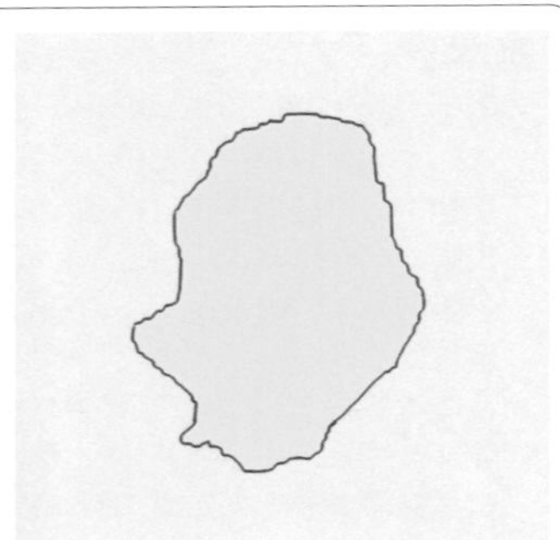

これだけは知っておこう！

- **400年頃**、最初の移住者が出たと信じられています。
- 1774年、ジェームス・クックが来航。しかしニウエ人に上陸を阻止され、**“未開の島”**に。
- 1876年、**マタイオ・トゥイティガ**が初めて全ての部族を束ねる王に選ばれました。
- 1900年、**イギリス**の植民地に。この頃キリスト教が島全体に普及します。
- ニュージーランド総督が訪問した、翌1901年、**ニュージーランド**の属領に。
- 1974年、ニュージーランドの**自由連合国**になりました。
- 1974年には、約4,000人いた人口は、2013年には1,500人にまで**減少**。その多くはニュージーランドなど国外で働いています。
- 主要産業はタロイモ栽培などの農業と観光業。しかしどちらも細々と行っており、**経済基盤は脆弱**です。
- 美しい**切手やコイン**を販売することで、外貨を得ています。
- 島国との外交関係強化のため、日本は2015年、**世界で13番目に国家として承認**しました。
- 2019年、“世界一孤独なカモ”として話題になった島唯一のマガモの**トレバー**が犬に襲われ死に、ニュースになりました。

コイン

ニュージーランド

New Zealand

羊や国鳥・キーウィなど動物や自然豊かな町並みで知られている風光明媚な国。特産のキウイフルーツなど農業国としても有名です。

基本データ

国土：約27万534㎢
人口：約495万人
首都：ウェリントン
民族：欧州系、マオリ系、アジア系など
言語：英語，マオリ語，手話（全て公用語）
宗教：キリスト教（約25%）
政体：立憲君主制
GDP：2,015億ドル（1人当たり4万1,593ドル）
貿易総額：輸出396億ドル、輸入437億ドル
在留邦人数：1万9,664人
在日当該国人数：3,317人

これだけは知っておこう！

- 9世紀頃、東ポリネシアから**マオリ**と呼ばれる先住民が移住。飛べない鳥のモアやアザラシなどの狩猟や農耕を行っていました。
- 1642年、オランダ人の**アベル・タスマン**が発見。1769年、イギリス人の**ジェームズ・クック**が上陸します。
- 19世紀の初めまで、**捕鯨やアザラシ猟の拠点**としてオーストラリアや欧米諸国に注目されます。
- 1840年、**イギリス**の植民地に。1947年に独立します。
- 過去にはイギリス領だったことから、現在でも**国家元首**（国の代表だが、実権はない）は**イギリス国王**です。
- 1953年、**エドモンド・ヒラリー**（同国出身）は人類で初めてテンジン・ノルゲイ（チベット人）と共に、エベレストの登頂に成功しました。
- 産業の中心は羊をはじめとした酪農や肉牛、競走馬の育成などの**畜産業**。**農業国**としても栄えています。
- **ラグビー**が強いことでも有名。**オールブラックス**という愛称で世界中から親しまれています。
- 世界遺産に国内最高峰の山である**マウントクック**や、マオリの聖地である**トンガリロ国立公園**などがあります。

キーウィ

バヌアツ共和国

Republic of Vanuatu

コバルトブルーに輝く海はダイビングやフィッシングを楽しみたい人に大人気。"時間のない国"と呼ばれるほどのんびりとした空間の中、日々の疲れを癒すことができます。

基本データ

国土：約1万2,000㎢
人口：約29万3,000人
首都：ポートビラ
民族：メラネシア系（約93%）、中国系など
言語：ビスラマ語、英語、フランス語（全て公用語）
宗教：主にキリスト教
政体：共和制
GDP：9億1,400万ドル（1人当たり3,260ドル）
貿易総額：輸出9,170万ドル、輸入3億ドル
在留邦人数：83人
在日当該国人数：14人

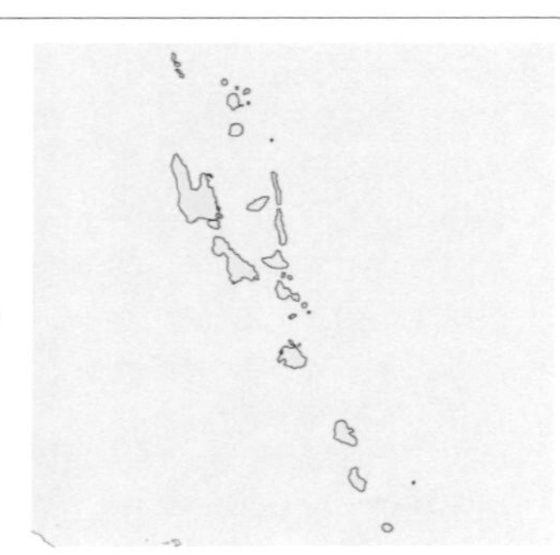

これだけは知っておこう！

- **ニューヘブリディーズ諸島**と呼ばれる83の島で構成されています（ニューヘブリディーズ諸島は独立前の呼称）。
- 現在の国名には**"我々の土地"**という意味があります。
- 紀元前1400年頃の定住跡が発見されており、**ポリネシア人**の祖先が住んでいたと見られています。
- 1605年、初めて訪れた西洋人はスペイン船に乗ったポルトガル人の**キロス**。
- ジェームズ・クックが来航した18世紀末以降、**西洋人による植民地化**が始まります。
- 1906年、**イギリスとフランスの共同統治下**に。1980年イギリス連邦の一員として独立。しかしフランス系住民はこの独立に反対し、エスピリトゥサント島で反乱を起こします。
- 2015年、サイクロンによる大きな被害を受けるなど、**世界で災害リスク指標が最も高い国**（2018年）に認定されています。
- 日本の外務省は同国に**大使館を新設**することを2020年1月1日に発表。
- 指一本の一筆書きで描かれる**バヌアツの砂絵**は、世界無形文化遺産に登録されています。
- 世界遺産に**ロイ・マタ首長の領地**があります。

砂絵

パプアニューギニア独立国

Independent State of Papua New Guinea

豊かな自然や美しいサンゴに魅了される国。かつては太平洋戦争の悲劇の舞台ともなりましたが、現在は多数の土着の部族が各自の伝統と文化を守りながら生活をしています。

基本データ

国土：約46万㎢
人口：約861万人
首都：ポートモレスビー
民族：メラネシア系
言語：英語（公用語）、ピジン英語、モツ語など
宗教：主にキリスト教
政体：立憲君主制
GDP：235億ドル（1人当たり2,742ドル）
貿易総額：輸出72億ドル、輸入53億ドル
在留邦人数：177人
在日当該国人数：69人

これだけは知っておこう！

- 南太平洋にある**ニューギニア島の東半分**とその周辺の島々から成立。
- ニューギニア島の西半分は**インドネシア領**。しかしそこに暮らすのはメラネシア人で、インドネシアとの文化的な共通点はほとんどありません。
- 1884年、国の北半分（ニューギニア）は**ドイツ**の支配下に。同年、南沿岸エリア（パプア）とその近隣諸島は**イギリス**の植民地になります。
- その後、**オーストラリア**が占領。1946年にパプアとニューギニアが統合され、1975年に独立を果たします。
- **800ものさまざまな部族**が居住しており、それぞれの部族が別々の言語を使用。そのため国家意識が薄く、それが国家の発展を妨げています。
- **太平洋戦争**中、日本軍はアメリカを中心とする連合軍とニューギニア本土で激戦を展開。85%以上の日本兵が戦死したと言われています。
- 地理的にはソロモン諸島に属しているものの、**ブーゲンビル島**は同国の領土。しかし現在は独立に向けての取り組みが行われています。
- 美しい**サンゴ礁**で有名ですが、現在、深刻な白化現象が生じているところも。
- 世界遺産に7,000年以上前の**クックの初期農業遺跡**があります。

クックの初期農業遺跡

パラオ共和国

Republic of Palau

太平洋に浮かぶ200以上の島々からなる島嶼国（人が生活しているのは10島ほど）。美しい海を守るため、観光客に誓約書にサインさせるなど環境保全に力を入れています。

基本データ

国土：約488㎢
人口：約1万7,000人
首都：マルキョク
民族：ミクロネシア系
言語：パラオ語、英語（共に公用語）
宗教：キリスト教
政体：共和制
GDP：3億ドル（1人当たり1万6,736ドル）
貿易総額：輸出730万ドル、輸入2億ドル
在留邦人数：339人
在日当該国人数：34人

これだけは知っておこう！

- 16世紀以降、**西洋人**がミクロネシア地域に来航。1783年に同国の近海にてイギリス東インド会社の船が座礁し、同国との交流が始まりました。
- 1885年、同国を含むミクロネシアは**スペイン**の植民地に。1899年、米西戦争に敗れたスペインは同国を含むミクロネシアの島々を**ドイツ**に売却。
- 1914年、第一次世界大戦により、**日本**はドイツ領ミクロネシアを占領。1920年に、国際連盟による委任統治が認められ、多くの日本人が移住しました。
- 1947年、国連の太平洋信託統治領として**アメリカ**が統治を開始。1981年、パラオ憲法を発布し、自治政府を発足。1994年、独立を果たします。
- 委任統治下に置かれていたものの、日本主導で同国のインフラ整備が進み、現在も大勢の日本人観光客が訪れているなどのことから、**親日国家**。
- 2020年から、サンゴ礁を守るため、**日焼け止め**の使用や販売を制限。持ち込みが発覚した場合、没収されます。
- 2020年、特定エリアでの**外国船の漁業を禁止**。ただし日本の漁船のみ例外的に受け入れられるよう一部改定されました。
- 世界遺産にサンゴ礁の隆起でできた**ロックアイランド**があります。

ロックアイランド

フィジー共和国

Republic of Fiji

約 330 の島や環礁からできた常夏の国。年間を通して温暖な気候のため、ビーチリゾートなどにも最適。観光地のナンディ周辺では、日本語の看板も見かけます。

基本データ

国土：約1万8,000㎢
人口：約89万人
首都：スバ
民族：フィジー系、インド系など
言語：英語（公用語）、フィジー語、ヒンディー語
宗教：キリスト教、ヒンドゥー教、イスラム教
政体：共和制
GDP：55億ドル（1人当たり6,379ドル）
貿易総額：輸出8億ドル、輸入27億ドル
在留邦人数：537人
在日当該国人数：275人

これだけは知っておこう！

- 紀元前1300年頃、東南アジアからの移住者が**オーストラロイド**（ニューギニア方面の先住民族）と混血を繰り返し、この地に住み始めました。
- 1874年、**イギリス**の植民地に。この時、インド人の労働者が移住してきたことから、インド系住民が増加。先住民のフィジー系住民との対立が起こるようになります。
- 1970年に**イギリス連邦**の一員として独立するも、1987年には離脱（その後、再度加盟）。同時に、立憲君主制から共和制になります。
- 2011年、1998年に変更された**フィジー諸島共和国**から現在の国名に。
- **先住民のフィジー系とインド系住民**の対立から、1987年に2回、2000年、2006年と4回のクーデターが起きています。
- 太平洋諸島の16カ国と2地域が加盟する**太平洋諸島フォーラム（PIF）**の事務局があります。
- 近年、政府は**中国**との関係を強化。中国の援助によるインフラ整備や中国人観光客などが増えています。
- **砂糖**産業や木材産業が盛ん。近年はハリウッドセレブを中心にフィジーウォーターが人気を集めています。
- 世界遺産に植民地時代の建物が残る**レブカ歴史的港町**があります。

レブカ歴史的港町

マーシャル諸島共和国

Republic of the Marshall Islands

“太平洋に浮かぶ真珠の首飾り”と称されるほど美しい海はダイバーたちの憧れ。しかし第二次世界大戦後、アメリカはここで核実験を繰り返し、死の灰をまき散らしました。

基本データ

国土：約180㎢
人口：約5万8,000人
首都：マジュロ
民族：ミクロネシア系
言語：マーシャル語、英語（共に公用語）
宗教：キリスト教（主にプロテスタント）
政体：共和制
GDP：2億ドル（1人当たり3,924ドル）
貿易総額：輸出4,000万ドル、輸入8,000万ドル
在留邦人数：49人
在日当該国人数：16人

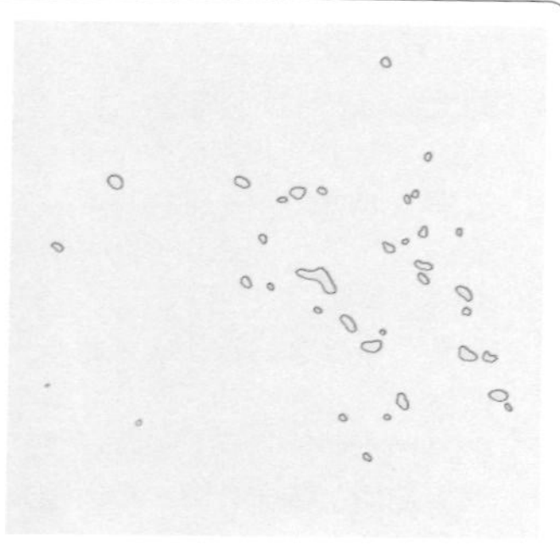

これだけは知っておこう！

- 29の環礁と5の島からできた国。人口の半分は**マジュロ環礁**に住んでおり、標高6mのマジュロ橋が最も高い場所。
- 1528年、スペインのアルバロ・デ・サーベドラが発見。1788年に、イギリスの**ジョン・マーシャル**が周辺海域を調べたことからこの国名が付けられました。
- 1885年、ドイツの保護領に。第一次世界大戦開戦と同時に**日本が占領**。1920年には、国際連盟承認の下、日本の委任統治領に。
- 1944年、太平洋戦争の日米決戦の舞台に。第二次世界大戦終了後、1947年から**アメリカ**の信託統治下に置かれます。
- アメリカは**ビキニ環礁とエニウェトク環礁**にて67回もの核実験を実施。クワジェリン環礁にはミサイル迎撃基地が建設されました。
- 1954年、**第五福竜丸**がビキニ環礁にてアメリカの水爆実験で被爆。
- 1979年、自治政府が発足。1986年に独立を果たし、1991年**国際連合に加盟**します。
- **コプラ（乾燥ココヤシ）やココヤシ油、漁業**が主要産業。
- 日本の委任統治下に置かれたことから、米食が定着し、**“タクワン”**や**“サシミ”**などが食べられています。
- 世界遺産に**ビキニ環礁核実験場**があります。

マジュロ橋

ミクロネシア連邦

Federated States of Micronesia

ダイビングやフィッシング、シュノーケリングなど一年中マリンスポーツを楽しめます。旧日本軍の艦船などが多数沈んでおり、映画『タイタニック』のロケ地にもなりました。

基本データ

国土：約700㎢
人口：約11万2,000人
首都：パリキール
民族：ミクロネシア系
言語：英語（公用語）のほか、現地の８言語
宗教：キリスト教（プロテスタント、カトリック）
政体：連邦共和制
GDP：３億8,000万ドル（１人当たり3,718ドル）
貿易総額：輸出１億ドル、輸入６億ドル
在留邦人数：107人
在日当該国人数：52人

これだけは知っておこう！

- ヤップ、チューク、ポンペイ、コスラエの4州と607の島々から成る**連邦国家**。
- 一年を通して**30℃を超える暑さを記録**。にわか雨もよく降り、特にポンペイは、世界で2番目に雨量が多い地域と言われています。
- 17世紀にスペインが占領、1899年**ドイツ**の植民地に。ドイツ時代には強制労働に抵抗。ドイツの総督や知事を殺害するジョカージの反乱事件が起きます。
- 第一次世界大戦後、**日本**の委任統治下に（1945年の太平洋戦争終結まで）。
- 1947年、**アメリカ**の国連信託統治領に。1979年に自治政府が発足し、日系のトシヲ・ナカヤマ氏が初代大統領に就任。1986年に独立しました。
- 赤道付近にあるため海水温度も高く、一年中**ダイビング**や**サーフィン**などを楽しむことができます。
- チュークの海は**“沈船ダイブスポット”**として有名。海中には、約80隻の艦船が沈んでいると言われています。
- 日本の**カツオ・マグロ類**の約2割（2016年）が同国の周囲にある漁場にて獲られています。
- **魚と水産品**が国の輸出品の95％以上を占めています。
- 世界遺産に巨大な石造の人工島である**ナンマドール遺跡**があります。

ナンマドール遺跡

コラム 15

考えよう! 日本とアメリカの関係
～アメリカはいつまで世界の覇権を握ることができる？

POINT

① 19世紀まで世界はヨーロッパ諸国を中心に動いていた。
② 第二次世界大戦後、世界の覇者として台頭してきたのがアメリカ。
③ しかし近年は、中国が存在感を増してきて、アメリカの地位を脅かしつつある。

アメリカはなぜ世界で最も力のある国？

かつて世界はヨーロッパ諸国を中心に動いていましたが、第二次世界大戦後新たに覇権を握ったのがアメリカです。国際連合、世界銀行、国際通貨基金の中心国となり、世界トップの政治力・経済力を身につけました。

国際連合はアメリカ、中国、ロシア、イギリス、フランスといった5つの常任理事国を中心にほぼすべての国が参加権を得ています。また、世界銀行と国際通貨基金によるアメリカ・ドルの流通によって、アメリカ・ドルは国際的取引の決済通貨となり、自国通貨の安定のための外貨準備としても用いられています。自国通貨はあるものの実質的にはアメリカ・ドルを使用していたり、アメリカ・ドルを通貨としていたりする国もあります。

アメリカとの関係で近年気になるのが貿易です。**米中貿易摩擦やアメリカの貿易赤字削減**などのニュースを聞いたことがある人も多いと思います。アメリカは貿易輸出額－貿易輸入額＝貿易収支のランキングが世界で断トツの最下位。これは、アメリカがGDPの7割近くを占める消費大国であり、個人消費の額が大きいからこそ、消費財の輸入規模も大きいのが主な原因です。貿易赤字の拡大は好景気による消費の伸びを表しているともいえるので、一概に悪いとはいえませんが、トランプ大統領は赤字縮小のため貿易相手国に追加関税を課したり、アメリカ製品の購入を促したりしています。日本もそのあおりを受けて、2020年1月1日に日米貿易協定を発効しました。

また、**日本にとってアメリカは、安全保障上でも欠かせない国です。**日米安全保障条約を結ぶことによって、日本は外国から攻められたときにアメリカに軍事的に支援してもらうことができます。その代わり、日本は土地や資金などを米軍に提供する必要があります。

このように**世界の大国であるアメリカだからこそ、日本をはじめ、各国に及ぼす影響は甚大です。**しかし、そんな**アメリカの地位を脅かす存在**が出現します。**中国**です。**中国は一帯一路構想を通じて、シーレーンの確保を狙っています。**また人民元通貨圏を模索しており、アフリカ諸国との交易に人民元を使用することから始め、将来的には中国人民銀行はデジタル人民元を発行することで国際決済の約4割を占めるアメリカ・ドルに代わる存在になろうと画策しています。

データを見ながら考えよう！

日本と世界の大国の影響

①2018年の世界の貿易収支です。表を見て感じたことを話し合ってみましょう。

	貿易輸出額	貿易輸入額	貿易収支
中国	2兆4,866億ドル	2兆1,357億ドル	3,509億ドル
アメリカ	1兆6,659億ドル	2兆6,123億ドル	−9,463億ドル
日本	7,381億ドル	7,484億ドル	−103億ドル
韓国	6,048億ドル	5,352億ドル	696億ドル
フランス	5,818億ドル	6,725億ドル	−906億ドル
ドイツ	1兆5,606億ドル	1兆2,857億ドル	2,749億ドル

アメリカの貿易赤字は
確かに断トツで
額も大きい！

(UNCTADstat - General Profileより)

貿易赤字とは？

貿易赤字は、貿易輸出額が貿易輸入額を下回ったときに生まれます。貿易収支の黒字・赤字は単にモノの輸出入の差額を示すものであり、利益・損失とは無関係であるといわれています。しかし、トランプ大統領は貿易赤字の拡大がアメリカの製造業における雇用喪失などに影響を与えていると考え、赤字を縮小するため、二国間協定を各国と結ぶための協議を行っています。

②アメリカの主要輸出品目です。日本はアメリカからどのような品目を輸入していますか？　アメリカから輸入できなくなったら、どのようになると思いますか？

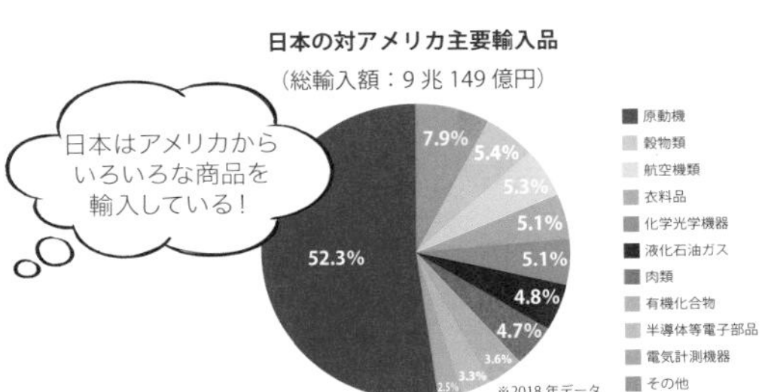

(財務省貿易統計「対米国主要輸入品の推移（年ベース）」より)

アメリカは日本にとって最大の貿易国？

2002年までアメリカは日本にとって最大の輸入国でした。その座を奪ったのが、中国。2003年以降日本の最大の輸入国となり、2018年の総輸入額は19兆1,937億円。アメリカの2倍近くあります。日本は中国からは主に「通信機（11.8%）」「衣類・同付属品（10.1%）」「周辺機器を含む電算機類（7.8%）」などを輸入しています。

また、アメリカと中国は、日本にとって最大の輸出国でもあり、2018年は中国が1位だったものの2013から2017年はアメリカが1位を占めています。両国とも3位の韓国の2倍以上のシェアを占める大切な輸出国で、多くの日本製品が使用されています。

索引

ナ行

ハ行

マ行

ヤ行

ラ行

参考文献及び参考にしたWEBサイト

●書籍

『地理×文化×雑学で今が見える「世界の国々」』(朝日新聞出版)
『世界の国ぐに大百科　第1巻　アジア・オセアニア』(ぎょうせい)
『世界の国ぐに大百科　第2巻　ヨーロッパ・旧ソ連諸国・北米』(ぎょうせい)
『世界の国ぐに大百科　第3巻　中南米・アフリカ』(ぎょうせい)

● WEBサイト

外務省ホームページ
その他各省庁ホームページ(経済産業省、厚生労働省など)
WEBサイト「世界経済ネタ帳」
WEBサイト「国際連合広報センター」
WEBサイト「日本貿易振興機構(ジェトロ)」
各新聞社ホームページまたは掲載記事など

※主に上記の情報を参考に執筆しております。

おわりに

今、世界には70億人を超える人々が住んでおり、その多くを牽引しているのがアメリカと中国です。

政治力、経済力、軍事力とも双璧といえる存在で、この両国で世界のGDPの約4割を占めています。この次に名を連ねるのが日本です。日本はまだまだ世界有数の経済大国であるものの、今後現在の状態を維持できるか、多くの人が懸念を抱いています。少子高齢化、財政赤字、貿易問題、経済の低成長……。日本社会にはさまざまな問題が山積しています。これらにどのように対処するか。私たち一人ひとりが自分たちの問題と捉え、考えていく必要があるでしょう。

2020年、中国発祥の新型コロナウイルス感染症（COVID-19）により私たちの生活や経済は大きく揺らぎました。かつては一国の風土病でしかありえなかった感染症も、人々が世界中を行き来することによって、各国に広まり、地球全体にまさに激震を与えました。

このような地球規模の出来事が今後もいつ何時、どのようなタイミングで起きるか。誰も予測することはできません。

環境破壊、新興国の台頭、テクノロジーの進化などにより、私たちが安住していた世界がいつ一変するかわかりません。COVID-19のようにたった数カ月、地震などの災害の場合、たったの1日で私たちの平穏な日常生活は様変わりしてしまうのです。

しかし人類はあらゆる叡智をかき集めて、さまざまな困難を解決に導いてきました。

現在も多くの学者や医療従事者、製薬会社の研究者などが各々のフィールドにて問題解決のため全力を注いでいます。国民一人ひとりも新たに感染を広げないよう、三密（密閉・密集・密接）を避けたり、外出を自粛したりするなどして、一日でも早く事態を収束させるため行動しています。

このように全ての人々が力を合わせ、行動を促進させていったら、必ず新たな未来が開けていくはずです。

そのためには、まず私たち一人ひとりが地球に住む同じ人類として何ができるか考え、実行していかなくてはなりません。本書がその一つのきっかけになることを心より願っています。

2020年9月

箭内 克寿

エネルギー・エコノミスト
サイエンス・コミュニケーター
箭内克寿（やない・かつとし）

1939年東京生まれ。福島県三春で育つ（疎開）。学習院大学卒。日本輸出入銀行（国際協力銀行）にてアジア、アフリカ、アラブと日本の経済協力に尽力。のちに箭内産技研にてジェトロ、日本貿易会、東京商工会議所などの諸活動に協力。関連して、NPOエネルギー・環境・文化協力協会（植松元丸善主宰）、SAMA企画（左巻元法政大学教授主宰）、産業遺産学会、科学読み物研究会、国際問題研究会（唐沢元立命館大学教授主宰）、東京福島県人会などに参画。学習院、早稲田大学、東京経済大学、東京大学、東京芸術大学などを支援。著書に「絵で見る日本のエネルギーエネペディア」（みらいパブリッシング／2016年）がある。

くにペディア 199の国と地域の政治・経済・文化がすぐわかるデータブック

2020年10月23日　初版第1刷

著　者　箭内克寿
発行人　松崎義行
発　行　みらいパブリッシング
〒166-0003 東京都杉並区高円寺南4-26-12 福丸ビル6F
TEL 03-5913-8611　FAX 03-5913-8011
https://miraipub.jp　MAIL info@miraipub.jp
企画協力　Jディスカヴァー
編集協力　三村真佑美
本文イラスト　鈴木海太
ブックデザイン　池田麻理子
発　売　星雲社（共同出版社・流通責任出版社）
〒112-0005 東京都文京区水道1-3-30
TEL 03-3868-3275　FAX 03-3868-6588
印刷・製本　株式会社上野印刷所

ISBN978-4-434-28099-3 C2025